Septième mille

ÉMILE FAGUET

DE L'ACADÉMIE FRANÇAISE

Le Socialisme en 1907

SOCIÉTÉ FRANÇAISE
D'IMPRIMERIE ★ ★ ★
ET DE LIBRAIRIE ★ ★

EMILE FAGUET
De l'Académie Française

Le Socialisme en 1907

PARIS
SOCIÉTÉ FRANÇAISE D'IMPRIMERIE ET DE LIBRAIRIE
ANCIENNE LIBRAIRIE LECÈNE, OUDIN ET Cie
15, RUE DE CLUNY, 15

1907

Le Socialisme en 1907

I

LE SOCIALISME AVANT 1789

J'appelle socialisme toute tendance ayant pour objet l'égalité *réelle* entre les hommes.

Sont en deçà du socialisme toutes les doctrines qui ne tendent qu'à faire les hommes égaux devant la loi, c'est-à-dire devant la justice, ou égaux dans la participation du pouvoir, c'est-à-dire tous investis du droit de souveraineté nationale.

Sont au delà du socialisme, quoique dérivant de lui, mais parce qu'elles peuvent être considérées comme de véritables chimères, toutes les doctrines qui tendent à détruire les inégalités naturelles entre les hommes, inégalités de force physique, inégalités de forces intellectuelles, inégalités de forces morales. Encore qu'il y ait un moyen de détruire ces inégalités, qui est de n'en pas tenir compte dans la distribution des droits, des fonctions, des faveurs sociales, le socialisme proprement dit se limite, pour les dénoncer et pour les détruire, aux inégalités artificielles, et soit laisse de côté, soit même accepte les inégalités naturelles, et il n'attaque et ne veut supprimer que les inégalités artificielles, mais *toutes* les inégalités artificielles.

Sont proprement socialistes les doctrines qui, au delà de l'égalité devant la loi et de l'égalité politique, en deçà de la suppression des inégalités naturelles, veulent que les hommes ne soient pas plus puissants les uns que les autres par la propriété, inégalité jugée aussi artificielle que possible ; et veulent, pour établir une égalité réelle entre les hommes, que les hommes possèdent autant les uns que les autres ou, ni les uns ni les autres, ne possèdent rien.

Le socialisme, ainsi défini, est très ancien. Cependant il tient véritablement peu de place dans l'histoire *connue* de l'humanité avant les temps modernes. On a exagéré, dénaturé le socialisme de Platon, le « communisme » de Platon. Platon dit *une fois* que l'idéal social serait une société où tout serait commun entre les citoyens, qui seraient des frères ; et il ne revient plus sur cette idée ; et quand il organise, précisément et en détail, *sa République*, il ne l'organise nullement d'une façon communautaire. Il l'organise, d'une part avec des *précautions* ayant pour but qu'aucun citoyen n'ait une fortune beaucoup plus grande qu'un autre ; d'autre part, *à la tête de cette société*, il organise une caste où personne ne possédera rien et où tout sera commun, même les femmes. Ce n'est là ni une société égalitaire, ni une société communautaire ; c'est une société aristocratique, où l'aristocratie pour rester forte, comme une caste religieuse, se prive de tout bien individuel. Il ne faut pas, à mon avis, compter Platon comme théoricien socialiste. Si le principe commun de tous les socialismes est l'égalité réelle entre *tous* les hommes, personne n'est moins socialiste que Platon. Et Platon est le seul écrivain grec qui ait pu être soupçonné d'être socialiste.

Les Esséniens, eux, étaient communistes ; mais ils l'étaient comme des Bénédictins ou des Franciscains du moyen âge. Ils l'étaient pour eux. On ne voit pas qu'ils aient prêché une organisation sociale où tout fût commun entre les citoyens. Ils pratiquaient personnellement, en personnalité collective, la communauté. Ils étaient un ordre monastique ou une communion d'ordres monastiques. Par cent, par deux cents, par trois cents, ils cultivaient la terre en commun et en vivaient en commun. Supposez un syndicat agricole où aucun syndiqué n'ait de propriété individuelle : voilà un monastère ou, si l'on veut, un phalanstère essénien. C'est un exemple, si l'on veut, de société communautaire ; mais le socialiste est l'homme qui croit que le régime communautaire peut s'appliquer à toute une nation ; et il est précisément l'ennemi de ceux qui se détachent de la nation pour appliquer entre eux seulement le système communautaire.

A en juger par les Évangiles, Jésus ne fut pas socialiste, et justement il fut essénien. Il veut que ses disciples méprisent toute propriété individuelle ; il veut que, pour devenir son disciple, on abandonne toute propriété individuelle et tout souci même de *possession* quelconque ; mais il semble ne pas vouloir intervenir dans l'État. « Rendez à César ce qui appartient à César » ; et il ne s'est pas prononcé sur la question de l'égalité réelle entre les hommes *dans la société*. Le christianisme a été le plus actif ferment de socialisme que je connaisse ; mais il n'a pas été socialiste en sa *doctrine* primitive, ni même en sa *doctrine* développée.

Absolument aucun Romain n'a été socialiste. Tout ce que l'on pourrait dire, c'est que la plèbe romaine a été *expropriationiste* et *appropriationiste ;* c'est-à-dire qu'elle a désiré que les riches ne fussent plus riches (*expropriation*) et que leurs biens fussent partagés entre les pauvres, qui les cultiveraient mieux (*appropriation*). C'est l'esprit des lois agraires ; c'est l'esprit de Catilina et des Catilinistes ; et, remarquez-le, ce qui ne contribue pas peu à expliquer le succès de « l'Empire », c'est un peu l'esprit des premiers Césars, qui expropriaient largement les riches par confiscation et qui rendaient partiellement le produit des confiscations au peuple en « pain », en « jeux » et en largesses diverses. Mais il n'y a que cela qui ait quelque *couleur socialiste* dans toute l'histoire de la République romaine et de l'Empire romain.

Au moyen âge, beaucoup d'hérésies chrétiennes, c'est-à-dire beaucoup de façons particulières de comprendre l'Évangile, ne sont pas autre chose que des Écoles socialistes. Les Vaudois sont des communistes. Non seulement ils pratiquent, mais ils prêchent la communauté des biens et même il semble qu'ils la prêchent plus qu'ils ne la pratiquent. Leur idéal est une société où il n'y aurait que des pauvres, parce que la richesse est corruptrice et parce que les riches ne peuvent pas entrer dans le royaume de Dieu. Comme pour tous les chrétiens à tendances socialistes, le socialisme est pour eux une question de morale ; mais plus, ce me semble, que tous les chrétiens à tendances socialistes, ils ont vu la connexion entre le socialisme et la morale, ou ils ont vu le socialisme sous l'angle de la moralité.

Thomas Morus, que je ne mets ici que pour ne pas trop rompre l'ordre des dates, est plutôt un bel esprit qu'un véritable théoricien. Très pénétré de cette idée que le seul obstacle au bonheur de l'humanité est l'égoïsme, il veut que la société abolisse tout ce qui donne prise à l'égoïsme des hommes, et par conséquent il supprime net la propriété pour abolir le désir de posséder, qui n'est qu'une volonté de puissance et une forme aiguë de l'amour de soi. Au fond Thomas Morus n'est pas un *antipropriétisme*, il est un *antiambitioniste* à tous les égards, et il n'est cela que parce qu'il est ceci. La formule, qu'il n'a pas donnée, ce me semble, mais d'où il a approché extrêmement, serait celle-ci : « Ne désirer rien qu'on ne désire également et en même temps pour tous les hommes. » C'est un moraliste très élevé et très pur, qui met sa morale en constitution politique, comme ont fait tous les socialistes de l'époque dite sentimentale, c'est-à-dire de toute la période de temps qui précède 1850.

La Réforme fut très mêlée de socialisme, comme tous les mouvements de vraie ou prétendue renaissance chrétienne. Les socialistes les plus formels et les plus aigus d'entre les hommes de la Réforme furent les Anabaptistes (Storck, Carlostad, Munzer). S'inspirant de cette parole de Luther que « l'homme chrétien est le maître de toutes choses et n'est soumis à personne », proposition susceptible de mille interprétations, les Anabaptistes prêchèrent l'égalité absolue et la communauté des biens, jusqu'au moment où, après une suite de guerres sanglantes dans le détail desquelles je n'ai pas à entrer, ils furent exterminés comme puissance politique et ramenés à n'être qu'une secte très inoffensive et très respectable.

Campanella fut communiste, comme il fut tout ce que l'on voudra. Personne ne se soucia moins d'être fidèle à soi-même, ni même d'être cohérent. Mais il est incontestable que le système communautaire est exposé tout au long dans la *Cité du soleil*.

A travers le XVIIe siècle, les paroles les plus fortes pouvant être considérées comme ayant couleur socialiste ont été prononcées par les prêtres catholiques les plus orthodoxes. On a bien souvent cité le passage de Bossuet : « ... Si nous voulions remonter à l'origine des choses, nous trouverions peut-être qu'ils [les pauvres] n'auraient pas moins de droits que vous aux biens que vous possédez. La nature, ou plutôt, pour parler plus chrétiennement, Dieu, le père commun de tous les hommes, a donné dès le commencement un droit égal à tous ses enfants sur toutes les choses dont ils ont besoin pour la conservation de leur vie. Aucun de nous ne peut se vanter d'être plus avantagé que les autres par la nature ; mais l'insatiable désir d'amasser n'a pas permis que cette belle fraternité pût durer longtemps dans le monde. Il a fallu venir au partage et à la propriété qui a produit toutes les querelles et tous les procès. De là est né ce mot de *mien* et de *tien*, cette parole si froide, dit l'admirable saint Jean Chrysostome... (1) »

Et celui-ci : « Étant tous pétris d'une même masse et ne pouvant pas y avoir grande différence entre de la boue et de la boue, pourquoi verrions-nous d'un côté la joie, la faveur, l'affluence, et de l'autre la tristesse et le désespoir et l'extrême nécessité et encore le mépris et la servitude ? Pourquoi cet homme si fortuné vivrait-il dans une telle abondance et pourrait-il contenter jusqu'aux désirs les plus inutiles d'une curiosité étudiée, pendant que ce misérable, homme toutefois aussi bien que lui, ne pourra soutenir sa pauvre famille ni soulager la faim qui la presse (2) ?... »

(1) *Panégyrique de saint François d'Assise.*

(2) *Sermon sur l'éminente dignité des pauvres.*

Et celui-ci : « Les murmures des pauvres sont justes. Pourquoi cette inégalité de conditions ? Tous formés d'une même boue, nul moyen de justifier ceci qu'en disant que Dieu a recommandé les pauvres aux riches et leur assigne leur vie sur le superflu, *ut fiat æqualitas*, comme dit saint Paul (1). »

Sans doute ni Bossuet ni Bourdaloue ne concluent jamais à l'égalité et à l'égalisation, malgré le mot de saint Paul ; ils ne concluent qu'à l'aumône ; ils disent *tous les deux* ce que dit plus formellement Bossuet : « Je ne veux pas dire par là, mes frères, que vous ne soyez que les dispensateurs des richesses que vous avez ; ce n'est pas ce que je prétends. Car ce partage de biens s'étant fait d'un commun consentement de toutes les nations [singulière histoire économique] et ayant été autorisé par la loi divine, vous êtes les maîtres et les propriétaires de la portion qui vous est échue ; mais sachez que si vous en êtes les véritables propriétaires selon la justice des hommes, vous ne devez vous considérer que comme dispensateurs devant la justice de Dieu qui vous en fera rendre compte. Ne vous persuadez pas qu'il ait abandonné le soin des pauvres : encore que vous les voyiez

(1) *Sermon sur l'éminente dignité des pauvres.* — Cf. Bourdaloue, *Sermon sur l'aumône.*

destitués de toutes choses, gardez-vous bien de croire *qu'ils aient tout à fait perdu ce droit si naturel qu'ils ont de prendre dans la masse commune tout ce qui leur est nécessaire.* Non, non, ô riches du siècle, ce n'est pas pour vous seuls que Dieu fait lever son soleil, ni qu'il arrose la terre, ni qu'il fait profiter dans son sein une si grande diversité de semences ; les pauvres y ont leur part aussi bien que vous. J'avoue que Dieu ne leur a donné aucun fonds en propriété ; mais *il leur a assigné leur subsistance* sur les biens que vous possédez, tout autant que vous êtes riches (1). »

Bossuet et Bourdaloue ne concluent donc qu'au devoir d'aumône, ou, si l'on veut, au droit à l'assistance. Mais ils donnent de l'égalité devant Dieu, qui devrait se traduire en égalité de bonheur, de telles formules, comme on vient de voir, au moment même où ils reconnaissent le droit de propriété, que tout le socialisme et même tout le communisme en pourraient sortir.

Tout compte fait, malgré quelques apparences, le XVIIIe siècle a été très peu socialiste. La raison en est simple. Le socialisme est, soit à base fraternitaire, soit à base égalitaire ; en d'autres termes, il est fondé soit sur la charité, soit sur l'envie ; en

(1) *Panégyrique de saint François d'Assise.*

d'autres termes, il dérive soit du christianisme, soit de l'égoïsme. Le XVIIIe siècle n'est plus guère chrétien, et le socialisme à base fraternitaire, celui — si l'on peut ainsi parler — des Bourdaloue et des Bossuet, n'existe plus beaucoup. D'autre part, la tendance égalitaire, du moins à l'état violent, n'existe pas encore. Au XVIIIe siècle, ce n'est pas le peuple qui pense ou qui fait penser, qui excite à penser ceux qui écrivent ; c'est la bourgeoisie. Le XVIIIe siècle est le règne de la bourgeoisie : de la bourgeoisie administrante, de la bourgeoisie littéraire, de la bourgeoisie industrielle et de la bourgeoisie commerçante. L'accession rapide, en ces temps, du peuple à la grosse fortune, la transformation rapide du plébéien en gros bourgeois est quelque chose d'inimaginable. Rapport, ou, si vous voulez, dénonciation sur les récents enrichis, faite à l'*Ami du peuple* au 12 juin 1791. Tenez compte de l'exagération, mais songez qu'une pareille statistique, si facilement vérifiable, ne peut être de fantaisie : « Poncé, maître maçon de la nouvelle église Sainte-Geneviève, né à Chalon-sur-Saône, charretier de profession, n'ayant nulle connaissance de l'art de bâtir ; mais entendant si parfaitement celui des rapines qu'il s'est fait 90.000 francs de rente aux dépens des ouvriers. — Campion, né à Coutances, d'abord manœuvre à

Paris, aujourd'hui maître maçon de l'église Saint-Sauveur... jouissant actuellement de 90.000 livres de rente. — Guillot... s'étant fait maître maçon, riche aujourd'hui de 50.000 livres de rente. — Bièvre, né à Argenton, commis de MM. Roland et Cie..., ayant mis de côté une fortune de 30.000 livres de rente. — Montigny... chargé des réparations des Quinze-Vingts du faubourg Saint-Antoine et possédant en propre trois superbes maisons à Paris. — Chavagnac, Limousin, arrivé à Paris en sabots et possédant quatre beaux hôtels. — Delabre, fils d'un marchand de chaux de Limoges, ayant commencé par grappiller sur les bâtiments de la Comédie-Italienne et possédant aujourd'hui plus de 40.000 livres de revenu. — Gobert, ignorant, brutal et inepte, qui a volé plus de 200.000 livres sur la construction des bâtiments de Bruna et qui s'est ensuite construit des bâtiments sur le boulevard pour plus de 50.000 livres. — Pérot, manœuvre bourguignon, protégé par l'administration des hôpitaux pour avoir épousé une bâtarde de feu Beaumont, archevêque de Paris ; il vient de se retirer avec 200.000 livres de revenu (1)... »

Tel est le siècle, surtout depuis 1750 environ.

(1) Signalé par M. Jaurès, *Histoire socialiste*, I, p. 613.

La bourgeoisie possédant de plus en plus, la noblesse se ruinant, le peuple encore misérable et muet, c'est le tableau d'ensemble. Dans cette société il n'y a pas encore de socialisme égalitaire et il n'y a plus de socialisme fraternitaire. La plupart de ceux qui pensent sont ploutocrates. Ils le sont de la manière suivante. Ils pensent que le luxe des riches est la vie des pauvres, que le riche est un homme qui « fait travailler », qui, par conséquent, permet de vivre à une foule d'ouvriers, d'artisans et d'artistes, lesquels sans lui ne vivraient pas ; que le luxe est donc une source de richesse générale, d'aisance générale et même une source de vie.

Quelques traces de socialisme qu'on puisse trouver dans Montesquieu, ce qui tient à ce que Montesquieu a toujours plus d'idées qu'il n'en a besoin, le fond de Montesquieu en économie politique est ce que je viens de dire et c'est toujours à cela, aussi bien dans l'*Esprit des lois* que dans les *Lettres persanes*, qu'on le voit revenir.

Je n'ai pas besoin de dire que Voltaire n'a jamais été plus loin et qu'il s'y est tenu fermement, sans compter qu'en pratique, par sa création de Ferney, il a donné une démonstration de cette idée, qui n'est pas complète, mais qui n'est pas fausse.

Les Physiocrates ont d'autres idées de détail :

mais ils ont exactement le même principe. Les Physiocrates sont ploutocrates. Ils ne cherchent pas autre chose que le développement aisé et aussi peu entravé et chargé que possible de la richesse individuelle, devant avoir sa répercussion naturelle sur la richesse générale et le général bien-être.

Du côté des présocialistes, on ne doit nommer que Rousseau, Mably, Morelly. Rousseau, toujours décevant du reste pour qui veut le saisir et le presser, est socialiste en ce sens qu'il n'aime pas la propriété ou qu'il la voudrait très restreinte et comme péculiaire. Il est bien certain qu'il fait toujours remonter « l'usurpation de toute la terre », comme dit Pascal, au premier homme qui s'est affirmé comme propriétaire et qui a prétendu le droit de propriété. Ce qu'il considère comme le meilleur état, comme « l'époque la plus heureuse et la plus durable », ce n'est pas, qu'on ne s'y trompe point, « l'état de nature », l'état sauvage, c'est un état supposé, qui fut intermédiaire entre l'état de nature et l'état de « société civile » fondé sur la propriété. Civilisation déjà, altruisme, concours de bonnes volontés, relations douces et cordiales ; mais civilisation toute morale, où il n'y avait ni lois réprimantes, ni tien, ni mien. En cet état, « quoique les hommes fussent devenus moins endurants et que la pitié naturelle eût déjà souffert quelque altération, ce période du développement des facultés humaines, *tenant un juste milieu entre l'indolence de l'état primitif et la pétulante activité de notre amour-propre* [égoïsme], dut être l'époque la plus heureuse et la plus durable. Plus on y réfléchit, plus on trouve que cet état était le moins sujet aux révolutions, le meilleur à l'homme et qu'il n'en a dû sortir que par un funeste hasard qui, pour l'utilité commune, aurait dû ne jamais arriver. » — Ce funeste hasard ce fut l'invention de la métallurgie et de l'agriculture. « C'est le fer et le blé qui ont *civilisé* les hommes et perdu le genre humain... De la culture des terres s'ensuivit naturellement leur partage », et de là la propriété et l'inégalité parmi les hommes. Tout le reste de l'état social devait dériver de ce fait. — Rousseau est donc socialiste en ce sens qu'il considère la propriété comme l'origine de la perte du genre humain. Il l'est surtout parce qu'avant tout et par-dessus tout il est égalitaire avec passion et qu'on ne peut pas être égalitaire sans être socialiste au moins en puissance. La propriété est le privilège le plus visible et le plus palpable que puisse posséder un homme, et le désir de propriété est la volonté de puissance, c'est-à-dire de suprématie, la plus naturelle, la plus répandue, la plus commune et la plus forte. Or le fond de toutes les idées de Rousseau, à travers toutes ses contradictions, est celui-ci : que personne ne soit puissant, c'est le bon état social ; que personne n'ait de volonté de puissance, c'est le bon état moral. Les conséquences de ces principes sont incalculables, les résultats qu'ils ont eus dans les faits mêmes sont immenses.

Mably est un socialiste beaucoup plus net que Rousseau et beaucoup plus maître de ses idées, parce qu'il en a moins. C'est un pur communiste. Parti de cette idée (non pas qu'il l'ait toujours eue, mais je dis du moment qu'elle lui vint) que le meilleur état social est l'égalité dans la pauvreté, il en arriva à bien comprendre que l'égalité ne pouvait se trouver que dans le communisme pur, et il réclama l'abolition de la propriété et l'exploitation du sol par l'État. Son système est le despotisme communautaire absolu. N'était le style, n'était ceci encore qu'un seul ouvrage réussit mieux que trente et a une influence plus durable, les œuvres de Mably seraient plus dignes que le *Contrat social* d'être les tables de la loi de la Démocratie égalitaire. Ils n'ont pas été sans influence, du reste, sur la Révolution française ni même sur le XIXe siècle.

Morelly, esprit confus, encore qu'assez puissant, est un communiste aussi, sans rien qui le distingue de Mably, si ce n'est une imagination plus libre et pour ainsi dire plus joyeuse, qui fait songer souvent à Fourier.

A la veille de la Révolution française, l'esprit public, relativement au socialisme, est celui-ci : immense majorité absolument ignorante de la « question sociale », même dans les classes cultivées ; parmi ceux qui restent, majorité, énorme encore, qui est persuadée que la richesse des nations est dans le développement de la propriété individuelle et même de la ploutocratie ; quelques esprits curieux, considérés par presque tous comme des rêveurs, enveloppant dans la même proscription la richesse, les arts, le luxe et la propriété elle-même et aboutissant déjà au communisme.

II

LE SOCIALISME SOUS LA RÉVOLUTION FRANÇAISE.

Les *Cahiers* de 1789 ne contiennent pas un atome de Socialisme, comme il était parfaitement naturel de s'y attendre après ce que je viens de dire. Les *Cahiers* de 1789 n'ont demandé qu'un gouvernement régulier, une administration uniforme et économe, une législation uniforme, et une constitution précise. Les *Cahiers* de 1789 n'ont rien demandé, sinon que la France ne fût plus gouvernée arbitrairement et capricieusement. Les *Cahiers* de 1789 n'ont rien demandé en somme, sinon que la France sortît de l'anarchie.

De plus ils ont demandé que les droits féodaux, abusifs, onéreux et vexatoires fussent abolis et que le peuple français ne fût plus tributaire que de l'État. Ceci, si l'on veut, est quelque chose qui ressemble à du socialisme, puisque les droits féodaux étaient en fait des propriétés et qu'en demandant leur abolition on demandait la suppression d'une propriété. Il est vrai ; mais la définition vraie du socialisme, c'est aspiration à l'égalité réelle, c'est-à-dire à la suppression de toute propriété, et de cela il n'est pas question dans les *Cahiers* de 1789.

On dira que la demande de suppression des droits féodaux était du socialisme partiel et le seul possible et imaginable à une époque où l'on n'en connaissait point un autre. Mais si ; l'on en connaissait un autre et l'on connaissait le vrai socialisme, le socialisme intégral, puisque Rousseau, Mably et Morelly avaient écrit ; et personne ne disait un mot de ce socialisme-là ; et par conséquent ceux qui réclamaient l'abolition des droits féodaux n'imaginaient aucunement « faire du socialisme » et n'étaient point socialistes le moins du monde. Ils réclamaient seulement la fin d'une vexation et le droit de n'être tributaires que de l'État. Leur pensée n'avait aucun caractère socialiste. Qu'ils fissent du socialisme sans le vouloir et sans le savoir, c'est une autre question qui viendra en son lieu.

Que si l'on objectait, comme on l'a fait, que les *Cahiers* de 1789 n'ont été rédigés que par la bourgeoisie, par cette bourgeoisie possédante, déjà si riche, que nous considérions au chapitre précédent, et qui avait quelques bonnes raisons de n'être point socialiste, il faudrait répondre que cette objection est une erreur et que les *Cahiers* ont été rédigés beaucoup plus par les ouvriers et les paysans que par les bourgeois. Les bourgeois s'occupèrent de préparer les élections et rédigèrent les *Cahiers* avec une nonchalance relative ; les *Cahiers* furent rédigés avec application et avec détail surtout dans les assemblées primaires, communales, corporatives, municipales (1). Ils sont surtout l'expression de la volonté et des désirs de la plèbe française, urbaine et rustique. Or ils ne sont aucunement socialistes.

Quant à ce qu'on pourrait appeler les cahiers individuels, c'est-à-dire quant aux livrets, factums, pamphlets, brochures, *tracts*, publiés de 1787 à 1789, M. Lichtenberger en a lu un très grand nombre et n'y a trouvé aucune espèce de socialisme.

Voilà d'où la Révolution française est partie. Primitivement elle ne voulait être qu'une révolution politique et administrative ; il faudrait même dire un redressement politique et administratif.

La première trace que je trouve de socialisme très bénin, et encore le mot socialisme est ici

(1) Voir Lichtenberger, *Le Socialisme et la Révolution française.*

véritablement impropre, est dans un projet préliminaire de Constitution (12 août 1789), où un article stipule l'institution de l'assistance provinciale et communale sous la surveillance et le contrôle du pouvoir exécutif, de façon à empêcher que dans toute l'étendue du royaume « aucun individu ne manque de secours, de travail et de subsistance ». C'est le « droit à l'assistance » et le « droit au travail » de 1848. C'est du socialisme en ce sens que la société est tenue de *créer* du travail et par conséquent est investie, partiellement encore, mais enfin est investie de l'organisation du travail. Il y a certainement là un germe pour ainsi parler de socialisation.

A partir de la nuit du 4 Août et surtout à partir du 22 novembre 1789 (confiscation des biens du clergé), il y a quelque chose à remarquer, c'est que tous les partis de gauche se reprochent réciproquement de tendre à la « loi agraire », et tous se défendent énergiquement d'en avoir la pensée. C'est qu'en vérité on avait fait de la loi agraire d'une certaine façon par la nuit du 4 Août et par la journée du 22 novembre. Maury n'avait pas manqué de dire aux bourgeois, et c'était assez facile à trouver : « La propriété est sacrée pour vous comme pour nous. Nos propriétés garantissent les vôtres. Nous sommes attaqués aujourd'hui ; mais ne vous y trompez pas, si nous sommes dépouillés, vous le serez à votre tour... Si la nation a le droit de remonter à l'origine de la société pour nous dépouiller de nos propriétés que les lois ont reconnues et protégées depuis plus de quatorze siècles, *ce nouveau principe métaphysique* vous conduira nécessairement à toutes les insurrections de la loi agraire. Le peuple profitera du chaos pour demander à entrer en partage de ces biens que la possession la plus immémoriale ne garantit pas de l'invasion. Il aura sur vous tous les droits que vous exercez sur nous ; il dira aussi qu'il est la nation et qu'on ne prescrit pas contre lui... »

Voilà pourquoi, sentant où le harnais les blesse, tous les partis de gauche se rejetaient les uns aux autres l'incrimination de méditer et de préparer la loi agraire. La vérité est que personne n'y songeait parmi ces parfaits bourgeois. Dans leur *Déclaration des Droits de l'homme et du citoyen*, ils mettaient la propriété au nombre des *quatre* droits — quatre seulement — considérés comme « sacrés et inaliénables » : « Ces droits sont la liberté, l'égalité, la sûreté, la propriété » ; et ils ajoutaient : « la propriété est un droit inaliénable et sacré ». — Plus tard, la définition de la propriété par la Convention, définition rédigée par Condorcet et acceptée évidemment par Robespierre qui était tout-puissant à cette époque, est celle-ci : « L'homme est maître de disposer à son gré de ses biens, de ses capitaux, de ses revenus et de son industrie. »

Et cette définition est bien remarquable ; car elle est la traduction du texte des codes romains : « *Jus utendi et abutendi* », moins la restriction : « ... *quatenus juris ratio patitur* ». La loi romaine proclamait le droit d'user et d'abuser de la propriété, en s'empressant d'ajouter : « dans les limites des dispositions générales du droit », ce qui était si vague et si latitudinaire, volontairement sans doute, que c'était dans la même phrase affirmer et nier, donner tout et tout retenir. Le droit révolutionnaire supprimait la restriction et faisait de la propriété un droit royal ; le propriétaire dispose *à son gré* de ses biens et de ses revenus ; et l'on n'en dit pas davantage.

Robespierre est revenu bien des fois sur ce point, et il a fait cent déclarations antisocialistes : « La loi agraire est un absurde épouvantail présenté à des hommes stupides par des hommes pervers... » ; « le cerveau même le plus délirant ne peut en concevoir l'idée » ; voilà ce qu'il répète à satiété. Très intelligemment, il voit même que « la loi agraire » a sa conséquence nécessaire dans le communisme et ne peut, pour ainsi parler, se consommer que dans le communisme, qui est pour lui une chimère extravagante : « L'égalité (et ici il parle de l'égalité des biens possédés, de l'égalité des conditions) est une chimère, essentiellement impossible dans la société civile, *et supposant nécessairement la communauté* qui est encore plus visiblement chimérique parmi nous ».

Tel est l'esprit général, on peut même dire unanime des révolutionnaires en matière socialiste, et l'on peut tenir pour parfaitement exact le mot, si souvent cité, de Baudot : « La Convention a toujours regardé la propriété comme la base de l'ordre social. Je n'ai jamais entendu aucun membre de cette assemblée prononcer une parole ou faire une proposition contraire à ce principe. La Convention n'avait pas sur la propriété une autre opinion que celle du code civil. »

Et pourtant la Révolution fut *à tendances socialistes*. Elle le fut inconsciemment, elle le fut sans s'en douter ; elle le fut sans le croire et en croyant fermement être le contraire ; mais elle le fut. Elle le fut d'une certaine manière, que nous allons essayer de démêler, en pratique. Elle le fut d'une certaine manière, qu'il sera beaucoup plus facile d'éclaircir, par les idées générales qu'elle jetait dans le monde.

En pratique, sans être socialiste à proprement

parler, et tant s'en faut, comme on verra bien, elle a été *appropriationiste*, ce qui veut dire qu'elle a été un transfert de propriétés. L'appropriation, si l'on me permet ce mot nouveau, consiste en deux opérations: expropriation, appropriation. On exproprie le propriétaire qu'on juge qui administre mal sa propriété, ou qu'on juge qui nuit à l'État comme trop riche propriétaire de biens dont la société ne tire aucun profit. On l'exproprie ; cela fait, on donne sa propriété à ceux qu'on juge qui l'administreront bien et de telle sorte que la société en tirera avantage ; on approprie la propriété à ceux qui y sont propres.

Au fond en faisant cela on considère la propriété comme une fonction publique. Cette fonction se trouvant détenue par des fonctionnaires incapables, on la leur ôte et on la donne à tels et tels qui sont considérés comme devant être des fonctionnaires meilleurs. Ce n'est pas du socialisme, puisqu'il n'y a là aucune espèce de socialisation ; mais c'est un expédient circonstanciel ou un expédient provisoire, dont les socialistes s'accommodent souvent et qui, aussi, a *couleur socialiste*, puisqu'il suppose et même proclame que la société a un droit éminent sur les propriétés particulières et *peut en disposer* en considération du bien général.

Or la Révolution fut *appropriationiste* sans hésitation. Elle a exproprié les nobles, elle a exproprié le clergé, elle a exproprié les corporations ouvrières.

Elle a exproprié les nobles de deux façons : par l'abolition des droits féodaux et par la confiscation des biens des émigrés. Les droits féodaux n'étaient pas tous honorifiques et quelques-uns et même la plupart étaient une source de revenus : ils aboutissaient en argent. Ils étaient donc une propriété et leur abolition était un transfert de propriété. Ce n'était pas à proprement parler une *appropriation*; car cet argent qu'on retirait aux nobles, on ne le donnait pas aux paysans ; mais c'était une socialisation ; car cet argent que le paysan versait aux nobles on se réservait de le tirer du paysan sous forme d'impôt ; c'était donc un transfert de propriété d'un certain nombre de particuliers à l'État; c'était l'État se substituant à un certain nombre de particuliers dans la perception d'un impôt ; c'était socialisation d'un certain nombre de sources particulières de revenus.

La confiscation des biens des émigrés était, elle, une *appropriation* très nette. On confisquait les biens d'un certain nombre de propriétaires qui avaient quitté le territoire — ou *qu'on avait forcés de quitter le territoire* ; car très souvent l'intrigue consistait, parce que l'on convoitait les biens d'un noble, à le molester, à le forcer par les vexations à émigrer, après quoi on confisquait ses biens, comme biens d'émigré, — on confisquait donc, à la suite de tels ou tels faits, la propriété d'un citoyen et l'on en faisait un bien national.

Si l'on s'était arrêté là, c'eût été socialisation ; mais ce bien confisqué on s'empressait de le mettre en vente, et à cause de cet empressement et de l'énorme quantité de biens ainsi jetés sur le marché, ce bien était vendu à vil prix. C'était donc un quasi don ; et c'était donc, au fond, un simple transfert de propriété de la personne qui ne plaît pas à la personne qui plaît, de l'homme qu'on juge mauvais propriétaire à celui que l'on juge qui sera propriétaire utile ; c'était de la loi agraire, un peu colorée ; c'était de l'appropriation.

Il en fut exactement de même pour le clergé. On prit les biens du clergé, ceux-ci en indemnisant les propriétaires, il est vrai ; mais en les indemnisant d'une façon très particulière : on leur prit leurs biens, et par compensation on les fit fonctionnaires de l'État, considérant le traitement qu'on leur donnerait comme une indemnité. C'en était une, si l'on veut, mais très précaire, puisqu'elle dépendait du bon plaisir du gouvernement et qu'elle pouvait disparaître le jour où le gouvernement le voudrait, ce qui en effet a eu lieu depuis. C'était agir avec le clergé comme j'agirais envers un riche en lui disant : « Je vous prends tout votre bien, mais je vous indemnise.

— Comment cela ?

— En faisant de vous mon domestique.

— Avec droit de me renvoyer quand je vous déplairai ?

— Naturellement. »

Le clergé fut dépouillé de ses biens et indemnisé en servitude ; et en servitude encore que l'État pouvait rompre à son gré, et qu'en effet, au bout d'un siècle, il a rompue.

Et enfin l'État révolutionnaire a dépossédé les corporations ouvrières en les dissolvant (2 mars 1791) avec promesse de les rembourser. On ne les remboursa jamais. Là il n'y eut pas *appropriation*, puisque la propriété enlevée à quelqu'un n'alla pas à un autre particulier. Il y eut pure et simple expropriation et pure et simple socialisation.

Voilà les grands faits économiques de la Révolution française. Ils sont mêlés, comme on le voit, de socialisation et d'appropriation ; ils ont en eux quelque chose du socialisme proprement dit et quelque chose de la loi agraire.

En leurs conséquences ont-ils été favorables ou

défavorables au socialisme, c'est-à-dire, n'oublions jamais les définitions, à l'égalisation réelle, à la suppression, sous une forme ou sous une autre, de ce privilège qu'on appelle la propriété individuelle ?

Il faut répondre exactement : *oui* et *non*.

Non ; car, comme nous le verrons souvent au cours de cette étude, tout ce qui n'est pas le socialisme intégral va contre lui, et l'appropriation tout comme autre chose, n'étant pas le socialisme intégral, était le contraire du socialisme. En effet, l'appropriation créait des propriétaires nouveaux, enchantés de l'être, et par conséquent confirmait et renforçait l'idée et le principe de propriété. Elle les confirmait pratiquement, cela n'a pas besoin d'être démontré, en créant un nombre considérable de nouveaux propriétaires qui n'étaient pas pour mettre en doute la légitimité de la propriété du moment qu'ils la détenaient. Elle les confirmait même théoriquement ; et c'est un paradoxe de soutenir que c'est la Révolution qui a créé la propriété en France ; mais ce n'est pas un paradoxe pur et sans mélange de vérité.

En effet, avant la Révolution, les propriétés n'avaient pas, quoi qu'en dise l'abbé Maury, un caractère sacré, un caractère intangible, inviolable et imprescriptible. Aucunes ne l'avaient, si ce n'est, si l'on veut, celles du roi. Encore pourrait-on dire que pour avoir trop souvent exprimé cette idée que le territoire entier de la France appartenait au roi, on avait désaffecté d'autant le domaine propre, le domaine particulier du roi. Si tout lui appartient, ce qui lui appartient personnellement ne lui appartient pas plus que le tout, et le jour où on affirmera que le tout appartient à la nation, ce qui appartient personnellement au roi sera facilement confondu avec le reste. — Mais encore on peut dire et on doit dire que les propriétés personnelles du roi avaient bien avant 1789 le caractère de franches et pures propriétés, de propriétés absolues.

Au contraire, toutes les autres propriétés avaient un caractère relatif et conditionnel. Celles de la noblesse, par exemple, pouvaient être considérées comme conditionnelles, parce qu'elles pouvaient être tenues pour compensatoires. Si la noblesse avait des privilèges et des propriétés et était exempte d'impôts, ce qui était encore une propriété, c'est qu'elle payait l'impôt du sang, c'est qu'elle était l'armée de la nation, c'est qu'elle était le corps défensif du pays. Mais cette raison justificative de ses privilèges et de ses propriétés frappait en même temps ses privilèges et ses propriétés d'une condition. Si vous êtes propriétaires privilégiés parce que vous êtes les défenseurs de la nation, vous n'êtes propriétaires privilégiés qu'*à la condition* d'être défenseurs de la nation, et du moment que tout le monde devient défenseur de la nation et que vous ne l'êtes pas plus que tout le monde, vos propriétés ne sont pas plus justifiées que vos autres privilèges.

De même les propriétés du clergé étaient considérées depuis très longtemps, à tel point que c'étatt comme un article du droit monarchique, comme « bien des pauvres » administré par les clercs ; et ce caractère particulier de la propriété ou plutôt de la « possession » ecclésiastique, pour employer la terminologie de Proudhon, avait été bien des fois reconnu par le clergé lui-même ; et, par une maladresse à peu près inévitable, les propriétés ecclésiastiques furent défendues lors de la discussion dont elles furent l'objet précisément par cet argument, précisément comme « bien des pauvres » et par conséquent bien intangible. Mais si, par tous, les propriétés ecclésiastiques étaient tenues pour propriété des pauvres administrées par les clercs, elles n'étaient pas des propriétés ecclésiastiques et elles pouvaient être réclamées par l'État à dessein ou sous prétexte de les mieux administrer relativement à leur objet. Et c'est ce que l'on ne manqua pas de dire.

Ne retenons, pour ce que nous avons à démontrer maintenant, que ceci : avant 1789 les propriétés ecclésiastiques n'étaient pas des propriétés à titre absolu et elles étaient beaucoup plutôt un dépôt qu'une propriété.

Et encore les propriétés des bourgeois et des paysans, qu'étaient-elles bien ? Des demi-propriétés encore. Étant toutes ou presque toutes chargées de servitudes relativement aux nobles ou au clergé, anciens possesseurs du sol, chargées de redevances multiples et multiformes aux seigneurs et aux clercs, elles étaient encore, et plus que toutes les autres, des propriétés sous condition, des propriétés relatives, des manières de propriété plutôt que des propriétés véritables. Où était le franc-alleu roturier ? Il n'était plus, ou il était extrêmement rare. « La terre qu'on ne tient que de Dieu » n'était plus guère en 1789 qu'un souvenir historique.

Or, en faisant sienne la propriété noble et la propriété ecclésiastique, puis en la revendant sans qu'elle fût désormais chargée de servitudes et de redevances, passible seulement de l'impôt envers l'État et prenant un caractère net, franc et absolu, que faisait la Révolution ? Elle créait, elle recréait la propriété allodiale. Le clergé et les nobles avaient acquis une portion considérable des allodiaux eux-mêmes, comme le démontre Montesquieu ; à son tour des biens seigneuriaux et ecclésiastiques le peuple refaisait des allodiaux.

Il est donc vrai, il est donc assuré que la Révolution *en fait* a servi immensément la cause de la propriété. Elle a créé une classe nouvelle de propriétaires d'autant plus convaincus et d'autant plus acharnés qu'ils étaient nouvellement appelés à la propriété et qu'ils avaient toute l'ardeur de néophytes ; — elle a créé une propriété toute nouvelle, à caractère absolu, intangible et intransigeant, une propriété roturière qui était non seulement seigneuriale mais royale. Ces propriétaires se posaient devant tout et tous, devant l'État et devant l'Univers, comme des oints et comme des princes du sol. Cette propriété se posait devant tout et tous, devant l'État et devant l'Univers, comme sacrée et inviolable. Un renforcement de l'idée de propriété et un renforcement de la passion de propriété a été un des grands résultats de la Révolution française. La Révolution française, *en fait*, a fait reculer l'idée socialiste.

Proudhon voit très bien cela quand il dit : « La Révolution, en vendant les biens d'Église et d'émigrés, a créé une nouvelle classe de propriétaires : elle a cru les intéresser à la liberté. Point du tout. Elle les a intéressés à ce que les émigrés et les

Bourbons ne revinssent pas. Voilà tout. Et pour cela les bénéficiaires n'ont rien imaginé de mieux que de se donner un maître, Napoléon. »

Il ne pouvait guère en être autrement. Une plèbe appelée à la propriété ne veut qu'une chose : garder la propriété. Relativement à ce dessein elle a deux ennemis, les dépossédés d'hier et les dépossesseurs possibles de demain, l'ancienne aristocratie et la sous-plèbe. Elle se trouve entre Rohan et Babeuf. Il lui faut quelqu'un qui empêche Rohan de revenir et Babeuf de monter. Elle ne peut pas être restauratrice et elle ne peut plus être révolutionnaire. Elle a besoin d'un gouvernement fort qui ne soit pas l'ancien gouvernement. Elle l'invente : elle prend le premier soldat heureux qui promet de n'être ni restaurateur ni révolutionnaire et qui semble de taille à n'être ni l'un ni l'autre. Le transfert de propriété, l'expropriation et l'appropriation exécutés par la Constituante contenaient : 1° l'empire ; 2° le propriétisme passionné, ardent et intransigeant qui s'est affirmé si énergiquement depuis 1800 jusqu'à nos jours.

Donc, *en fait*, par ses mesures d'appropriation, la Révolution a fait reculer l'idée socialiste.

Mais pour ce qui est des idées émises par elle, la Révolution a puissamment servi le dogme socialiste, de manière à le faire revivre (longtemps après elle) plus puissamment que jamais. Elle l'a servi par les forces rationnelles et par les forces passionnelles, par les idées-forces et par les passions-forces qu'elle versait *d'avance* en lui.

En effet, tout en s'en défendant presque toujours, les révolutionnaires ont très souvent — quelquefois sans le savoir — caressé, pour ainsi dire, l'idée socialiste. Sans aller plus loin, M. Jaurès a été très heureux en découvrant et il a été très bien inspiré en faisant connaître la remarquable *Introduction à la Révolution française* que Barnave écrivit en 1791-1792 et qui fut publiée, sans que personne y fît attention, en 1845. A la vérité, ce traité, et M. Jaurès semble ne s'en être pas aperçu, ou a négligé de le dire, n'est le plus souvent qu'une paraphrase du *Discours sur l'inégalité parmi les hommes*, de Rousseau; mais néanmoins, et même précisément à cause de cela, et pour se bien convaincre de la filiation des idées de Rousseau aux Constituants et des Constituants à Babeuf, et, si l'on veut, de Babeuf à Marx, il faut le lire avec attention :

«... Dans la première période de la société, l'homme vivant de la chasse connaît à peine la propriété : son arc, ses flèches, le gibier qu'il a tué, les peaux qui servent à le couvrir sont à peu près tout son bien. La terre entière est commune à tous.

Alors les institutions politiques, s'il en existe quelque commencement, ne peuvent avoir la propriété pour base... Lorsque l'accroissement de la population fait sentir à l'homme le besoin d'une subsistance moins précaire et plus abondante, il sacrifie pour exister une portion de son indépendance ; il se plie à des soins plus assidus ; il apprivoise des animaux, élève des troupeaux et devient peuple pasteur. Alors la propriété commence à influer sur les institutions... La nécessité de protéger et de défendre les propriétés oblige de donner plus d'énergie à toute autorité militaire et civile ; ceux qui en disposent attirent les richesses par le pouvoir, comme par les richesses ils agrandissent le pouvoir et le fixent dans leurs mains... Enfin, les besoins de la population s'accroissant toujours, l'homme est obligé de chercher sa nourriture dans le sein de la terre ; il cesse d'être errant ; il devient cultivateur. Sacrifiant le reste de son indépendance, il se lie pour ainsi dire à la terre et contracte la nécessité d'un travail habituel. Alors la terre se divise entre les individus ; la propriété n'enveloppe plus seulement les troupeaux qui couvrent le sol ; mais le sol lui-même. Rien n'est commun. Bientôt les champs, les forêts, les fleuves même deviennent propriété ; et ce droit, acquérant chaque jour plus d'étendue, influe toujours plus puissamment sur la distribution du pouvoir... Rarement et jamais peut-être il n'est arrivé que la première distribution de terres se soit faite avec une certaine égalité... [suivent les raisons, que le lecteur imaginera suffisamment bien de lui-même]... Ainsi, dès le premier moment où un peuple cultive la terre, il la possède ordinairement par portions très inégales. Mais quand il existerait d'abord quelque égalité, pour peu que, par la marche nécessaire des choses, elle s'altérât, l'inégalité des portions deviendrait bientôt excessive. C'est un principe certain que là où il n'existe pas d'autre revenu que celui des terres, les grandes propriétés doivent peu à peu engloutir les petites... Dans cet état de choses, et comme il n'existe pas de commerce, les parties ne sont point unies entre elles par leurs besoins et leurs communications réciproques... la force reste dans les parties du territoire où les richesses se recueillent et se consomment, et le règne de l'aristocratie dure autant que le peuple agricole continue à ignorer ou à négliger les arts et que la propriété des terres continue à être la seule richesse... Dès que les arts et le commerce commencent à pénétrer dans le peuple et créent un nouveau moyen de richesse à l'usage de la classe politique, il se prépare une révolution dans les lois politiques ; une nouvelle distribution de la richesse produit une nouvelle distribution du pouvoir. De même que la possession des terres a élevé l'aristocratie, la propriété industrielle élève le pouvoir du peuple ; il acquiert de la liberté, il se multiplie, il commence à influer sur les affaires. De là une deuxième espèce de démocratie [la première était celle qui existait avant la période agricole]. La première avait l'indépendance, celle-ci a la force ; la première résultait du néant des pouvoirs pour opprimer les hommes ; celle-ci d'un pouvoir qui lui est propre ; la première était celle des peuples barbares : celle-ci est celle des peuples policés... »

Donc l'humanité, partie de la démocratie chaotique, traverse une période agricole qui fonde l'aristocratie et qui la conserve, et revient à la démocratie, mais organisée, par le développement de l'industrie et du commerce qui imposent à nouveau le régime démocratique. *L'ennemi*, c'est donc l'état agricole, ferment incessant d'aristocratie. La conclusion serait donc la suppression du régime agricole en tant que favorable à l'aristocratie, la suppression *de la forme du régime agricole qui favorise l'aristocratisme.*

Le moyen de supprimer le régime agricole en tant que favorisant l'aristocratisme ne peut pas, semble-t-il, être le partage, puisque tout partage, même égal, conduit à un partage inégal, puisque

« c'est un principe certain que là où il n'existe pas d'autre revenu que celui des terres, les grandes propriétés doivent peu à peu engloutir les petites ». Si le régime agricole est l'ennemi, en tant que favorisant l'aristocratie, si le partage des terres n'est pas un moyen de supprimer le régime agricole en tant que favorisant l'aristocratie, reste de supprimer la propriété individuelle et de donner la terre à l'État, qui n'a aucune raison de favoriser l'aristocratie.

Barnave ne conclut pas au collectivisme ; mais il y mène sans le savoir ; et, s'il ne conclut pas au collectivisme, le collectivisme se conclut assez facilement de ce qu'il écrit.

Il a, du reste, raison au fond, et, comme nous verrons que Proudhon l'a bien montré, la propriété est une aristocratie et il y aura un puissant élément aristocratique dans la société tant que la propriété existera.

D'autres idées à tendances socialistes furent souvent exposées au cours de la Révolution. Par exemple, il est parfaitement incontestable, encore que ceci ne soit pas du véritable socialisme, que, *tout ce qui pouvait augmenter le nombre des petits propriétaires* et ruiner et faire disparaître peu à peu la grande propriété était cher à presque tous les révolutionnaires, y compris le partagisme lui-même. Rabaud Saint-Étienne, Jacques Roux, Robespierre, répétaient qu'il fallait *fixer une limitation aux grandes fortunes.*

Par la limitation, aussi, de la liberté de tester, par les projets d'impôt progressif sur le revenu, se marque le désir bien arrêté de ronger, de miner, de diviser la propriété, sinon jusqu'à la faire disparaître, du moins jusqu'à la morceler indéfiniment, avec impossibilité de s'augmenter jamais. Blandin disait à la section des Lombards : « Il faut que les biens des patriotes soient respectés et ceux des riches aristocrates donnés aux pauvres. Un égoïste, un royaliste, ne peut avoir de propriété dans une République. » — Dans les considérants de la loi des 10-20 août 1790, il était dit « qu'on ne peut trop recommander aux Directoires de faciliter les petites acquisitions ». Dans les considérants de la la loi des 3-6 juillet 1791, il était dit : « Constamment occupé du désir de multiplier le nombre des propriétaires, l'Assemblée nationale n'a cessé de tendre par toutes ses dispositions à la plus grande division possible des domaines nationaux. » L'Assemblée nationale décrétait le 14 août 1792 le partage obligatoire des biens communaux entre tous les habitants d'une même commune et décidait à la même date que, « en vue de multiplier les petits propriétaires », les terres des émigrés seraient divisées en *petits lots* pour être mis à l'enchère et aliénés à perpétuité.

Tout cela, sans être, je le répète, du socialisme, tendait au socialisme en ce sens que le fond de ces idées, comme de celles de Barnave, était que la grande propriété est un profond mal social et que l'idéal serait un partage égal de la propriété entre tous les citoyens. Or ce partage égal, premièrement étant et devant être toujours très instable, secondement ne pouvant assurer que la misère générale, quand on se dirige du côté du partage on doit en venir très vite à reconnaître que le véritable partage, et stable au lieu d'être instable, et probablement fécond en bien-être au lieu d'être fécond en misère, est la possession en commun. On traverse le partagisme pour arriver au collectivisme, et le collectivisme c'est le partagisme corrigé.

Il faut dire que, sinon encore le collectivisme, du moins un socialisme très radical a été préconisé au cours de la Révolution, je dis bien avant Babeuf. Il l'a été par Saint-Just qui, dans ses *Institutions Républicaines*, a formulé avec sa manière tranchante et impérieuse les théories suivantes : l'opulence est un délit ; l'oisiveté est un crime ; il ne faut ni riches ni pauvres ; il faut donner des terres à tout le monde ; il faut que l'oisiveté soit punie ; il faut maintenir l'hérédité seulement en ligne directe ; il faut que chaque citoyen rende compte tous les ans de l'emploi de sa fortune ; il faut qu'il n'en puisse disposer que si l'emploi n'en est pas jugé nuisible.

Remarquez bien ces idées-ci. Le collectivisme n'y est pas même entrevu ; mais elles sont profondément socialistes en ce sens qu'elles sont la négation même du droit de propriété, du droit d'user et d'abuser, du *jus utendi et abutendi*. Dans ces idées, le propriétaire n'est plus qu'un dépositaire. L'État lui laisse la propriété, comme s'il la lui prêtait ; il la lui laisse en la retenant ; il lui en demande compte continuellement ; il la lui laisse conditionnellement. Le propriétaire y est considéré comme un fermier de l'État avec bail continuellement résiliable au gré de l'État. L'État et le propriétaire sont en présence et le dialogue est celui-ci : « Est-ce à moi ? Est-ce à toi ? — C'est à toi, propriétaire ; mais c'est encore plus à tous. C'est à toi ; mais à la condition que tous aient continuellement sur toi un droit de reprise. C'est une propriété qui n'est pas un propre. C'est une propriété mi-partie individuelle, mi-partie collective. » — L'acheminement est clair et l'aboutissement, sinon le but, est évident.

Louvet, lui-même, le très girondin Louvet, tout

en « repoussant la loi agraire », comme à peu près tout le monde, reconnaissait « qu'on en parlait beaucoup » et confessait que l'égalité politique s'accommodait mal avec l'inégalité des fortunes : « Si ces droits qu'on veut conserver [aux nobles] et qui sont véritablement comme la pierre d'attente de toutes les prérogatives féodales qui en ont été détachées, ne pouvaient pas être bientôt rachetés, qu'arriverait-il, Messieurs ? Ils continueraient à laisser à une classe habituée à la domination un ascendant certain sur leurs redevables, et cet ascendant ne tarderait pas à porter la corruption dans notre régime électif, dans notre gouvernement représentatif et deviendrait l'écueil infaillible de la Révolution. De célèbres écrivains en politique ont dit que qui avait la terre avait bientôt les hommes, et que les citoyens ne pouvaient pas être libres quand leur propriété était asservie. Loin de moi, sans doute, l'idée que les fortunes puissent être ramenées un instant à l'égalité et s'y maintenir ; loin de moi l'idée d'un partage imaginaire dont on parle beaucoup, mais auquel personne ne croit sérieusement et qu'il ne viendra du moins jamais à la tête d'un homme sensé de proposer ou de consentir. Mais je parle ici à des législateurs, je parle à des amis de la liberté et de la Révolution, et à ce titre il peut, je crois, m'être permis de vous supplier de considérer que l'*Égalité politique* et la Constitution *n'ont pas d'ennemis plus à craindre que l'excessive inégalité des fortunes...* »

Il faut encore faire grande attention à des réclamations venant de très bas ou d'assez bas, que M. Jaurès a diligemment découvertes et précieusement recueillies et qui sont d'inspiration socialiste très nette et de couleur socialiste très accusée. C'est en 1792 la pétition des gens d'Étampes à propos d'un incident local, laquelle contient les déclarations suivantes : « Souffrir que la denrée alimentaire, celle de première nécessité, s'élève à un prix auquel le pauvre ouvrier, le journalier ne puisse atteindre, c'est dire qu'il n'y en a pas pour lui, c'est dire qu'il n'y a que l'homme riche, utile ou non, qui ait le droit de ne pas jeûner. Qu'ils sont heureux ces mortels qui naissent avec un si beau privilège !... La main qui devrait avoir la meilleure part dans la nature est celle qui s'emploie le plus à la féconder. Néanmoins le contraire arrive et la multitude de déshérités, dès en naissant, se trouve condamnée à porter le poids du jour et de la chaleur et à se voir sans cesse à la veille de manquer d'un pain qui est le fruit de ses labeurs. Ce tort n'est assurément point un tort de la nature, mais bien de la politique qui a consacré *une grande erreur sur laquelle posent toutes nos lois sociales*, erreur qu'on est loin de sentir et *sur laquelle il n'est peut-être pas bon encore de s'expliquer, tant elle a vicié nos idées de primitive justice*; mais erreur d'après laquelle on a beau raisonner, il nous reste toujours un sentiment profond que nous, hommes de peine, devons au moins pouvoir manger du pain, à moins que la nature ne nous le refuse; et alors ce doit être un malheur commun supporté par tous et non pas uniquement par la classe laborieuse. »

C'est encore L'Ange, le Lyonnais (qui est une des plus intéressantes trouvailles de M. Jaurès) qui s'écrie en 1790 : « L'impôt n'a pas d'autre base que l'industrie en général, et personne ne le paye qu'en le butinant sur nous, artistes, artisans et manœuvres. » Ce butin que le pauvre abandonne aux riches est « la rançon de ses besoins ». Le pauvre est un condamné à mort qui cède à son bourreau une partie du produit de son travail pour obtenir de continuer de vivre. « Enfin la vérité qui nous éclaire perce le voile ridicule dont s'enveloppent nos ennemis avec l'impudent orgueil de l'oisiveté. L'or dont ils se targuent n'est utile et salutaire qu'entre nos mains laborieuses ; il devient virulent quand il s'accumule dans les coffres des capitalistes qui sont au corps politique ce que les ulcères sont aux corps physiques. Par tout, Sire, où Votre Majesté portera les regards, elle ne verra la terre occupée que par nous ; c'est nous qui travaillons, qui sommes les premiers possesseurs, les premiers et derniers occupants effectifs. Les fainéants qui se disent propriétaires ne peuvent recueillir que l'excédent de notre subsistance. *Cela prouve du moins notre copropriété.* Mais si, naturellement, nous sommes copropriétaires, et l'unique cause de tout revenu, le droit de borner notre subsistance et de nous priver du surplus est un droit de brigands. »

Ce fut encore — et on oublie souvent celle-ci — non seulement une idée socialiste, mais une mesure socialiste que la *loi du maximum* (3 mai 1793) qui établissait un chiffre au-dessus duquel le prix des grains ne pouvait pas s'élever. C'était un expédient socialiste, un expédient seulement, mais qui impliquait *le droit qu'a l'État de ne pas permettre que le commerce s'exerce*, le commerce pouvant léser les intérêts des particuliers et par exemple affamer les pauvres.

Pour en revenir aux conceptions générales, la Révolution allait encore du côté du socialisme par une idée qui lui était tout particulièrement chère et qui était si répandue à cette époque qu'on peut dire qu'elle recueillait la quasi unanimité des suffrages. On n'aura jamais assez dit que la Révolution a repris toutes les idées de l'Ancien Régime pour les faire siennes et pour y croire plus énergiquement que l'ancienne monarchie et pour les pousser plus loin, mais exactement dans le même sens.

C'était une idée fondamentale de l'ancienne monarchie, une « maxime de la royauté », que le roi a un « droit éminent de propriété » sur toutes les propriétés du royaume. Le roi est propriétaire de la France. Tous ceux qui en France possèdent ne possèdent que dans la mesure où le roi permet qu'ils possèdent. Un propriétaire est comme un intendant du roi sur sa terre ou un fondé de pouvoirs du roi sur son bien. Voilà la théorie monarchique.

Cette théorie, les Révolutionnaires pouvaient la laisser tomber absolument, la considérer comme une des formes du dogme tyrannique et comme une des formes de la tyrannie, ce qu'elle était, et n'en tenir aucun compte. Quand ils confisquaient les biens des ecclésiastiques et des émigrés, ils pouvaient dire : Il n'y a là qu'une mesure de salut public. Nous n'exerçons aucun droit si ce n'est celui de sauver l'État. Nous faisons ce que la monarchie a fait plusieurs fois : nous prenons l'argent où il est. Une organisation défectueuse de la société, un enchaînement de faits historiques qui fut malheureux à certains égards, a fait que trop de richesses soustraites aux mains de l'État, soustraites aux prises de l'impôt, sont quelque part ; nous les prenons en tout ou partie, nous fondant sur ceci qu'elles ne devraient pas y être, puisque l'État souffre de ce qu'elles y sont. Nous corrigeons d'un seul coup, (ce que nous reconnaissons qui n'est pas bon, parce qu'il est violent), mais encore nous corrigeons d'un seul coup, parce que nous ne pouvons pas faire autrement, ce qui aurait dû être prévenu jour à jour et corrigé jour à jour par une législation prévoyante pendant le cours de sept ou huit siècles. Et du reste nous établissons une législation nouvelle, plus prudente que l'ancienne, qui empêchera cet entassement funeste de richesses improductives et qui précisément empêchera qu'il soit nécessaire de faire une seconde fois plus tard ce que nous faisons aujourd'hui.

Ils pouvaient dire cela, et quoiqu'il soit toujours grave, d'abord de faire une spoliation et ensuite de tenir un langage que peuvent emprunter et dont peuvent s'autoriser tous les spoliateurs, encore est-il que dire cela était relativement prudent et relativement rationnel. — Mais ce n'est point cela qu'ils dirent, ou plutôt ils le dirent ; mais ils dirent aussi autre chose. Ils ressuscitèrent au nom du peuple et au profit du peuple ce « droit de propriété » qu'auparavant la monarchie s'était attribué. Il n'y a pour eux, entre l'ancien régime et le nouveau, que la différence de « Roi » à « Peuple » ; et que partout où il y avait le mot « Roi » on mette le mot « Peuple », tout l'esprit de la Révolution est là. Le roi était souverain ; le peuple est souverain ; le roi était propriétaire de tout le sol ; le peuple est propriétaire de tout le sol. Les soi-disant propriétaires ne sont que des dépositaires et des usufruitiers. Pour mieux parler, ils ne sont que des fonctionnaires délégués à la possession. Comme l'État délègue à un agent une partie de son pouvoir pour gouverner ou administrer, de même l'État, en tant que possesseur du sol, prête à un agent une partie de sa propriété pour l'exploiter en vue du bien général. La propriété est une fonction.

C'est le sens de cette parole de Tronchet : « A la mort de chaque citoyen ses biens sont la propriété de la nation tout entière. »

C'est le sens de cette parole de Robespierre : « A la mort de chaque citoyen ses biens n'appartiennent qu'à la nation. »

C'est le sens de cette parole de Camus : « *La*

propriété n'est pas de droit naturel ; elle est de droit social. »

C'est le sens de cette parole de Mirabeau : « La société est en droit de refuser à ses membres, dans tel ou tel cas, la faculté de disposer arbitrairement de leur fortune. »

C'est le sens de cette autre parole, singulièrement grave, de Mirabeau encore : « Je ne connais que trois manières d'exister dans la société : il y faut être mendiant, voleur ou salarié. [Traduisez, en supprimant ce qui est pour l'effet oratoire : « Tous les citoyens sont des salariés. »] *Le propriétaire n'est lui-même que le premier des salariés*. Ce que nous appelons vulgairement la propriété n'est autre chose que *le prix que lui paye la société pour les distributions qu'il est chargé de faire aux autres individus par ses consommations et ses dépenses*. Les propriétaires sont les *agents*, les *économes* du corps social. »

Voilà bien la théorie dans toute son ampleur. Elle contient tout le socialisme : 1° Elle affirme que l'État est l'unique possesseur du sol, en d'autres termes que tout appartient à tous. C'est l'essence du socialisme. 2° Elle considère tous les citoyens comme des salariés de l'État. C'est l'idée organisatrice du socialisme : l'État sera seul patron et fera travailler tous les citoyens. En les rémunérant à son gré, équitablement s'il est équitable. 3° Le propriétaire n'est qu'un salarié lui aussi. Sa propriété est un salaire. Son salaire lui est donné sous forme de propriété. Salaire de quoi ? Salaire du bien qu'il fait aux autres en dépensant. Mais s'il ne dépense pas ? Il perd droit à son salaire et on le lui supprime. Expropriation des mauvais propriétaires. Mais la difficulté étant grande de savoir qui sont les mauvais propriétaires et jusqu'à quel point chacun l'est, n'est-il pas plus simple de supprimer *ce salaire mal conçu* et, en transportant la propriété à l'État, de faire des propriétaires des salariés du même caractère que les autres ? Évidemment. Du moment que la propriété n'est pas un droit, mais un salaire particulier accordé par l'État à certains individus, on ne voit pas pourquoi existerait ce salaire particulier, mal établi, mal contrôlable et pourquoi les propriétaires ne seraient pas ramenés dans la masse des salariés proprement dits. La propriété n'est plus qu'une anomalie du salariat ; elle doit être supprimée et seul doit rester le salariat normal. Évidemment.

Tout cela reposant sur cette idée fondamentale, exprimée par Camus plus haut et du reste qui est l'idée de Rousseau : « La propriété n'est pas de droit naturel, elle est de droit social. » Autrement dit : c'est l'État qui *crée* la propriété ; c'est de l'État que vous tenez votre propriété, tout comme, fonctionnaire, c'est de l'État que vous tenez votre traitement. Les Révolutionnaires étaient presque tous convaincus de cette idée, ou tout au moins c'était leur idée de derrière la tête.

Elle venait d'une confusion assez naturelle, si l'ont veut, entre *créer* et *garantir*. Il est bien certain que je tiens ma propriété de l'État en ce sens que l'État me la garantit et que s'il ne me la garantissait pas, s'il ne la protégeait pas, je ne l'aurais point. Mais ce n'est pas une raison pour croire que l'État *crée* la propriété. On ne crée pas ce qui, si vous ne le garantissiez point, périrait ; on crée ce qui, sans vous, n'aurait jamais été. La propriété se crée en dehors de l'État et vit parce que l'État la protège ; mais elle est antérieure à l'État et elle est couverte par lui, non fondée par lui. Il en est d'elle comme de la vie. De ce que, si l'État ne me protégeait point, je mourrais, il ne faut pas conclure que l'État m'a donné la vie et qu'il peut me la reprendre. Il la protège et la garantit, il ne me l'a point donnée et n'a pas de droit sur elle. Ce qu'il y a d'excessif à confondre le fait de garantir et le fait de créer se voit au raisonnement suivant : « Je vous prends votre propriété. J'en ai le droit.

— Pourquoi ?

— Parce que vous la tenez de moi !

— Comment est-ce que je la tiens de vous ?

— Parce que je vous la garantis.

— Vous prenez donc dans le fait que vous garantissez ma propriété le droit de ne la garantir plus ? C'est comme si vous preniez dans le fait que vous garantissez ma vie le droit de me tuer. Il est évident que de ce qui fonde votre droit vous tirez plus qu'il ne contient. Le fait de garantir ma vie ne peut vous donner que le droit de m'en demander une part, même avec péril ; mais rien de plus. Le fait de garantir ma propriété ne peut que vous donner le droit de m'en demander une part, mais non le tout. »

Mais tel était le paralogisme des Révolutionnaires ; et, parce que la propriété n'existerait pas sans l'État, ils pensaient que c'était l'État qui la créait. Un logicien de l'école de Socrate leur aurait dit que toute l'erreur venait de la confusion de *pas* et de *plus*. « Il ne faut pas dire que la propriété n'existerait *pas* sans l'État ; car elle lui est antérieure. Il faut dire qu'elle n'existerait *plus* sans l'État ; car si l'État n'avait pas été inventé elle aurait péri. Mais la différence est grande ; car s'il est vrai que la propriété n'existerait *pas* sans l'État, elle lui appartient ; mais s'il est vrai qu'elle n'existerait *plus* sans l'État, elle ne lui appartient pas : il n'est que son soutien et non son créateur.

Loin, même, que la propriété ait été créée par l'État, c'est l'État qui a été créé par la propriété, puisque l'État a été constitué pour garantir les propriétés ; et donc le droit de l'État sur les propriétés est moins fondé que ne le serait le droit des propriétés sur l'État. L'État à la Propriété : « Tu es ma fille. » La Propriété à l'État : « Tu n'y comprends rien du tout ; c'est toi qui es mon fils. »

Sans s'amuser davantage à ces jeux socratiques, il est certain que le droit de l'État sur les propriétés n'étant fondé que sur ceci qu'il les protège, ne peut aller jusqu'à ceci qu'il les supprime.

Mais les Révolutionnaires étaient tous plus ou moins persuadés que l'État a sur les propriétés le droit paternel antique, c'est à savoir de vie et de mort. Il y avait là un germe socialiste incontestable.

Il en faut venir à l'idée qui, plus que toute autre, animait la Révolution tout entière et en était le fond et l'âme et contenait le socialisme tout entier. Cette idée était simplement celle de l'Égalité. Qu'ils le voulussent ou qu'ils ne le voulussent point, et le plus souvent c'était sans le vouloir ; qu'ils y songeassent ou qu'ils n'y songeassent point, et le plus souvent c'était sans y songer le moins du monde, toutes les fois que les Révolutionnaires proclamaient l'égalité, ils proclamaient implicitement le socialisme.

Remarquez d'abord la singulière et imprudente définition qu'ils ont donnée de l'égalité dans leur Déclaration des droits de l'homme : « Tous les hommes sont égaux par la nature et devant la loi. » Rien n'est plus faux que la première partie de cette formule ; et où les Révolutionnaires ont-ils vu que les hommes fussent égaux par la nature, et que la nature ait jamais fait les hommes égaux ? C'est une pure sottise. Mais que les Révolutionnaires aient voulu la faire, qu'ils aient affirmé, contre tout bon sens et contre ce qu'évidemment ils croyaient, que les hommes sont égaux par la nature, cela indique qu'ils voulaient affirmer l'égalité aussi énergiquement que possible ; qu'ils voulaient l'affirmer contre les faits eux-mêmes, tant ils étaient persuadés qu'un fait, même naturel, qui est contre l'égalité est un fait injuste, monstrueux et qui *ne devrait pas être.*

Il y a comme un peu de manichéisme politique dans cette affaire. Le manichéen, constatant du mal et du bien dans ce monde, ne peut pas se résoudre à attribuer le mal à Dieu et il invente, à côté du Dieu bon, un Dieu méchant pour lui attribuer l'origine de tout le mal qu'il trouve sur la terre. De même le révolutionnaire ayant pour Dieu l'Égalité et trouvant de l'inégalité parmi les hommes, ne peut pas se résoudre à attribuer l'inégalité à la nature et il affirme que ce n'est pas la nature qui l'a créée, mais que les hommes sont égaux par la nature et inégaux par un je ne sais quoi qu'ils laissent à chercher, mais dont la nature n'est pas responsable ; et, comme le manichéen a réussi à « justifier » Dieu, le Révolutionnaire croit avoir réussi à justifier la nature. Ceci n'est qu'une puérilité ; mais montre à quel point les Révolutionnaires tiennent à affirmer l'égalité comme un dogme « supérieur et antérieur » à toute constitution politique.

La seconde partie de la formule, parfaitement raisonnable, celle-ci, contient tout le socialisme. comme j'ai dit. « Les hommes sont égaux devant la loi. » Fort bien ; mais comme il est parfaitement évident que devant la loi, c'est-à-dire, en pratique, devant les ministres de la loi, l'homme riche, qui d'abord pourra corrompre, qui ensuite pourra se faire défendre par un homme de talent, qui ensuite pourra user de mille influences que sa situation lui permettra d'exercer, ne sera nullement l'égal du pauvre, mais incomparablement supérieur à lui ; il va de soi que qui veut l'égalité vraie, que qui veut l'égalité réelle, doit vouloir l'égalité de puissance ou de faiblesse, doit vouloir l'égalité financière entre tous les citoyens et par conséquent l'abolition de la richesse.

Cette définition de l'égalité a été complétée chez les théoriciens révolutionnaires par l'article V de la *Déclaration des droits de l'homme* : « Tous les citoyens sont également admissibles aux emplois publics. Les peuples libres ne connaissent d'autres motifs de préférence dans leurs élections que les vertus et les talents. » Ce texte est très important. Il arrête très nettement l'égalité aux limites de l'inégalité naturelle. Mme de Staël a vraiment très bien traduit ce texte en disant : « La Révolution a *proscrit* les inégalités factices et *restauré* les inégalités naturelles. » Rien de plus juste. La Révolution a rayé net les privilèges de naissance : inégalités factices et qui empêchaient les inégalités naturelles de sortir leur effet. Elle a intronisé les inégalités naturelles : vertus et talents, que les inégalités factices obstruaient et qui désormais avaient libre carrière.

— Mais c'était encore très aristocratique, car quel mérite a celui-ci à être né plus courageux, plus économe ou plus intelligent que moi ? C'est encore là un privilège de naissance, et cet homme est encore un individu qui s'est simplement donné la peine de naître !

— Il est très vrai, et la démocratie a parfaitement raison, est parfaitement d'accord avec son principe en ne choisissant jamais, ou presque jamais, dans ses élections. que des hommes qui ne se distinguent pas par leurs vertus et leurs talents ; mais cependant c'était bien l'idée des Révolutionnaires, lesquels, comme l'a très bien remarqué M. Émile Ollivier dans son livre sur *la Révolution*, n'ont jamais été que jusqu'à mi-chemin de leurs principes, c'était bien leur idée de supprimer les inégalités factices et de fonder le règne des inégalités naturelles ; c'était parfaitement leur idée, et le texte précédent en fait très bien foi.

Mais encore, à se placer même à leur point de vue, est-ce que la fortune, la richesse est une inégalité *naturelle* ? C'est l'inégalité la plus factice de toutes ! Pierre *naît* riche, comme Paul *naît* noble, et il est même beaucoup plus avantageux à Pierre de naître riche qu'à Paul de naître noble. Par conséquent si vous voulez détruire toutes les inégalités factices, toutes les inégalités par fiction légale et par fiction sociale, tous les privilèges de naissance ; et ne laisser subsister, chose encore horriblement aristocratique, mais acceptable sauf revision, que les inégalités inhérentes à la personne, vertus et talents, comme vous dites ; la première chose que vous ayez à faire c'est d'abolir la propriété, supériorité qui ne tient ni au corps ni à l'âme et qui est transmissible et qu'on trouve dans son berceau sans l'y avoir apportée.

Donc, à quelque point de vue qu'on le considère, le dogme de l'égalité contient tout le socialisme ; et qui dit égalité dit socialisme ; et qui dit démocratie dit socialisme ; et qui se dit partisan de la Révolution française et égalitaire et n'est pas socialiste est simplement inconséquent de la manière la plus puérile.

Dira-t-on que le dogme de l'égalité ne comporte point et n'entraîne pas l'abolition de la propriété, mais seulement l'abolition de l'héritage ; l'héritage seul étant privilège de naissance et inégalité factice ; et la fortune, la propriété acquise par un homme né dénué étant un produit des supériorités personnelles qu'on lui permet d'avoir, à savoir talents, vertus, qualités ?

C'est une idée qui a été souvent soutenue et avec force ; c'est une distinction que l'on s'est souvent efforcé de faire. Mais cette idée encore est très erronée, cette distinction est tout à fait fausse. Remarquons d'abord que si ce à quoi l'on vise en abolissant l'héritage et seulement l'héritage, c'est à limiter les fortunes, c'est à empêcher l'accumulation des richesses sur quelques points en ne permettant pas à une fortune de s'immobiliser en quelque sorte dans une famille, c'est à forcer chaque homme à se faire soi-même sa fortune, laquelle, vu la brièveté de la vie humaine, ne pourra jamais être énorme ; — on se trompe assez fort. La plupart des immenses fortunes que nous avons sous les yeux sont des fortunes non héritées, sont des fortunes uni-personnelles, sont des fortunes acquises par le talent, l'énergie ou le bonheur d'hommes qui ont commencé par être ouvriers ou petits commis. Supprimez l'héritage, vous n'aurez pas supprimé le milliardaire. On sait qu'au contraire l'héritage détruit les fortunes plutôt qu'il ne les accumule, les fils et petits-fils d'hommes qui se sont faits riches ayant généralement tous les vices qu'il faut pour se rendre pauvres.

Il ne suffit donc pas d'abolir l'héritage pour supprimer les grandes, les énormes inégalités sociales ; et au contraire l'héritage est un assez bon moyen de détruire les grandes inégalités sociales qui se sont produites.

Ajoutez ceci. A supposer le cas le plus rare, mais qui existe encore assez souvent, le cas d'un fils de riche qui n'est pas un dégénéré et qui a conservé quelque chose des énergies de son père, à supposer ce cas, et l'héritage aboli, ce fils n'héritera pas, soit ; mais, né dans une famille riche, il a dès la première enfance des avantages d'éducation, d'instruction et de dressage qui le mettent à vingt ans en immense supériorité relativement à son contemporain né pauvre ; il a sur lui comme un avantage de dix années ou de quinze années, et que son père meure et que la fortune s'en aille, il a dix fois plus de chances qu'un autre de reconstituer la fortune perdue. Je ne dis rien des relations créées par le père et qui sont un héritage dont il est absolument impossible de dépouiller le fils.

Donc, même l'héritage aboli, d'énormes inégalités sociales subsistent dont ne peut s'accommoder le dogme de l'égalité. Le socialisme ne peut se contenter de l'abolition de l'héritage, puisque cette abolition de l'héritage *laisse encore des avantages de naissance et des privilèges de naissance.* Pour que l'égalité soit, ce n'est pas l'héritage qu'il faut abolir, c'est la propriété ; pour que l'égalité soit, il ne suffit pas d'empêcher que la fortune se transmette, il faut empêcher qu'elle se fasse ; il ne suffit pas d'empêcher que la propriété se conserve, il faut empêcher qu'elle existe. Si la propriété subsiste, l'égalité ne sera jamais.

On voit donc bien comment la Révolution, qui n'a jamais cru être socialiste : 1° l'a été un peu dans les faits ; 2° l'a été profondément dans ses idées. Ses deux idées directrices, les seules qui comptent, souveraineté nationale, égalité, tendent toutes les deux au socialisme.

La souveraineté nationale, c'est l'État omnipotent et par conséquent omnipossesseur, d'abord parce que la première de ces idées conduit à l'autre, ensuite parce que l'État, s'il n'est pas omnipossesseur, n'est pas omnipotent. Conclusion : le socialisme.

L'égalité c'est la suppression de la propriété, l'égalité, si la propriété subsiste, étant le plus vain des mots vains, le plus creux des mots creux, et le plus illusoire des mots illusoires. Conclusion : le socialisme.

Ajoutez encore que l'inutilité même de ce que, *dans les faits*, la Révolution avait hasardé dans le sens socialiste a contribué à la diffusion des idées socialistes et donné des arguments au socialisme. La Révolution, par ses expropriations et ses appropriations, n'avait fait autre chose que créer une nouvelle classe de propriétaires et une nouvelle classe de propriétaires très ardente, très âpre et très dure. Ce qu'a de désobligeant et d'irritant la propriété n'avait donc été qu'aggravé par le remaniement territorial pratiqué par la Révolution. Or par ses idées générales susciter, au moins, et presque proclamer l'idée socialiste ; par ses pratiques donner à l'idée socialiste comme un ferment nouveau et un nouveau stimulant : c'est de toutes les façons possibles créer le socialisme s'il n'est pas, lui mettre l'aiguillon et l'éperon au flanc s'il existe.

Le socialisme a donc toutes ses racines dans la Révolution, qui a cru être très bourgeoise et qui a proclamé que la propriété est sacrée. De tous les hommes de la Révolution, c'est encore l'abbé Maury qui avait le plus raison. Il arrive que les prophètes du passé soient les prophètes de l'avenir.

On le vit tout de suite avec Babeuf. Qu'est-ce que Babeuf ? C'est un révolutionnaire conséquent, c'est un démocrate conséquent, c'est un égalitaire conséquent et ce n'est absolument rien de plus. Il a créé la société des *Égaux* et il a voulu une société d'égaux, tout simplement ; et il s'est aperçu le premier que la Révolution, telle qu'elle avait été jusqu'à lui, était la proclamation de l'égalité et la faillite de l'égalité. Il a fait ce raisonnement bien simple que, pour que tous fussent égaux, il fallait que personne ne possédât rien, et sans songer au partage, notez ceci, il a été tout droit à la communauté des biens. Il avait peu d'idées ; mais il avait celle-ci, qui au moins était très nette et qui, au moins comme logique, était très juste.

A la vérité il se trompa d'heure. De son temps la Révolution était devenue conquérante et conservatrice, conquérante à l'extérieur et conservatrice à l'intérieur. J'entends qu'à l'extérieur elle avait à la fois à se défendre contre l'Europe qui ne pouvait pas la supporter et à conquérir pour remplir ses coffres vides ; et qu'à l'intérieur elle n'avait plus qu'une idée, conserver les « biens nationaux », c'est-à-dire les biens seigneuriaux et ecclésiastiques qu'elle avait faits biens bourgeois. Il se trouvait donc que Babeuf était quelque chose en 1796 comme un émigré à l'intérieur ou comme un « soldat des rois » à l'intérieur.

En effet, comme un émigré, il visait les biens nationaux, non pas pour se les faire rendre, à la vérité, mais pour en dépouiller les nouveaux possesseurs ; et aux yeux des nouveaux possesseurs il est assez probable que c'était exactement la même chose. Le Babouvisme a été en horreur aux bourgeois de 1796 autant que les émigrés, que l'aristocratie et que le cléricalisme, et absolument pour les mêmes raisons ou pour l'unique même raison. Je suis persuadé que l'enthousiasme de la France pour Bonaparte en 1799 tient autant à l'horreur du Babouvisme qu'à la terreur des émigrés et qu'à la lassitude où l'on était du gouvernement désordonné du Directoire.

La France de 1799 a cherché le « pouvoir fort » contre les administrateurs incapables et criminels qu'elle avait, contre les émigrés et les « rois » qui étaient censés vouloir reprendre les biens nationaux et contre les égalitaires ou les égaux qui voulaient qu'il n'y eût plus de biens du tout.

Mais pour le philosophe il reste ceci, très intéressant au point de vue de la suite des idées, que la Révolution française ne s'est pas terminée sans que quelqu'un, avec toute la sûreté logique et toute la précision possible, en ait poussé les idées générales et les principes directeurs jusqu'à leur conclusion vraie et logiquement inévitable.

III

LE SOCIALISME DEPUIS 1800.

Le socialisme se tut presque complètement sous l'Empire et sous la Restauration. Il est à remarquer que l'Empire *et* la Restauration sont les époques où la France a été le plus patriote et le plus exclusivement dominée par des idées de patriotisme. Pour l'Empire cela n'a pas besoin d'être démontré. L'Empire est l'époque où la France s'est crue destinée, non plus, comme sous la Révolution, à être l'exemple et le modèle des peuples libres, mais à être la reine du monde à la manière de l'ancienne Rome. A cet égard la France impériale raisonnait relativement aux peuples comme les chefs révolutionnaires avaient raisonné en gouvernement intérieur. Les chefs révolutionnaires se savaient rudes, durs, despotiques et cruels ; mais ils s'absolvaient et se justifiaient eux-mêmes par la sainteté du but qu'ils poursuivaient et par cette considération que le bonheur commun du peuple français était au bout d'une période de violences et d'actes tyranniques. La France impériale se savait oppressive et violente à l'endroit des peuples européens; mais elle se justifiait elle-même en envisageant l'Europe à jamais pacifiée et heureuse, et heureuse sinon dans la liberté, du moins dans l'égalité sous l'hégémonie de la France.

Ce rêve césarien ne manquait pas de grandeur, et c'est d'un patriotisme exalté et généreux en somme qu'il est sorti. L'Empire, considéré au point de vue des idées populaires françaises, est une des grandes époques du patriotisme en France.

. Mais il en faut dire autant de la Restauration. Quelque mêlées qu'aient été les idées générales du peuple français à cette époque, ce qui domine parmi elles c'est le souvenir du rêve brisé et du grand dessein effacé par les désastres. Et l'on peut dire que la France a été plus patriote encore sous la Restauration que sous l'Empire, parce que sous la Restauration l'amour du pays était moins mêlé de « volonté de puissance », plus pur, plus attendri et moins violent et par conséquent plus profond, pour ainsi dire, et plus intime. Le Français de 1815 à 1830 aimait la France comme une mère blessée, et non comme une reine glorieuse et dominatrice, et tout en la rêvant pour l'avenir aussi glorieuse que par le passé, il l'aimait dans sa douleur plus qu'il ne l'avait jamais aimée dans sa gloire.

Et voilà pourquoi le socialisme s'est tu, à très peu près, de 1800 à 1830. Il s'est tu, parce que ni à l'une ni à l'autre époque, il n'aurait pu faire entendre sa voix. Aussi bien il semble que, parce que tous étaient occupés d'autres pensées, personne ou presque personne ne fût sollicité par celle-là. Il est très rare, quoique ce ne soit pas sans exemple, qu'un peuple soit occupé de deux idées à la fois.

Cependant, à la fin de la Restauration, un phénomène très naturel se produisit, qui devait comme préparer une renaissance, ou si l'on veut une recrudescence du socialisme. La France, en majorité, détestait les Bourbons par patriotisme et par souvenir de 1814 et de 1815. Par opposition contre les Bourbons, les historiens commencèrent à remettre en honneur la Révolution française qui était restée longtemps peu honorée à cause des souvenirs de 1793 et du Directoire. Par opposition contre les Bourbons, la France accepta cette réhabilitation de la Révolution, puis cette glorification de la Révolution, et peu à peu une religion de la Révolution française s'établit. Il devint commun de couvrir ses crimes et ses misères sous ses bienfaits; il devint commun, par un contre sens historique qui ne peut guère étonner ceux qui sont familiers à la psychologie des foules, d'associer ensemble les souvenirs de la Révolution et ceux de l'Empire et de les opposer ensemble au gouvernement du moment.

Or, dès que la religion de la Révolution fut établie, le socialisme devait renaître, le socialisme étant, comme nous l'avons montré, l'essence même de la Révolution, le socialisme n'étant autre chose que la Révolution allant jusqu'au bout.

La chose eut lieu et l'on voit renaître vaguement le socialisme avec Saint-Simon et avec ses premiers disciples. On peut dire, et ceci est confirmatif de ce que nous venons de dire du sommeil du socialisme de 1800 à 1830 ou à peu près, que Saint-Simon reprend le socialisme à l'état où il était vers 1793, *avant Babeuf.* Il ne prêche point du tout la communauté, et il n'y songe pas ; il ne prêche pas le partage, et il n'y songe pas ; mais, comme quelques-uns faisaient vers 1793, il *indique* que les questions de gouvernement sont secondaires et que les questions de propriété sont essentielles, que le gouvernement, parlementaire ou autre, « n'est qu'une *forme*, et que la constitution de la propriété est le *fond* », que « la propriété doit être constituée pour le plus grand bien de la société entière sous le double rapport de la liberté *et de la richesse* » (et voilà ramenée dans les discussions cette idée de la subordination de la propriété à l'État, idée si souvent affirmée sous la Révolution) ; que « l'utilité commune et générale de l'exercice du droit de propriété peut varier selon les temps » ; que « il n'est nullement indispensable que la forme du droit de propriété soit toujours la même », etc. Saint-Simon n'était point socialiste ; mais des formules que je viens de citer, très analogues par parenthèse à certaines formules de Marx, tout le socialisme pouvait sortir.

Et en effet, dès 1829-1830, les premiers élèves de Saint-Simon, sans aller, non plus que lui, ni jusqu'à la communauté, ni jusqu'au partage, ni jusqu'à la doctrine de « l'égalité réelle », concluent déjà, dans l'*Exposition de la Doctrine*, à l'abolition de l'héritage et à l'État recueillant tous les héritages pour en distribuer ensuite la valeur, sous telle ou telle forme, aux plus méritants et aux plus capables. L'État n'est pas encore présenté comme le propriétaire unique, mais, acheminement très significatif et très direct, il est déjà salué comme héritier universel.

La période qui va depuis 1830 jusqu'en 1848 fut l'époque où le socialisme s'étendit, s'agrandit, embrassa un plus grand nombre de questions et *en même temps* se précisa ; c'est l'époque de la constitution définitive du socialisme comme doctrine. Remarquez, en effet, que jusqu'en 1830 le socialisme, de quelque nom qu'il s'appelât, n'avait encore eu pour objet de ses préoccupations que la terre, que le sol, que le sol soit à partager, soit à mettre en commun. A partir de 1830 il songe à cette autre richesse, la richesse industrielle et commerciale, qui est une autre sorte de supériorité, d'inégalité et « d'iniquité », et il cherche les moyens de la supprimer comme l'autre.

Il y songe même davantage, tout au moins il y songe avec plus d'inquiétude et plus d'impatience, parce que les misères produites par l'inégalité sont ici beaucoup plus grandes et beaucoup plus poignantes. Le paysan non possesseur, le paysan non propriétaire, dans la plupart des pays d'Europe et particulièrement en France, n'est pas malheureux; il ne souffre pas extrêmement. Il y a une aristocratie rustique et une plèbe rustique, sans doute, mais l'aristocratie rustique est beaucoup moins éloignée de la plèbe rustique que l'aristocratie industrielle de la plèbe industrielle ; le paysan riche se distingue moins du paysan pauvre que le propriétaire de mines ne se distingue du mineur. Le cri de la souffrance est moins douloureux dans les campagnes que dans les grandes agglomérations industrielles.

Ajoutez qu'aux alentours de 1830 la crise du machinisme a eu ses premières et ses plus redoutables conséquences. L'invention des machines a eu un *premier* résultat et un résultat *indéfini*. Le premier résultat a été : une baisse du prix de main-d'œuvre, les bras étant trop nombreux et s'offrant pour rien ; l'emploi des femmes et des enfants dans les manufactures, les machines supprimant en un grand nombre de cas la nécessité de la force musculaire et permettant, malheureusement, l'emploi de la faiblesse. Et de là des misères épouvantables, tant en Angleterre qu'en France, les journées de 14 heures donnant à peine de quoi manger, en Angleterre les enfants de huit ans attelés à la machine et fouettés comme bêtes de somme, en France les « caves de Lille », cachots affreux où vivent, où meurent plutôt, plus ou moins vite, des familles entassées dans l'obscurité, l'ombre humide et la putridité homicide.

Le résultat indéfini ou qui paraît être tel, c'est l'abrutissement, le machinisme entraînant la division du travail et la division du travail entraînant *le machinisme de l'ouvrier*, l'ouvrier n'étant plus un être intelligent qui fait intelligemment une œuvre, mais appliqué éternellement à une seule et minime partie de l'œuvre, toujours la même et devenant ainsi un rouage, un outil, et perdant toute initiative, tout emploi de l'intellect et toute sa valeur d'homme.

De là la grande pitié pour l'ouvrier des villes qui a été une des marques distinctives du socialisme de 1830 à 1848.

On a dit que 1830-1848 a été l'époque du « socialisme sentimental ». Je n'accepte pas du tout cette classification. 1830-1848 a été une époque de socialisme scientifique, c'est-à-dire : 1° observateur, 2° raisonnant sur ses observations tout autant qu'un autre. Seulement, sa pensée étant attirée vers ce nouveau sujet : l'organisation de la richesse industrielle et ses conséquences, et ces conséquences s'étant trouvées douloureuses, il a eu des accents de pitié et d'indignation nouveaux aussi, ce qui lui a donné une *couleur* particulière, mais non pas un caractère différent de celui qu'il avait auparavant ni de celui qu'il a eu depuis.

D'autre part le socialisme, à partir de 1830, a porté son observation également du côté du commerce. Il s'est avisé, ce qui avait peu été observé jusqu'alors, que le commerce était une très grande déperdition des forces qui auraient pu être productives et constituait un véritable parasitisme social. Le commerçant est un intermédiaire entre le producteur et le consommateur. A quoi sert cet intermédiaire ? Absolument à rien et absolument à personne, si ce n'est à lui-même. Il se nourrit, il s'enrichit en faisant passer une chose de son voisin de gauche à son voisin de droite : utilité sociale nulle. Seulement, pour se nourrir et s'enrichir, il ajoute au prix dont il faudrait payer la chose vendue pour rémunérer le producteur un surprix dont il faut payer le commerçant : nuisance sociale. Inutile et nuisible, le commerçant est à supprimer.

Ajoutez, et ceci s'applique aussi bien à l'industrie qu'au commerce, ce qu'on peut, ce qu'on doit appeler l'*anarchie* industrielle et commerciale. Le producteur industriel produit trop, craignant à un moment donné d'être à court ; le commerçant, pour la même raison, entasse et accumule trop dans ses magasins. De là pour producteurs et commerçants les « mauvaises affaires », les faillites et les banqueroutes ; pour les ouvriers les chômages quand la production, pour avoir été excessive, est forcée non seulement de se ralentir mais de s'arrêter ; pour les ouvriers encore et pour les employés de commerce, les chômages et les misères noires résultant des faillites subites des patrons, etc. En un mot, industrie et commerce sont de nos jours, comme aux temps les plus reculés de l'histoire, à l'état anarchique, ou pour dire la même chose autrement, à l'état aveugle. Ce jeu de colin-maillard dans une chose qui devrait être réglée avec précision et prévoyance, avec *la prévoyance la plus précise* et comme l'administration publique la mieux établie, cette *anomie* en quelque sorte constitutionnelle de l'industrie et du commerce sont ce qui sent le plus la barbarie au sein même de la civilisation.

Les socialistes de 1830-1848 réclamaient une constitution industrielle et commerciale pour sortir de l'anarchie commerciale et industrielle, comme toute la France de 1788 réclamait une constitution politique pour sortir du chaos.

Remarque de détail, en passant, qui à la fois accuse l'évolution des idées et montre à quel point Saint-Simon, considéré, du reste avec quelque raison, comme un des précurseurs du socialisme, avait peu embrassé la question sociale : Saint-Simon voulait en quelque sorte mettre le gouvernement de la société aux mains des industriels et des commerçants ; les socialistes de 1830-1848 veulent supprimer le commerçant et transformer l'industriel de telle sorte qu'il ne soit plus du tout l'industriel autonome et indépendant que Saint-Simon, non seulement acceptait, mais voulait mettre sur le trône.

On voit comme le socialisme s'élargissait, s'amplifiait, faisait plus étendu son champ de vision et étendait ses prises. Il ne se bornait plus à la question agraire, autour de quoi il avait comme tourné depuis le milieu du XVIIIe siècle ; il embrassait, pour la transformer, la société tout entière. D'une part il poursuivait partout la propriété individuelle, aux champs, à l'usine, à la maison de commerce ; d'autre part il prétendait réformer tout le système économique, aux champs, à la maison de commerce et à l'usine, en substituant partout la réglementation rationnelle à la témérité aveugle ou passionnée, en abolissant la concurrence et en faisant cesser la lutte pour la remplacer par le travail ordonné et pacifique.

La caractéristique du socialisme de ce temps, c'est d'abord ce que je viens de dire, à savoir qu'il embrasse l'organisation sociale tout entière ; c'est ensuite que ses adeptes sont tout à fait d'accord (à quelques nuances près) sur la critique et sont en désaccord sur la création ; sont tout à fait d'accord sur ce qu'il y a à détruire et sont en dissentiment sur ce qu'il y a à mettre à la place. Tous disent, même un libertaire comme Fourier, même, à ses moments, un individualiste passionné comme Proudhon, tous disent : il faut l'égalité ; il ne faut pas de propriété ; il ne faut pas de commerçants ; il ne faut pas de concurrence ; il ne faut pas d'anarchie industrielle. Mais que faut-il ? Les uns répondent : le partage égal ; les autres : la communauté ; les autres : l'association libre en son origine ; mais du reste très réglementée, c'est-à-dire la phratrie ou le phalanstère ; les autres telle autre chose intermédiaire entre ces trois types et analogue à celui-ci ou à celui-là, mais en différant en quelque mesure.

Au milieu de tous l'éblouissant Proudhon soutient, avec un génie extraordinaire, toutes les idées, même de temps en temps les plus conservatrices, avec une tendance générale vers la liberté, comportant horreur du communisme ; mais vers une liberté établie sur de telles bases qu'il n'y aurait que des pauvres, la pauvreté étant la santé même, physique et morale, de la société.

On en était là, c'est-à-dire à un état d'esprit qui, assez net en ce qu'il niait, était très obscur en ses affirmations, vers 1848. Karl Marx vint.

L'originalité de Karl Marx n'est pas d'avoir considéré l'histoire universelle comme l'histoire de la « lutte des classes » et d'avoir à cause de cela considéré comme étant le progrès l'acheminement vers la disparition des classes ; car ceci n'est, plus nettement défini, que l'idée de l'ascension du plébéianisme et l'idée de l'égalité entre les hommes tenue pour le but suprême ; et cette idée, âme même de la Révolution française, avait été mille fois exprimée depuis 1789, sans compter qu'elle l'avait été auparavant.

L'originalité de Marx n'est pas d'avoir découvert la loi d'airain, c'est-à-dire cette idée que le salaire de l'ouvrier, en régime concurrentiel, oscille entre ce qui lui est strictement nécessaire pour ne pas mourir de faim et *un peu moins* et un très peu plus ; car cette idée avait été formulée par Ricardo et même par Necker (1) et enfin par Lassalle.

L'originalité de Marx n'est pas d'avoir constitué la théorie de la *plus-value*, c'est-à-dire cette théorie par laquelle l'ouvrier est représenté comme travaillant pendant une partie de la journée pour créer en produits l'équivalent de son travail, une autre partie de la journée pour produire au profit du patron, créant ainsi une plus-value qui est la source du capital, plus-value qui augmente sans cesse à mesure qu'il y a plus d'ouvriers réunis dans un atelier, à mesure que la journée de travail est plus longue, à mesure que, grâce au perfectionnement de l'outillage, l'ouvrier crée une plus grande quantité de produits dans le même laps de temps, plus-value qui devient ainsi un capital énorme fait tout entier de vols commis sur l'ouvrier. — Cette théorie, encore que Marx lui ait donné la dernière

(1) V. Lichtenberger, *le Socialisme dans la Révolution française*, et Jaurès, *Histoire socialiste*, I, p. 124.

précision, est déjà dans Proudhon, qui a dit que « le travailleur, même après avoir reçu le salaire convenu, conserve un droit naturel de propriété sur la chose qu'il a produite ».

L'originalité de Marx n'est pas même d'avoir trouvé qu'il y a antinomie entre le mode de production actuel et le mode d'appropriation actuel, et que la production étant devenue collective (grandes usines, grandes manufactures, grandes mines), l'appropriation devrait être collective aussi et non individuelle et se concentrant sur le patron. — Proudhon, qui a tout dit, malheureusement en ordre dispersé, avait précisément dit cela dans son *Premier mémoire sur la propriété*, et Marx n'a eu que le mérite de le dire avec plus de détail et avec plus de force.

L'originalité de Marx est d'avoir rompu avec la métaphysique, avec l'abstraction, avec le socialisme tiré de concepts généraux et d'avoir voulu faire du socialisme : 1° une science ; 2° une science *historique*, une science *de faits historiques*. Marx ne dit point : « Je fais le socialisme » ; il dit : « le socialisme se fait et je le regarde se faire. » Il ne dit pas : « *Je fais* le socialisme, parce qu'il est une chose juste » ; il se moque, au contraire, de « l'illusion juridique », et il dit : « Le socialisme *se fait* parce qu'il est dans l'enchaînement des faits historiques qu'il se fasse. » — Il ne dit pas : « Nous avons des idées justes et belles et notre devoir est d'y plier les faits » ; très convaincu de ce que, pour mon compte, j'ai si souvent répété qu'une idée est d'abord un fait, lequel devient une idée plus tard, il dit que les théories ne sont que le reflet, dans un esprit bien fait, des choses réelles et inévitables qui s'imposent à l'observation et se soumettent à l'analyse, et il dit que le socialisme est simplement le dernier terme jusqu'à présent, ou plutôt jusqu'à demain, de toute l'évolution économique de l'humanité.

Quelle est cette évolution ? Dans un très grand nombre de faits observés, l'évolution s'opère « par le passage d'une forme incohérente à une forme de plus en plus cohérente; par le passage d'un état diffus à un état concentré (petites tribus devenant des peuples ; peuples devenant des nations, nations devenant des empires, — évolutions semblables en biologie) « et à mesure que devient plus grande la concentration des parties, leur dépendance réciproque augmente, chacun ne pouvant étendre son activité propre sans le secours des autres. »

Or le travail, pour en venir à lui, a d'abord été infiniment morcelé et parcellaire : petite propriété, petite industrie, petite usine composée d'un patron, d'un ouvrier et d'un apprenti ; — il devient de plus en plus collectif, et c'est la grande manufacture qui produit les objets de consommation et les verse sur le marché. Mais qu'est-ce que la grande usine ? Ne voit-on pas que c'est une nation, une nation d'ouvriers ? Nous sommes donc en présence, ores et déjà, non d'un travail individuel ou élémentairement collectif, mais d'un travail national. Pour qui sait « lire l'avenir prochain dans le présent bien compris », il n'est donc pas douteux que le travail ne devienne national dans le sens absolument propre du mot et ne se concentre bientôt dans les mains de l'État.

Voilà ce que l'on entend quand on dit que le socialisme se fait de lui-même ; on entend qu'il y a une socialisation spontanée, à laquelle il serait bien inutile de vouloir s'opposer et qu'il serait bien inutile de vouloir contredire. On ne fait pas d'observations aux faits ; on fait sur eux des observations. C'est donc l'histoire qui fait le socialisme et non pas nous qui le faisons, et c'est l'histoire qui nous le montre se faisant. Comme a dit Lassalle, « les catégories économiques ne sont point des catégories logiques ; ce sont des catégories historiques. »

Mais, dira-t-on, si la socialisation est spontanée et si le socialisme se fait tout seul, pourquoi écrivez-vous sur le socialisme et pourquoi ne vous bornez-vous pas à le regarder se faire et pourquoi ne laissez-vous pas simplement aller ce que vous appelez vous-même le train des choses ?

— J'écris non point, certes, comme mes prédécesseurs pour « abolir par des décrets les phases du développement naturel de la société moderne ; mais pour *abréger la période de la gestation* et *pour adoucir les maux de l'enfantement.* » C'est tout ce qu'on peut faire. L'homme subit l'histoire ; il la hâte un peu en la comprenant jusqu'à y adhérer ; il la rend plus pénible pour lui et plus rude en s'opposant à elle ; et enfin il ne la devance jamais ; mais il en souffre d'autant moins que ni il ne la devance, ni il ne la repousse.

L'action de Marx fut immense, et on peut le considérer encore comme le grand maître du socialisme contemporain. Son livre a eu sur la seconde moitié du XIXe siècle la même influence que le *Contrat social* sur le siècle qui s'étend de 1762 à 1848.

C'est depuis lui que le socialisme s'est tourné presque tout entier vers la solution collectiviste. Chose assez remarquable, jusqu'en 1848, c'étaient les collectivistes qui étaient considérés particulièrement et plus que les autres comme des rêveurs. Ils s'appelaient alors communistes et le communisme était tenu pour une chimère absolument irréalisable. Ce qui séduisait bien davantage c'était le partage, c'est-à-dire l'expropriation des classes riches et l'appropriation de la terre à celui qui la cultive; c'était aussi le Fouriérisme, de quelque nom qu'il s'appelât, c'est-à-dire un état social fait de liberté et de fraternité, d'association libre et fraternelle, de travail libre et de partage libre des produits. Le Partagisme peut s'appeler maintenant appropriation ; le Fouriérisme, ou quelque chose qui en dérive, s'appelle maintenant anarchisme ; et le communisme s'appelle maintenant collectivisme, et c'est le collectivisme qui tient aujourd'hui le haut du pavé.

C'est Karl Marx qui en est cause, d'abord pour avoir donné au moins une couleur et un caractère scientifique et surtout l'autorité de *la chose affirmée comme scientifique*, à ses conceptions ; ensuite pour avoir, par une argumentation très spécieuse, donné cette illusion à un certain nombre d'hommes que, le socialisme se faisant de lui-même, il était tout proche et qu'il ne fallait que peu d'effort pour l'aider à s'accomplir. Les hommes aiment les causes gagnées ou tout proches de l'être ; ils aiment aussi, comme très favorable à leur paresse naturelle, le fatalisme ; et de leur présenter une chose comme étant dans le dessein des Dieux et devant arriver nécessairement, c'est les y attirer et la leur faire considérer comme légitime et rationnelle et pratique. Au contraire de ce Guillaume d'Orange qui n'avait besoin ni d'espérer pour entreprendre ni de réussir pour persévérer, les hommes aiment à n'entreprendre que ce qui est presque achevé et à faire réussir ce qui est en plein succès. Le coup de maître de Karl Marx a donc été de présenter le collectivisme comme une évolution historique arrivée presque à son terme, et qui n'a même pas besoin d'un effort humain pour se consommer, d'avoir montré l'arbre coupé déjà et devant tomber sous la plus légère poussée, d'avoir dit aux hommes : « La ville est prise. Il faut vous donner seulement la peine d'y entrer. » Dans ces conditions on trouve toujours des troupes nombreuses d'assiégeants et d'envahisseurs.

Depuis Marx le socialisme, non seulement français, mais européen, s'est beaucoup agité et a été déchiré par des querelles intestines dans le détail desquelles il serait peu utile d'entrer et dont il faut seulement donner un tableau général. En tableau général, donc, il est toujours partagé en trois grands partis, que nous connaissons et auxquels il convient maintenant d'en ajouter un quatrième. Il compte toujours : des collectivistes, ceux-ci de beaucoup les plus nombreux, depuis Marx, comme j'ai dit ; — des expropriationistes-appropriationistes qui veulent donner la propriété quelle qu'elle soit à ceux qui savent l'exploiter ; — et enfin des anarchistes ; — il compte encore, en très grand nombre, des hommes qu'il est très difficile de désigner par une appellation précise, qui se sont appelés soit « possibilistes », soit autrement, et que l'on peut nommer vaguement *socialistes tempérés* ou *hommes à tendances socialistes.* Ces derniers sont ceux qui ne sont ni collectivistes, ni appropriationistes, ni anarchistes ; mais qui sont partisans d'un plus ou moins grand nombre de mesures favorables à la classe pauvre. Comme le mot « socialiste » est agréable aux oreilles du peuple, ils ont pris ce nom, qu'à le prendre comme ils le prennent, tout le monde exactement peut se donner. Ce sont ceux-là qui, selon les nuances, selon les circonstances aussi, s'intitulent « radicaux socialistes » ou « socialistes anticollectivistes » sur les affiches électorales. Ils ne sont en somme que des démocrates ou des démophiles.

Or ces différents partis sont séparés par des questions de principes et par des questions de tactique. Au point de vue des idées ils ne se reconnaissent pas très facilement les uns les autres comme appartenant au même monde.

Un appropriationiste sent bien qu'un collectiviste ne lui ressemble nullement et que lui, appropriationiste, ne veut rien mettre en communauté.

Un anarchiste sent bien qu'il n'a rien de commun avec un collectivisme, qui serait forcé, pour mettre ses idées en pratique, d'instituer une puissance réprimante plus tyrannique que l'État actuel, chose dont l'anarchiste a horreur, et il n'est pas plus dupe que nous du mot de Karl Marx annonçant et proclamant la disparition de l'État, parce qu'il sait très bien que, cet État qu'il supprime, Marx le remplace par une administration économique, par une administration de statisticiens qui ne serait que l'État et l'État très despotique, sous un nouveau nom.

Et tous, collectivistes, appropriationistes et anarchistes, ont grande méfiance de ces socialistes tempérés, de ces opportunistes du socialisme, qui apportent des palliatifs au lieu de remèdes et c'est-à-dire des atermoiements au lieu de solutions ; et qui peut-être, qui sans doute, aggravent le mal, comme la « charité », comme l'aumône entretient et développe le paupérisme au lieu de l'éteindre ; — et sur ce point je ne serais pas éloigné de croire que collectivistes, appropriationistes et anarchistes n'ont pas tout à fait tort, du moins à leur point de vue.

Les questions de tactique ont encore plus divisé

la grande armée socialiste que les dissentiments profonds qu'elle sentait en elle. Fallait-il, par exemple, entrer dans les cadres politiques de la société bourgeoise pour arriver à la détruire, ou au contraire fallait-il rester en dehors d'eux et en dehors d'elle? En d'autres termes, fallait-il se faire nommer députés et se laisser nommer ministres dans des chambres en majorité antisocialistes et dans des ministères en majorité bourgeois? Les socialistes sentaient bien que ne pas entrer dans les chambres politiques et ne pas se présenter aux électeurs, c'est *n'être pas comptés*, et que, s'il est très avantageux pour un parti de minime importance numérique de n'être pas compté, parce qu'il peut faire illusion sur son nombre par le bruit qu'il fait, c'est un grand avantage pour un parti nombreux et en progrès, de se faire compter au contraire, pour faire mesurer au peuple et sa valeur numérique et ses progrès. D'où il est résulté que, dès que les socialistes se sont sentis nombreux et en progression numérique, ils se sont presque tous ralliés à l'idée de se faire nommer députés et d'occuper leur place dans les chambres bourgeoises. Sont restés en dehors de cette idée ceux qui pensent que le socialisme ne peut pas être réalisé par voie législative, ne peut l'être que par la violence, et que de s'acheminer vers lui par le parlementarisme est se dévoyer ou lui tourner le dos. Ce sont les « socialistes révolutionnaires » ; mais ce qu'il y a de curieux et que je leur laisse à expliquer, c'est que les socialistes révolutionnaires eux-mêmes se présentent aux élections.

D'autre part, un socialiste peut-il accepter d'être ministre ? La question est plus délicate ; car s'il est vrai que conquérir un poste de ministre donne de l'autorité au parti et, notez ceci encore, fait mesurer les progrès du parti ; cependant il est trop à craindre : 1° qu'un socialiste ministre ne soit plus un ministre socialiste et soit sinon corrompu, du moins amolli par ses entours ; 2° qu'en vue de devenir ministres et seulement dans cette vue-là, des gens se disent socialistes, se fassent élire comme tels et soient admirablement disposés à abandonner le parti quand ils auront réussi, chose qui alourdirait le parti du poids de corps très étrangers et le compromettrait ; et chose que l'on supprime net en déclarant formellement qu'un socialiste ne peut être ministre qu'après ou qu'avec le triomphe complet du parti.

Enfin, et c'est un autre aspect, mais plus général des questions précédentes, les demi-socialistes, les socialistes tempérés, les socialistes qui *n'ont que des sentiments socialistes* et qui par conséquent ne se distinguent guère du premier homme charitable venu, et après tout ne se distinguent guère que d'Herbert Spencer; et les socialistes indépendants aussi, qui prétendent, car c'est à peu près la définition à laquelle ils répondent, mesurer eux-mêmes la proportion dans laquelle ils sont socialistes et déterminer eux-mêmes la manière dont ils le sont; ces hommes-là, doit-on les considérer comme socialistes et en quelque manière leur donner l'investiture socialiste? Longues hésitations; car, comme tous les partis et même toutes les écoles tout le long de l'histoire, le socialisme était partagé entre le désir d'être nombreux et le désir d'être fort. Or tout parti perd en force ce qu'il gagne en étendue et ne gagne en étendue qu'en perdant en force. Les chrétiens n'ont plus été tout à fait de vrais chrétiens dès qu'ils ont été plus de douze. A se compter deux millions en Allemagne ou en France, les socialistes vrais ou se jugeant tels se sentent noyés dans un océan de pseudo-socialistes, de prétendus socialistes, de soi-disant socialistes, ou de socialistes supposés, dont l'incertitude et l'indécision et la tiédeur font perdre au parti tout entier sa netteté et sa force et son sens même. Il est désagréable d'être peu nombreux, mais il l'est encore plus d'être annulés par le nombre. Le jour où tout le monde serait socialiste, il n'y aurait plus de socialisme;

et déjà, à ce qu'il y ait tant de socialistes de différents degrés, le socialisme nuancé comme le cou de la colombe, commence à n'avoir plus de couleur. — Et cependant il ne faut pas décourager les bonnes volontés ni trop heurter les indépendances, et un parti se ruine autant par l'intolérance que par l'indiscrète hospitalité, et entre ces deux défauts la limite à tracer qui fera qu'on pourra rester en deçà de l'un et de l'autre est problème extrêmement malaisé à résoudre.

C'est dans ces difficultés que se sont débattus, en France, en Allemagne et en Italie, les socialistes depuis environ vingt ans ; et l'on peut même dire qu'ils sont assez loin encore d'en être sortis. Cependant le principal groupe des socialistes français a pris un parti qui ne manque pas d'énergie en se constituant en école orthodoxe, en Église, pour trancher le mot, en Église nettement disciplinée et nettement intolérante, comme une Église doit presque nécessairement être ; et en se réclamant de l'idée d'*unité* et de la nécessité de l'Unité et en se donnant le nom de « Socialistes unifiés ».

Les Socialistes unifiés sont collectivistes et n'admettent pas que l'on puisse se dire socialiste si l'on n'est pas collectiviste. C'est là, au fond, leur principe d'unification. De plus ils soumettent à un comité dirigeant les décisions générales que doit prendre le parti dans les questions graves, et c'est là leur pratique d'unification. Ils laissent, du reste, une certaine latitude de liberté de penser à leurs adeptes, notamment sur la question du patriotisme et de l'antipatriotisme, ce qui à mon avis est un germe de dissensions futures et même un commencement de scission. Ils sont nettement partisans de l'intervention des socialistes dans les élections et dans les travaux parlementaires ; ils tolèrent l'entrée d'un socialiste dans un ministère bourgeois. Ils sont en somme des socialistes collectivistes antianarchistes et antirévolutionnaires. A compter comme socialistes tous ceux qui en France se réclament de ce nom, ils ne sont guère qu'un tiers environ du socialisme français ; mais ils en sont bien le noyau, l'élément le plus cohérent, le plus résistant, le plus net ; et aussi, — étant donné que de tous les groupes ils sont le plus nombreux, — l'élément le plus attractif.

Tel est l'état présent du socialisme en Europe et particulièrement en France. Il nous reste à examiner ses idées sous leurs différents aspects et à les discuter avec toute l'impartialité et avec toute la précision que nous pourrons apporter à ce travail.

IV

LES FAITS GÉNÉRATEURS DU SOCIALISME.

M. Deschanel a parlé, et très pertinemment, des « idées mères » du socialisme, et nous devrons bien en parler à notre tour; mais fidèle à notre conviction que toujours le fait précède l'idée et à la méthode que cette conviction nous impose, nous parlerons d'abord des faits générateurs du socialisme, quitte à les retrouver ensuite, je ne dis pas déguisés en idées, mais convertis en idées pour avoir été pensés, pour être passés par le laboratoire du cerveau humain.

Les principaux faits générateurs du socialisme sont :

1° Pendant deux siècles : l'égalisation des conditions se faisant sans qu'y corresponde une égalisation des fortunes;

2° L'abaissement spontané des classes autrefois supérieures et dirigeantes;

3° L'inutilisation des grandes fortunes individuelles et la facilité des communications entre les hommes rendant faciles les grandes fortunes collectives ;

4° La disparition progressive du petit commerce et la formation rapide du commerce en grand;

5° La concurrence, de très restreinte qu'elle était autrefois, devenant illimitée.

Ce que j'entends par l'égalisation des conditions se faisant sans qu'y corresponde une égalisation des fortunes est ceci. Jusqu'au XVIIe siècle, noblesse et clergé avaient *toutes* les supériorités sur la bourgeoisie et sur le peuple. Noblesse et clergé possédaient le sol ; noblesse et clergé gouvernaient l'État à côté du Roi ; noblesse et clergé fournissaient les ministres et la moitié des magistrats ; noblesse fournissait la presque totalité des officiers ; noblesse et clergé exerçaient, personnellement, la justice sous certaines formes, etc.

Or la monarchie du XVIIe siècle et du XVIIIe siècle, soucieuse de conserver son donjon jusqu'à commettre la folie de raser ses remparts, diminua obstinément la condition sociale, l'importance sociale de ces deux classes : la noblesse et le clergé. Elle prit ses ministres parmi des bourgeois ; elle prit des officiers parmi les bourgeois ;

à côté des gouverneurs de province grands seigneurs, elle mit des intendants bourgeois qui devinrent les véritables gouverneurs de province ; elle s'immisça pendant deux siècles dans les affaires de l'Église jusqu'à faire croire, assez légitimement, que le roi de France était le chef, et assez sévère, du clergé français et jusqu'à le croire elle-même assez précisément.

D'autre part, des classes nouvelles s'élevaient, qui s'inséraient en quelque sorte, comme classes supérieures, entre les classes supérieures anciennes : traitants riches, entrepreneurs riches, agioteurs, hommes de lettres agissant sur l'opinion, s'organisant quelquefois en armée (*Encyclopédie*) ayant un centre et un état-major dans l'Académie française, où ils étaient tenus pour les égaux des grands seigneurs et des prélats.

Or, à ce commencement d'égalisation des conditions ne correspondait pas une égalisation des fortunes. Le traitant ou l'agioteur, à la vérité était riche; mais l'homme de lettres et l'homme de science restaient pauvres, l'inventeur restait pauvre, et, à la différence de l'homme d'intelligence, le grand seigneur et l'homme d'Église étaient toujours riches ; et, à la différence même du traitant ou de l'agioteur, le grand seigneur et l'homme d'Église étaient toujours riches sans avoir rien fait pour cela. La monarchie diminua la noblesse et le clergé sans les appauvrir, ce qui était les désigner aux haines et rancunes. Au clergé elle laissa ses énormes biens de mainmorte ; aux gentilshommes qui se ruinaient à l'envi elle reconstituait toujours des fortunes par des dons royaux et des faveurs. Elle faisait exactement le contraire de l'Empire romain aux premiers siècles. Celui-ci confisquait les biens des grands seigneurs et les jetait au peuple en pain et en jeux ; la monarchie française pressurait le peuple en partie pour réparer les fortunes toujours croulantes des grands seigneurs.

Il en résultait que des classes qui devenaient peu à peu, comme condition sociale, les égales de la bourgeoisie restaient au-dessus d'elle par la richesse, comme aussi par certains privilèges, mais surtout par la richesse. C'est cette discordance qui était monstrueuse aux yeux de la bourgeoisie et de cette partie du peuple qui pouvait se rendre quelque compte des choses : « Ils sont nos égaux, *de l'avis même du roi*, et il le montre assez ; ils sont nos égaux et peut-être nos inférieurs au point de vue des services rendus ; ils sont nos égaux à peu de chose près au point de vue de l'importance dans l'État, et on les maintient plus riches et plus facilement riches. Pourquoi ? »

Égalisation des conditions faisant ressortir l'inégalité des fortunes, inégalité des fortunes faisant songer à l'égalisation des conditions et faisant qu'on se demandait la raison de l'inégalité des fortunes ; tout cela de concert répandait l'idée d'égalité dans la nation, ou plutôt *constituait une égalité avec une fausse note et une dissonance* ; et il n'y a rien de tel comme une égalité avec une fausse note, pour donner l'idée et le désir d'une égalité harmonieuse ; et comme une égalité complète, moins quelque chose, pour faire rêver d'égalité intégrale.

Un autre fait générateur du socialisme dès le XVIIIe siècle, c'est l'abaissement spontané des classes autrefois dirigeantes. Une société est une armée constituée pour se défendre contre d'autres sociétés qui sont des armées elles aussi. Supposez une armée où le corps des officiers soit, d'une part, une classe héréditaire, d'autre part une classe se recrutant par cooptation. Aux uns et aux autres l'armée obéit parce qu'elle a le sentiment très vif de la nécessité de la hiérarchie pour le maintien de la société et pour sa défense. Mais les officiers eux-mêmes se renoncent peu à peu. Ils ne font pas tout leur devoir ; ils ne s'imposent plus de privations ni de corvées ; ils perdent l'esprit d'abnégation et de sacrifice ; ils veulent toujours être obéis et ils ne font plus ce qu'il faut moralement faire pour être obéis ; ils ne font plus leur métier de chefs ; ils ne s'occupent plus de leur affaire ; on ne les distingue plus qu'à leurs insignes et on ne les distingue plus aux services qu'ils rendent.

Dès lors ils ne sont plus chefs qu'en peinture, et l'inégalité officielle subsiste, et l'égalité réelle ou au moins l'idée de l'égalité réelle s'introduit. L'inégalité devient une fiction légale. Le soldat dit : « Il est tenu pour plus que moi ; mais il n'est pas plus que moi, puisqu'il ne rend pas plus de service que moi. » Dès lors, non seulement l'égalité se répand comme idée générale, mais elle existe en vérité ; car ce qui la constitue c'est précisément le nivellement moral, personne ne croyant avoir de devoirs *distincts ;* et le nivellement matériel aussi, personne n'étant plus très distinctement plus utile qu'un autre dans l'administration et dans le travail du camp.

Or c'est précisément ce qui arriva dans cette armée qui était la nation française. Noblesse et clergé se dessaisirent volontairement, ou plutôt par *nolonté*, de leur rôle de chefs. A partir du XVIIe siècle, noblesse et clergé sont des abstenants. La principale cause de la Révolution française, c'est la non-résidence. Les prélats ne *résident* plus, les nobles non plus. Prélats et nobles sont à Versailles.

Prélats et nobles perdent contact avec le peuple. Ce sont des officiers qui ne voient plus leurs troupes et qui sont toujours au cercle militaire. C'est ce que j'appelle soit la démission spontanée, soit l'abaissement spontané des classes dirigeantes. Prélats et nobles ne se doutaient pas à quel point, disparaissant pour ainsi dire aux yeux du peuple, ils créaient en quelque sorte l'égalité derrière eux. Les absents ont toujours tort, et surtout les absents volontaires.

Ajoutez à ceci que, non seulement on ne les voyait plus, mais on n'entendait plus parler d'eux, ou l'on en entendait parler d'une manière qui leur faisait peu d'honneur. Au dix-huitième siècle le clergé ne produit plus ni « œuvres » ni ouvrages. Il ne crée plus (sauf les Frères des Écoles chrétiennes) de ces grandes institutions favorables à la masse où précisément la masse reconnaît la main de chefs avisés, éclairés, bienfaisants et dignes d'être chefs. Il n'écrit plus (sauf les Bénédictins) de ces grands livres qui, même pour ceux qui ne les lisent pas, désignent des hommes comme les chefs spirituels et intellectuels d'une nation. Il n'est plus, lui qui a été cela pendant six cents ans, une des lumières et la principale lumière du pays. C'est bien une classe qui se démet.

Les nobles, d'autre part, chefs militaires de la

nation, se font battre, bravement, il est vrai ; mais enfin se font battre sur tous les champs de bataille de l'Europe. On ne les accuse pas de lâcheté ou de mollesse ; mais on les incrimine d'impéritie, d'incurie ou d'ignorance. On a le sentiment qu'un corps d'officiers autrefois puissant par le savoir, par les bonnes habitudes et traditions militaires, admirablement renouvelable et se renouvelant sans défaillance, a perdu son secret et perdu même, en partie, sa confiance en lui. Là aussi il y a abaissement plus ou moins volontaire et dépression. Ce qui caractérise tout le XVIIIe siècle, c'est que le clergé et la noblesse, sans s'en douter, rentrent dans le rang.

Et ceci à mesure que la bourgeoisie et le peuple montent. Comment montent-ils, ceux-ci, et en quoi est leur progrès ? En ceci qu'ils s'enrichissent et qu'ils accèdent à la propriété. Remarquez bien que ce genre d'ascension serait nul, n'aurait aucune valeur et n'aurait aucune conséquence, si clergé et noblesse conservaient leur ancienne supériorité, conservaient la supériorité d'un caractère particulier qu'ils avaient jadis. Qu'à côté d'une noblesse, caste militaire, et d'un clergé, pouvoir spirituel et pouvoir moral, une bourgeoisie riche se fonde et un peuple participant à la propriété s'établisse; si la noblesse reste pouvoir militaire intelligent et glorieux, si le clergé reste pouvoir spirituel et moral digne de respect et de reconnaissance, clergé et noblesse restent chefs, restent dirigeants, restent maîtres : ils commandent seulement à un peuple plus heureux. Mais quand la supériorité morale disparaît, la supériorité pécuniaire restant la seule, que la bourgeoisie devienne riche et que le peuple lui-même accède à la propriété, cela tout de suite est très important et même est le phénomène social le plus considérable. Noblesse et clergé étant en décadence en ce qui constitue leur supériorité spécifique et générique, et bourgeoisie et peuple étant en progrès en ce qui constitue la supériorité propre qu'ils peuvent avoir, clergé et noblesse rentrent dans le rang.

Au dix-huitième siècle *l'égalité se fait.* Elle se fait comme d'elle-même. Or tout ce qui établit l'égalité tend à établir le socialisme, qui n'est que l'égalité pure.

Un fait générateur du socialisme a été encore, à la fin du XVIIe siècle et pendant tout le cours du XVIIIe siècle (et du reste jusqu'à nos jours et en progression constante) la facilité des communications entre les hommes rendant faciles les fortunes collectives et inutiles les grandes fortunes individuelles. Autrefois la fortune était territoriale et ne pouvait guère être que territoriale. Était riche qui possédait beaucoup de terres, soit individuellement soit collectivement (couvents). Ces grandes fortunes territoriales étaient utiles. Elles permettaient, quand elles étaient bien administrées, ce qui du reste n'était pas assez commun, une exploitation rationnelle et fructueuse du sol ; elles permettaient des travaux d'ensemble, vivifiants et féconds. Elles permettaient (Voltaire à Ferney, Choiseul à Chanteloup) de transformer des déserts en pays fertiles et producteurs. Jamais on n'aura assez dit que le capital ramassé sur un point est comme une source qui, bien captée et bien aménagée, fertilise un pays et fait naître des blés, des fruits et des hommes ; ou encore est comme un levain nécessaire qui soulève la pâte compacte et y met la vie ; ou encore est la vapeur, inutile laissée à elle-même, nécessaire pour faire jouer les pistons, et qu'il ne s'agit que d'adapter à une machine bien faite, mais sans laquelle, réduit au travail de bras débiles, on ne ferait rien. Seulement, ce capital, il est absolument inutile qu'il soit en la possession d'une seule personne. Une compagnie peut être riche dont tous les membres sont des pauvres; une compagnie peut être grand capitaliste, et n'avoir pas parmi ses membres un seul homme que l'on puisse qualifier de capitaliste ; et cette compagnie puissante peut appliquer, soit à l'industrie, soit au commerce, soit à l'agriculture, tout aussi bien qu'un homme, cette force du capital dont je parlais tout à l'heure.

Seulement, pour qu'une compagnie de ce genre se forme, il faut qu'il existe une suffisante facilité et rapidité de communication entre les hommes ; il faut que les groupements par correspondance et par rapide correspondance se fassent facilement ; il faut que la vie économique, pour ainsi parler, circule facilement et promptement dans ces corps artificiels que l'on appelle sociétés, associations, compagnies.

Cette facilité des communications, c'est au XVIIe siècle qu'elle commence ; c'est au XVIIIe siècle qu'elle s'accuse ; c'est au XIXe siècle qu'elle devient extraordinaire. Une compagnie comme la Compagnie des Indes, qui pendant deux siècles et demi (depuis 1600 jusqu'à 1858) possède un empire, l'administre, fait la guerre, agit comme un État et comme un grand État, cette compagnie répand dans le monde cette idée que la fortune individuelle n'est rien auprès de la fortune collective, et que la nécessité ou l'utilité de la grande fortune individuelle a disparu.

Autre fait générateur du socialisme : le grand commerce et la tendance à la disparition du petit. Ce fait a la même cause que le précédent : la facilité des communications. Si les marchandises viennent facilement et à bon marché du point X, centre de production, au point Z, lieu quelconque de consommation, il est inutile qu'entre le point X et le point Z il y ait cinq, six ou sept intermédiaires, X', X", X"', etc., moyens marchands, petits marchands et sous-petits marchands. Il suffit qu'il y ait au point X' un grand marchand, un grand magasinier qui envoie directement au consommateur résidant au point Z. Il suffit même que, non pas un magasinier, mais le producteur lui-même, du point X envoie au point Z ; et en ce cas non seulement les petits marchands, mais le grand marchand lui-même est supprimé.

Cela ne se fit point au XVIIe siècle, ni au XVIIIe, ni au XIXe, et ne s'est point encore fait. Mais il y a eu et il y a acheminement visible dans ce sens. Cet acheminement seul donne l'idée d'un système où tout commerce serait supprimé et où personne ne s'enrichirait en prenant un objet de la main droite et en le passant à quelqu'un de la main gauche et où il n'y aurait aucun intermédiaire entre la production et la consommation. Cette absence d'intermédiaire, de quelque façon qu'on l'envisage, est un régime socialiste. Il suppose un système de répartition directe des produits dont il semble bien que la communauté tout entière puisse seule se charger. En tout cas, de la concentration des produits en de grands magasins, nombreux encore, de la concentration des produits en de plus grands magasins beaucoup moins nombrenx, à la concentration des produits en un magasin unique qui sera soit la propriété de tous, soit chose à la disposition de tous, la transition et l'évolution paraît toute naturelle et comme fatale.

Or la concentration et pour ainsi dire la contraction du commerce en des maisons de commerce de plus en plus grandes et de plus en plus rares est un des phénomènes continus, qui ont été observés depuis le XVIIIe siècle.

Enfin, fait générateur du socialisme encore : la concurrence industrielle et commerciale, pour cette même cause de la facilité des communications, de restreinte est devenue illimitée et de faible est devenue intense et de tiède est devenue ardente. Par la facilité et la rapidité des communications, le monde est devenu plus petit. On luttait de loin les uns contre les autres ; on lutte de près. Il y a concurrence comme de plein contact entre une maison industrielle de X. en France et une maison industrielle de Y. en Allemagne et de Z. en Amérique. Cette concurrence égalise les salaires et les égalise en les faisant baisser, ce qui est une excitation à tâcher d'abolir la concurrence elle-même ; et d'autre part, ce qui est bien plus important, cette concurrence semble tendre spontanément à se supprimer elle-même, car elle tend à amener le prix des objets à un chiffre si bas qu'il ne soit plus rémunérateur pour le producteur. « Si Pierre donne l'objet à cinq centimes de bénéfice, je ne puis le concurrencer qu'en donnant l'objet à trois centimes de bénéfice. Si Paul donne l'objet à trois centimes de bénéfice, je ne puis le concurrencer qu'en donnant l'objet à un centime de bénéfice. » Ainsi de suite. Mais, dès lors, le prix de vente se rapproche du prix de revient jusqu'à se confondre avec lui, et dès lors à quoi bon produire ? Le producteur qui produit pour gagner disparaîtra laissant la place... à qui peut-il la laisser ? Au producteur qui ne produira pas pour gagner. Quel est le producteur qui ne produira pas pour gagner ? Tout le monde travaillant pour tout le monde

La concurrence intense semble donc travailler à se détruire elle-même par les extrêmes résultats de son excès, et le spectacle de la concurrence furieuse donne l'idée de sa destruction par elle-même en un temps donné. C'est encore un fait qui est générateur de conceptions socialistes plus ou moins précises.

V

LES IDÉES MÈRES DU SOCIALISME.

Les idées mères du socialisme, pour emprunter le mot heureux de M. Deschanel, ne sont pas autre chose, pour la plupart, que ces faits que nous énumérions tout à l'heure *devenus des idées*, que ces faits pensés, que ces faits élaborés par le cerveau humain et interprétés d'une certaine façon. Il faudra y ajouter cependant quelques idées d'un autre ordre, qui viennent de faits aussi, mais de faits autres que ceux-ci, et qui sont comme des idées auxiliatrices seulement, mais puissamment auxiliatrices, du mouvement socialiste.

La première idée mère du socialisme, la grande idée mère du socialisme, celle auprès de qui toutes les autres sont secondaires, c'est l'idée d'égalité. L'idée *se faisait*, historiquement, à travers le XVIIe siècle et le XVIIIe siècle; elle est devenue une idée imposante, impérieuse et obsédante, à l'époque de la Révolution, et de plus en plus depuis cette époque.

Sous sa forme positive, l'idée d'égalité est une idée de justice, et par conséquent est une idée antinaturelle ou, si l'on veut, supranaturelle. Elle consiste à dire : il *serait* juste que tous les hommes fussent égaux en force, en intelligence, en vertus, en aptitudes à la jouissance, en participation aux objets de jouissance, etc. D'abord ce serait juste ; car pourquoi plus à l'un qu'à l'autre ? Ensuite ce serait beau et ce serait bien, parce qu'il n'y aurait pas de dépits, pas de rancune, pas de haines, et non pas même de convoitise à proprement parler et de concupiscence, puisque ce qui fait l'ardeur du désir c'est, non pas l'ambition de posséder quelque chose, mais l'ambition de posséder ce qu'un autre ne possède pas.

Il faudrait donc que tous les hommes fussent égaux. L'idéal de l'humanité est l'égalité ; le progrès de l'humanité est de se rapprocher de l'égalité. Égalité, idéal et progrès sont des synonymes.

En conséquence, la démocratie, c'est-à-dire cette doctrine qui veut que la souveraineté soit au plus grand nombre, et qui le veut *uniquement* parce que le plus grand nombre aura une naturelle tendance à ramener tout le monde à l'égalité, la démocratie désirerait que les inégalités les plus naturelles, les inégalités les plus voulues par la nature elle-même entre les hommes disparussent. Elle voudrait qu'il n'y eût aucun homme plus fort qu'un autre, plus intelligent qu'un autre, plus armé de force morale qu'un autre. Elle le voudrait certainement, et c'est l'explication des choix bizarres au premier abord qu'elle fait si souvent. Sans rechercher l'inintelligence, elle n'est pas sensible au prestige de l'intelligence et même elle a certaines défiances bien connues à son égard. Sans rechercher l'immoralité, elle n'est pas effrayée ou dégoûtée par la très manifeste bassesse morale. En cela elle obéit à son instinct, et il est probable que dans tout pays démocratique elle y obéira de plus en plus, puisque son essence même n'est pas autre chose que la haine et surtout la crainte de toute supériorité.

Il ne faut pas s'y tromper, le respect des supériorités est un instinct militaire ; il est l'idée confuse, fortifiée du reste dans les esprits par l'histoire même de l'humanité, qu'une nation est une armée et qu'elle doit avoir des officiers et une organisation hiérarchique, et qu'elle doit voir ses officiers et les reconnaître là où ils sont, c'est à savoir dans les hommes supérieurs, soit — selon les temps — par leur force physique, soit par leur force intellectuelle, soit par leur force morale. Or cet instinct militaire est juste l'opposé de l'instinct égalitaire.

Ces deux instincts peuvent être considérés comme étant toujours en lutte plus ou moins vive, plus ou moins sourde. Le premier triomphe du second dans les peuples qui tiennent à rester des peuples, qui ont l'orgueil national et *la volonté collective de puissance*, ou qui ont seulement l'entêtement d'indépendance, d'autonomie et de liberté, qui veulent être maîtres de leur *chez soi*. Le second triomphe du premier dans les peuples chez qui cette sorte d'idéalisme que je viens de définir fléchit et se ruine, qui se disent que c'est une duperie sentimentale que de vouloir être peuple fort ou seulement peuple indépendant, à qui il devient indifférent de s'appeler de tel ou tel nom et qui ne voient pas du tout la nécessité d'être une armée, d'en subir la rude discipline et finalement de risquer la mort pour le plaisir d'avoir un drapeau.

Dans ce dernier cas, le seul instinct égalitaire subsiste et il sortit peu à peu toutes ses conséquences : suppression, par le mépris qu'on fait d'elles et par l'exclusion dont on les frappe dans les nominations et élections, de toutes les supériorités quelles qu'elles soient et nivellement progressif de toute la masse nationale jusqu'à ce qu'elle ne soit plus du tout hiérarchisée, c'est-à-dire jusqu'à ce qu'elle ne soit plus du tout constituée. C'est là le terme final de la démocratie quand la démocratie est dans les mœurs, dans les cœurs et dans les âmes, quand elle n'est pas seulement une forme de gouvernement laissant subsister les sentiments qui au fond la contredisent et qui en attendant l'atténuent, mais quand elle est bien l'âme même et l'essence intellectuelle et morale d'une nation.

Mais sans aller jusqu'à ce terme, le socialisme dérive du sentiment démocratique et en est, non point la dernière manifestation, point du tout, mais une manifestation très prochaine, puisque, sans aller jusqu'à vouloir supprimer les inégalités naturelles, il ne vise, après tout, exactement comme la Révolution de 1789 elle-même, qu'à supprimer une inégalité de naissance, le fait de naître riche, c'est-à-dire plus fort qu'un autre. Il y a même ici une distinction assez curieuse à observer et à relever. Ceux des socialistes qui, très précisément, n'en veulent qu'aux inégalités factices et inventées et qui ne vont pas jusqu'à prétendre supprimer les inégalités naturelles, ne veulent supprimer que l'héritage, inégalité factice, inégalité inventée, privilège. L'héritage, la voilà bien l'inégalité que la nature n'a pas faite et ne fait point, l'inégalité que seule la société a inventée et maintient, l'inégalité que la nature doit regarder avec stupéfaction ; car elle fait des enfants forts, elle fait des enfants intelligents, elle fait des enfants d'une particulière force morale, mais elle ne s'est jamais avisée de faire un enfant riche. L'héritage c'est la noblesse. Il doit disparaître comme la noblesse elle-même.

Mais ceux des socialistes qui ont tendance à supprimer les inégalités naturelles elles-mêmes autant qu'elles peuvent être supprimées, ne s'arrêtent pas là et ne veulent pas plus qu'un homme devienne riche qu'ils ne veulent qu'il naisse riche, et ils interdisent qu'un homme acquière tout autant qu'ils interdisent qu'il hérite.

Au fond, pensent-ils sans doute, ce n'est pas très différent. La famille où l'on hérite, c'est un homme privilégié qui se continue de père en fils et qui vit indéfiniment, privilégié indéfiniment. L'homme qui n'hérite pas, mais qui peut acquérir, c'est un homme privilégié à vie au lieu d'être un homme privilégié *ad æternum*. L'homme à héritage, c'est un roi ; l'homme à qui il est permis d'acquérir, c'est un consul à vie. Mais que m'importe, puisque le consul à vie sera remplacé quand il sera mort, non par son fils, il est vrai, mais par un autre consul à vie, par un autre homme supérieur qui pourra acquérir et qui acquerra ? L'inégalité ne sera pas supprimée, la supériorité ne sera pas supprimée, l'aristocratie ne sera pas supprimée. Au lieu d'une aristocratie héréditaire vous aurez une aristocratie se renouvelant sans cesse. Qu'y gagnerez-vous ?

Vous y perdrez plutôt ; parce que l'aristocratie héréditaire a des tares, d'heureuses tares que ne connaît pas l'aristocratie renouvelée. Le fils héritant ou le petit-fils héritant d'un homme riche est généralement un débile, prodigue, dissipateur ou simplement incapable, qui plie sous la fortune héritée et qui la perd. Au contraire X., successeur acquérant de Y. acquérant sera, comme Y., un homme nouveau, très énergique, qui acquerra tout le long de sa vie sans rien perdre, et il viendra après lui un Z., de même trempe, qui fera de même. Vous aurez donc une succession, non héréditaire, mais une succession ininterrompue, de A, B, C, D... qui seront tous des « supérieurs », des acquéreurs et des détenteurs de biens et de forces et dont pas un ne sera un dissipateur et un restituteur des biens et des forces à la masse sociale.

Il est donc, ce qui n'est paradoxal que pour des esprits très irréfléchis, il est donc beaucoup plus démocratique, beaucoup plus égalitaire d'avoir une aristocratie possédante héréditaire, laquelle d'une part empêche les terribles A, B, C, D... de tout à l'heure d'acquérir ou du moins d'acquérir beaucoup, et d'autre part qui se ruine périodiquement, que d'avoir une aristocratie d'hommes forts, sans cesse renouvelée, se recrutant sans cesse dans les meilleurs combattants pour la vie de toute la nation. C'est cette dernière aristocratie qui est la vraie et la plus formidable.

Remarquez de plus que cette nouvelle aristocratie possédante que vous créez en abolissant l'héritage et en n'allant pas plus loin, retiendra même quelque chose des avantages de l'aristocratie possédante héréditaire et en retiendra le meilleur. Le fils de X., homme fort, homme supérieur, homme acquérant, sera destiné à ne pas hériter d'un sou. Soit. Mais en attendant que son père meure, il sera élevé, éduqué, dressé, armé pour la vie, grâce à la fortune de son père, infiniment mieux que le fils de Z. qui n'a rien. Il aura les meilleurs maîtres, il fera des voyages à l'étranger, il sera muni d'excellentes relations, etc. De sorte que, son père mort, il ne possédera pas un centime, soit ; mais il aura, toutefois, *hérité* d'une somme de forces qui le mettront bien au-dessus, comme puissance, de la plupart de ses contemporains. En somme, à ce fils, que lui aurez-vous enlevé? Uniquement son million ; mais non pas tout ce qui lui permet d'en acquérir un beaucoup plus facilement que son voisin d'en face ; et, en lui enlevant son million, vous lui aurez ôté le prétexte à la nonchalance, l'invitation au gaspillage, l'excitation à la prodigalité, que l'hériter trouve si souvent dans son berceau. D'où il résulte qu'à ce beau fils, en le dépouillant, vous n'aurez ôté que ses tares ou les tares qu'il aurait pu avoir et qu'il est extrêmement probable qu'il aurait eues, lui laissant tous les vrais avantages de l'hérédité. Vous ne lui aurez que rendu service.

Donc à tous les égards, à bien des égards au moins, l'abolition de l'héritage est une mesure non seulement insuffisante ; cela est trop clair ; mais une mesure pseudo-égalitaire et même contre-égalitaire, une mesure qui va directement contre son but. Il n'y a qu'un moyen d'établir l'égalité réelle, c'est d'empêcher tout le monde non seulement d'hériter, mais d'acquérir, c'est d'empêcher tout le monde de posséder, de quelque façon que ce puisse être.

C'est ainsi que, quand on en arrive à l'application, la distinction entre les inégalités factices et les inégalités naturelles, ou disparaît ou devient très difficile à respecter, à observer ou même à connaître ; et c'est ainsi que l'idée égalitaire suit son chemin jusqu'à tout dépasser et étend son domaine jusqu'à embrasser tout.

La vérité est qu'il est à peu près impossible de lui faire sa mesure et de la contenir dans les limites où elle est légitime et salutaire. L'égalité n'est *réelle* que là où elle est absolue, et une égalité relative, une égalité laissant subsister des inégalités est tellement un non-sens dans les termes qu'il n'est pas très étonnant que des esprits simples considèrent cela comme une absurdité ou une hypocrisie.

Je ferai remarquer en passant que cette idée de l'égalité, quoique devant toujours rester une des plus fausses que l'humanité ait conçues, a pourtant encore, comme toutes les idées possibles, sa source dans les faits. Les faits ne la constituent pas, mais ils y acheminent; ils la contredisent, mais partiellement ils la procurent ; ils la démentent, mais partiellement ils la donnent ; ils la réfutent, mais partiellement ils l'insinuent. Cette abolition des supériorités, il est parfaitement vrai que l'histoire de l'humanité y tend progressivement sans qu'il soit possible qu'elle l'atteigne jamais; mais cependant elle y tend suffisamment pour en donner l'idée aux hommes, et leur imagination et leurs passions font le reste.

Aux temps primitifs de l'humanité, comment voudriez-vous bien que les hommes eussent même l'idée de l'égalité ? Ils vivent par petites tribus, soit errantes, soit fixes. Ils sont entourés d'ennemis, bêtes et gens. La force physique individuelle et aussi l'intelligence individuelle ont une importance énorme parmi eux. Ils se groupent naturellement pour la défense et aussi pour l'attaque, qui bien souvent n'est qu'un moyen de subsistance, autour des plus forts et des plus intelligents. Ils ont tellement besoin d'eux que la soumission ou la subordination sont choses, pour ainsi dire, non seulement naturelles et instinctives, mais automatiques. L'idée d'égalité ne peut pas exister ; l'idée qu'un homme en vaut un autre est tellement fausse, si visiblement fausse alors, qu'elle est une pure absurdité, un pur non-sens, qui ne se présente même pas à l'esprit.

Quand les sociétés véritables se constituent, un grand changement se fait déjà qu'il est très important d'observer. La vénération instinctive pour la force *physique* disparaît. Le chef n'a nullement besoin d'être un homme robuste. Il n'a besoin que d'être un homme intelligent et expérimenté. Or ceci fait déjà un changement très considérable. — Extrêmement considérable ; parce que la force physique ne se discute pas et que la force intellectuelle peut toujours être contestée. On ne discute pas avec un coup de poing supérieur ; on met en doute, on peut toujours mettre en doute une supériorité intellectuelle, et toujours dire : « Je suis aussi intelligent que lui ; je le suis peut-être plus. » La tendance vers l'égalité, ou tout au moins, ce qui en est le commencement, la contestation des supériorités sociales, a dû naître dès que les sociétés proprement dites ont existé.

Cependant, ces sociétés, elles étaient petites encore, entourées d'ennemis, sans cesse menacées. On sait assez que cela ne suffit pas pour qu'un peuple soit hiérarchiste, s'il n'est point patriote ; mais, s'il est patriote, il reste encore fortement pénétré du principe hiérarchiste et fortement inégalitaire. L'égalité s'est présentée à son esprit ; mais elle n'y a point pénétré ou n'y a pas poussé de profondes racines. Qu'elle soit née, cependant, qu'elle soit née seulement, cela fait une époque très importante dans l'histoire du genre humain.

Un pas de plus. Les grandes sociétés, grands empires ou grandes républiques, se sont peu à peu constituées. Elles sont loin de l'ennemi ou se croient loin de l'ennemi et à couvert. Du système de défense sociale qui s'appelle la hiérarchie elles ne voient que les inconvénients ou elles voient surtout les inconvénients et les servitudes. A tout subordonné la subordination semble une injustice et une injustice inutile. Ceci, particulièrement, rend la subordination et l'inégalité pénibles: on ne voit plus les chefs, on ne voit plus les supérieurs et l'on ne peut pas juger par soi-même de leur supériorité, que peut-être on reconnaîtrait comme réelle et par conséquent comme légitime, si l'on en était proche. Dans une grande société hiérarchisée les chefs deviennent des entités. C'est à des personnages lointains, qui ont l'air d'abstractions, que l'on obéit. Rien n'est plus favorable à l'idée d'égalité que ce fait qu'on obéit à des abstractions ou à des hommes qui ne sont plus à vos yeux que des abstractions; car si, à se comparer à un chef que l'on voit, on peut, à la rigueur, sentir qu'il est naturel et légitime qu'il soit votre chef et sentir la supériorité réelle qu'il a sur vous; à se comparer, soi-même que l'on connaît, ou qu'on croit connaître, à des chefs lointains qu'on ne connaît pas et qui ne sont pour vous que des idées de puissance, il est difficile que l'instinct égalitaire ne se développe pas et sans obstacle.

Il peut, il est vrai, rencontrer un obstacle, d'ordre en quelque sorte mystique. Si le chef éloigné n'est qu'une abstraction pour le sujet, aussi a-t-il précisément l'avantage et le prestige d'une abstraction. La vénération peut être justement en raison directe de l'éloignement; *major e longinquo reverentia* ; le chef qu'on n'a jamais vu et qu'on ne verra jamais peut avoir quelque chose du mystérieux et redoutable ascendant de la Divinité. Ceci est psychologique et aussi est historique, très suffisamment établi par des faits connus.

Mais ce sentiment s'use à la longue. Il s'use, parce que l'homme étant à la fois un animal mystique et un animal réaliste, il est besoin que de temps en temps la réalité vienne donner à la mysticité un nouvel aliment. Pour que subsiste le respect en quelque sorte superstitieux pour le souverain éloigné, les chefs éloignés, la capitale, même, éloignée et vue confusément au delà des lointains horizons, il faut que le chef et les chefs aient, à un moment donné, été vus, glorieux et vainqueurs, rentrant dans la capitale resplendissante et rayonnante, par une partie au moins des sujets, lesquels renouvellent par leurs récits la vénération et l'adoration aux cœurs du peuple tout entier.

Manque de cela, qui n'a pas lieu très souvent, ce que j'ai dit plus haut se produit comme fatalement : l'instinct égalitaire l'emporte peu à peu sur l'instinct hiérarchique par ce seul fait que les chefs, non vus de près, sont incolores et schématiques et ne sont pour le peuple que des idées vagues ; par ce fait aussi qu'ils sont représentés auprès du peuple et sous ses yeux par des fonctionnaires dénués de prestige et d'action morale. Rien, dans les grandes organisations sociales, n'achemine à l'idée d'égalité comme le proconsul ou le préteur étranger au pays où il est envoyé, faisant des sottises pour cette cause même, ne compensant point ces sottises par un génie personnel singulier ou une autorité morale éclatante, dépréciant ainsi l'autorité et ruinant ainsi peu à peu l'instinct hiérarchique, seul contrepoison, ou si vous préférez seul contrepoids, de l'instinct égalitaire.

Un pas de plus. Dans les grandes sociétés modernes et dans un état de civilisation très perfectionnée, l'instinct d'égalité a tout son champ de développement, parce que les supériorités existent toujours, parce que les hommes supérieurs existent toujours et peut-être plus nombreux que précédemment, tout aussi nombreux au moins; mais ne sont plus saisissables, en quelque sorte, ne frappent plus les yeux et ne s'imposent plus à la vue, deviennent indistincts, chose qu'on pensera bien qui est très grave. — De ce phénomène la raison est simple. C'est que la civilisation, c'est la division et subdivision indéfinie du travail et des aptitudes. L'homme supérieur, pour les foules, c'est l'homme universel; et, en état de civilisation avancée, l'homme universel n'existant plus et ne pouvant plus exister, *il n'y a plus pour la foule d'homme supérieur.*

En état de civilisation moyenne, un homme, le même homme, est un savant, un orateur, un homme d'État et un général habile. Il est absolument naturel que cet homme soit reconnu par le peuple tout entier comme un homme supérieur, comme un *aristos*. En nos temps, un homme très bien doué, s'il est savant ne sera pas orateur, s'il est orateur ne sera pas administrateur, s'il est administrateur ne sera pas général, s'il est chimiste ne sera pas diplomate, et ainsi de suite. Cet homme qui aux temps de Périclès ou de César aurait pu être un homme complet, tout en étant un homme supérieur, ne peut aujourd'hui être supérieur qu'à la condition d'être incomplet.

Comment veut-on que la foule reconnaisse des hommes supérieurs dans des hommes qui, par nécessité, ne sont que des dixièmes d'homme, incomparables à remplir cette fraction, mais visiblement impuissants à remplir les autres ou une quelconque de toutes les autres? Le peuple peut se comparer à n'importe lequel des hommes supérieurs contemporains et ne se trouver ancunement inférieur à lui. Il peut se comparer à Renan et ne pas trouver que Renan soit désigné pour le pouvoir, puisqu'il n'a aucune qualité ou d'administrateur ou de général. Il peut se comparer à Gambetta et trouver qu'après tout cet homme parle bien, mais n'a pas fait preuve de talents militaires ou de facultés organisatrices plus que le premier venu. Il peut se comparer à un général et trouver que cet homme sait commander et mener une armée, mais ignore tout de la science ou de l'art qui consiste à gouverner un peuple. Pour la foule, et en vérité elle n'est pas si éloignée d'avoir raison, il n'y a donc plus d'hommes supérieurs, et parce qu'elle ne sait pas qu'il ne peut plus y en avoir comme elle se les imagine et qu'il faut se contenter de demi-universalités, elle conclut confusément que les hommes se valent les uns les autres et qu'il n'y a qu'à choisir ceux qui lui plaisent. Personne ne s'imposant à elle comme universel, c'est la notion même de supériorite qui s'évanouit.

Cela est si vrai, ce me semble, que s'il se rencontre un homme qui donne à la foule cette idée d'universalité, ou qui seulement fasse illusion à cet égard, il fait renaître immédiatement l'instinct hiérarchique, et, salué homme supérieur, il est obéi avec enthousiasme exactement comme un héros de force et d'audace des temps primitifs. Il fait, si l'on veut, rétrograder l'humanité. Ç'a été le cas de Napoléon Ier ; c'a été a un degré très inférieur et seulement pour quelques années, mais ç'a été le cas d'Adolphe Thiers.

Mais ces cas sont extrêmement rares et le deviendront, pour les raisons que j'ai dites et qui sont bien simples, de plus en plus. A l'avenir les grands hommes ou les surhommes sont spécialisés, et étant spécialisés ils sont limités, et étant limités, tout en étant aussi grands que ceux d'autrefois, ils ne peuvent pas paraître grands à la foule. Et voilà une égalisation apparente qui fait office d'égalisation réelle et qui fait pénétrer de plus en plus l'idée d'égalité dans tous les esprits. Un temps viendra, s'il n'est pas déjà venu, où l'idée qu'à bien peu près tous les hommes se valent sera aussi banale que l'était autrefois l'idée qu'il y a un abîme entre les hommes d'en haut et les hommes d'en bas. La civilisation égalise les hommes par l'impuissance où est tout homme de l'embrasser tout entière ou d'en embrasser seulement une partie.

Et si l'on me dit que c'est ainsi que la civilisation ramène à la barbarie ou tout au moins se détruit partiellement à mesure qu'elle se construit, je répondrai que je ne suis pas assez sûr de moi pour entrer dans de telles généralisations, mais que l'idée ne me paraît point follement paradoxale.

Tant y a que voilà beaucoup de raisons — dont

au moins quelques-unes sont procurées par les faits eux-mêmes, — pour que l'idée d'égalité prenne de plus en plus consistance et force. Or l'idée d'égalité est le grand chemin, est la route royale du socialisme, puisque encore une fois le socialisme c'est l'égalité réelle.

Une autre idée mère du socialisme est celle-ci, que peut-être le capitalisme est nécessaire, mais que le capitaliste ne l'est pas. Cette idée était particulièrement chère à Proudhon. Il considérait que le capitaliste avait été un facteur économique indispensable à une certaine époque, mais qu'il avait complètement cessé de l'être. Les capitalistes étaient des « chefs de travail » comme il y avait et comme il y a encore des chefs d'État, des chefs d'administration et des chefs militaires. Un chef d'administration est un homme qui a en lui un capital d'instruction et d'expérience administrative nécessaire pour faire marcher les rouages d'une administration ; un chef militaire est un homme qui a en lui un capital d'instruction et d'expérience militaire, plus encore un capital hérité d'endurance et d'audace et de qualités combattives, nécessaire pour inspirer confiance aux hommes et pour les commander efficacement ; un capitaliste *était* un homme qui avait entre ses mains du travail cristallisé, du capital nécessaire pour la mise en train et pour l'entretien d'une entreprise, nécessaire pour la défense et la protection de cette entreprise tant qu'elle ne produisait pas, pour son développement ensuite ou pour les réparations qu'elle réclamait, etc.

Mais, s'il est toujours besoin du capital, il n'est plus besoin du capitaliste dès que le capital peut être constitué *et facilement constitué* par le groupement de petits pécules et la mise en commun de petites contributions. L'homme à cent mille francs n'est plus nécessaire si deux cents pauvres peuvent donner chacun cinq cents francs et les mettre en commun pour travailler et gagner ensemble. L'homme à un million n'est plus nécessaire si deux mille pauvres peuvent mettre chacun cinq cents francs dans l'entreprise, et ainsi de suite.

Or ce qui était difficile autrefois au point d'être à peu près impossible, ce groupement des petites bourses pour faire une caisse et des bas de laine pour faire un coffre-fort, est aujourd'hui, à cause de la facilité des communications et des informations et des perfectionnements des opérations financières, la chose la plus facile du monde. De ce fait seul l'utilité du capitaliste disparaît. Il n'est plus le nécessaire, l'indispensable chef de travail. Le chef de travail ce sera désormais l'ingénieur, l'ancien élève de l'École centrale, pauvre lui aussi probablement, que les deux cents pauvres ou les deux mille pauvres de tout à l'heure auront choisi pour diriger l'entreprise et la mener à bien. Conclusion : la grande fortune individuelle, *même se consacrant au travail*, est complètement inutile.

On n'a pas besoin d'ajouter que la grande fortune individuelle ne se consacrant pas au travail est inutile aussi. Elle l'a toujours été. Qu'elle le soit, cela a été contesté. On a dit, et c'était une idée très répandue au XVIIIe siècle comme on l'a vu plus haut, que la grande fortune individuelle fait quelque chose ; elle fait le luxe et le luxe fait vivre l'industrie et le commerce; et un riche oisif, loin qu'il vive aux dépens de mille pauvres, fait vivre mille pauvres; et une grande fortune individuelle c'est un grand amas d'argent que se partagent continuellement mille pauvres et dont le riche ne jouit pas, ou ne jouit guère.

Nos socialistes n'ont nullement traité cette idée de paradoxe ; ils ont très bien vu qu'elle est juste ; seulement ils ont répondu que le luxe, malsain du reste pour celui qui en jouit ou croit en jouir, distribue la richesse aux pauvres d'une manière incohérente et par conséquent aléatoire et par conséquent très mauvaise, c'est à savoir selon le caprice d'un riche imbécile, tantôt prodigue, tantôt avare, tantôt partageant, car c'est bien le mot, son capital entre tous ceux qu'il fait travailler, tantôt l'entassant bêtement, le rendant improductif, le frappant de stérilité, comme un levain qu'on laisserait pourrir dans une cave.

Et ils ont dit : le luxe, soit ; le luxe, peut-être bien ; mais le seul luxe producteur de bien-être général, c'est le luxe collectif, et non pas le luxe individuel. Le luxe d'une ville qui veut s'embellir, d'une province qui veut se fertiliser, d'un État qui veut contribuer à la beauté de ses villes et aussi de ses côtes et de ses montagnes, voilà le luxe des collectivités, lequel « fait travailler » lui aussi et beaucoup, mais intelligemment, rationnellement, méthodiquement, sans caprices, sans « à-coups » et qui par conséquent est toujours producteur de bien-être et non pas tantôt de bien-être, tantôt de misère.

Ce qu'il faudrait donc, c'est que les grandes fortunes individuelles disparussent et en même temps le luxe individuel et qu'il n'y eût que de grandes fortunes collectives et du luxe collectif (de villes, de provinces, d'État, de grandes sociétés aussi), du luxe à la fois venu de la bourse de tous, retournant à la bourse de tous et du reste dont tous jouissent.

Et c'est ainsi par exemple, disent les socialistes,

que les craintes de quelques-uns au sujet des beaux arts, que, prétend-on, le régime socialiste tuerait net, sont parfaitement vaines et sottes. Pourquoi villes, provinces, grandes sociétés, État, seraient-ils moins amateurs des beaux-arts que des particuliers riches, qui souvent ne s'en soucient guère ? Il n'y a aucune raison pour cela. Les villes, provinces, États, emploieront les artistes et très probablement plus intelligemment que les particuliers, en tout cas ni plus ni moins, et les travaux qu'ils feront exécuter auront un caractère de grandeur et de large harmonie beaucoup plus artistique sans doute que celui que les riches particuliers demandent, exigent ou peuvent obtenir. Les plus belles choses artistiques de France ont été demandées, suscitées et inspirées par Louis XIV. Eh bien, Louis XIV c'était l'État. Il n'y a pas de raison pour que l'État ait moins de sens artistique que M. le Comte de X... ; et il sera toujours plus riche. Les vrais Médicis, ce sont encore les collectivités.

A tous les points de vue les grandes fortunes individuelles sont donc absolument inutiles. Elles le sont non appliquées au travail ; même appliquées au travail, elles le sont encore. Dès lors, qu'elles disparaissent comme des parasites sociaux et comme des non-sens sociaux.

Mais pour qu'elles disparaissent, il faut qu'elles ne puissent pas se faire ; et nous voilà ramenés par une autre voie, d'abord à l'abolition de l'héritage, ensuite au socialisme sous une forme ou sous une autre, à un régime qui empêcherait le particulier de posséder, ou tout au moins de posséder beaucoup, de posséder plus qu'un autre ne possède.

Autre idée mère du socialisme : la considération de l'inutilité et de la nocuité du commerce individuel. Si le riche oisif est un parasite social, le commerçant, quoiqu'il s'en faille qu'il soit oisif, est un parasite social lui-même. Cet homme pourrait produire ; il pourrait labourer un champ, limer un morceau de fer, tisser une toile. Il ne fait rien de tout cela. Il transmet la marchandise produite à celui qui veut se la procurer. Il est quelque chose comme un monte-charge ; et il gagne de l'argent à cela, quelquefois beaucoup d'argent. Ce métier automatique est assez ridicule, d'abord, et ensuite il est bien nuisible à la société, puisqu'il consacre à un office qui pourrait être mécanique des activités humaines qui seraient utiles et fécondes ailleurs.

— Mais le commerçant est très intelligent et a singulièrement besoin de l'être !

— Oui, à cause de la concurrence commerciale

qui le force à déployer une quantité incroyable de prévoyance, de calcul, d'observation et en quelque sorte de divination ; mais c'est précisément cette concurrence qu'il faudrait supprimer, et c'est ce que nous aurons à voir plus tard ; et cette concurrence supprimée — supposons-la pour le moment supprimée — le commerçant n'est plus que le rouage dont nous parlions tout à l'heure.

Or ce rouage, en tant que tiré à un si grand nombre d'exemplaires, est prodigieusement inutile et prodigieusement onéreux. Que tant d'hommes soient uniquement occupés à transmettre, ce sont des forces perdues, et que tant d'hommes, pour faire fortune, ou simplement pour gagner leur vie, rendent plus cher de cinquante ou de cent ou de cent cinquante pour cent l'objet qui passe du producteur au consommateur par cinq ou six intermédiaires, c'est ce qui surmène à un bout du trajet le consommateur et à l'autre bout le producteur, forçant le producteur à livrer au plus bas prix possible, et c'est-à-dire à s'accabler de travail, forçant le consommateur, parce qu'il paye très cher tout ce qu'il consomme, à travailler lui aussi de toutes ses forces et au delà. Supposez que les commerçants soient supprimés et qu'à leur place un intermédiaire très simple, l'État par exemple, transmette le produit du producteur au consommateur, vous avez d'une part une foule d'hommes, ceux qui autrefois auraient été commerçants, rendus à l'armée des producteurs utiles, d'autre part des produits qui, parce qu'ils ne se promènent plus de mains en mains et de mains avides en mains avides, ne se surchargent pas d'une valeur fictive, d'un prix redoublé et triplé, mais restent, comme prix d'achat, très près de leur valeur initiale, c'est-à-dire de leur valeur réelle.

Et ne dites pas que ce serait remplacer les com merçants par des fonctionnaires et par conséquent consacrer tout autant d'hommes au métier de transmetteurs, donc progrès nul ; et que, ces fonctionnaires, il faudrait les payer, ce qui surchargerait le produit d'une valeur supplémentaire comme le bénéfice du commerçant l'en surcharge aujourd'hui, donc profit nul ; et qu'en définitive tout reviendrait au même ; ne dites pas cela ; car, premièrement, ces fonctionnaires transmetteurs seraient moins nombreux, beaucoup moins nombreux, la concurrence n'existant plus, et le principal inconvénient des commerçants étant qu'ils sont dix quand il n'en faudrait qu'un ; secondement l'État ne ferait aucun bénéfice sur le produit vendu et par conséquent ne le surchargerait comme prix que de ce qu'il faudrait pour rémunérer les fonctionnaires transmetteurs ; et il y aurait ainsi et progrès et profit : progrès parce qu'il y aurait plus de producteurs ; profit parce qu'il y aurait augmentation presque nulle du prix du produit, depuis le moment où il quitterait le producteur jusqu'à celui où le consommateur le recevrait.

La suppression du commerce, ce n'est pas autre chose que, d'une part la suppression d'activités inutiles, d'autre part la suppression d'un gaspillage.

Ajoutez que le commerce donne trop de tentations à la fraude, à la fourberie, au mensonge, au charlatanisme et à la réclame pour qu'un grand nombre de commerçants ne donnent pas dans quelqu'un de ces vices ; qu'un petit nombre seulement de commerçants savent que le meilleur moyen de succès est la stricte et indéfectible probité ; que d'autres n'ont pas le courage de le savoir ou de s'en souvenir ; et que le fait seul qu'une partie, assez considérable encore, de la classe commerçante est d'une morale relâchée elativement au métier qu'elle fait a une mauvaise influence sur toutes les autres classes de la nation, parce qu'elle est d'un mauvais exemple.

L'abolition du commerce comme activité inutile, comme gaspillage, comme facteur d'enchérisser ment des denrées et comme, partiellement, facteur d'immoralité générale ; et son remplacement par un système simple et peu onéreux de transmission, sont donc chose qui s'imposent et qui sont au nombre des devoirs d'un État civilisé.

Quatrième idée mère du socialisme, idée dont nous avons été forcés de toucher déjà quelque chose tout à l'heure, ce qui nous permettra du reste d'être moins long maintenant : la concurrence et commerciale et industrielle est une ineptie et une ineptie meurtrière, comme du reste il est à remarquer que sont la plupart des inepties. Il est clair comme le jour qu'il ne faut produire qu'autant que l'on consomme. Si quelqu'un venait dire que ce n'est pas tout à fait vrai et que la surproduction crée de nouveaux besoins, du moins excite de nouveaux appétits ; on répondrait d'abord que ce n'est pas œuvre très utile et très saine que d'exciter de nouveaux appétits et de créer de nouveaux besoins ; on répondrait ensuite que ces nouveaux besoins ne se développent que dans une classe assez restreinte de la société, qu'on y peut répondre, ou, pour mieux dire, répondre à la tendance latente vers de nouveaux besoins, avec une très légère surproduction lentement progressive ; et qu'en somme et à considérer l'ensemble et les grandes masses, la formule reste vraie et même évidente : il ne faut produire qu'autant que l'on consomme.

Or dans le commerce et surtout dans l'industrie, à cause de la concurrence des commerçants entre eux et des industriels entre eux, on est forcé de surproduire, et la surproduction est la règle même. L'industriel est forcé de surproduire et le commerçant est forcé de suremmagasiner parce qu'ils ne doivent jamais être à court. Si à un moment donné, pour des causes qu'il n'est pas toujours facile de prévoir, la demande afflue, il ne faut pas que moi, manufacturier, pour n'avoir produit que juste ce que je croyais qu'il faudrait, je sois distancé par un tel, manufacturier, qui a produit plus que moi ; il ne faut pas que moi, commerçant, pour n'avoir emmagasiné que selon la demande moyenne, je sois distancé par un tel commerçant, qui aura emmagasiné davantage. Donc toujours surproduction ; c'est la règle parce que c'est la nécessité ; et c'est la règle parce que c'est ce que conseillent le désir de gagner et la peur de perdre.

Il en résulte qu'à un moment donné il y a trop d'objets produits et que la production doit cesser ou se ralentir. Cessation ou ralentissement de la production, c'est chômage des ouvriers ; la surproduction est nécessaire et la surproduction crée de la misère et de la famine et de la mort. Pourquoi ? Uniquement parce qu'il y a concurrence, parce que la concurrence existe. Concurrence entraîne surproduction et surproduction entraîne massacre.

C'est tout simplement que la concurrence n'est autre chose que l'anarchie. Commerce et industrie sont, dans nos sociétés si civilisées, en état purement anarchique. Il est bien singulier que dans nos sociétés si minutieusement ordonnées, hiérarchisées, disciplinées, la seule chose qui ne le soit pas, la seule chose qui soit anarchique soit celle où l'anarchie entraîne la ruine, la misère, la faim et la mort de milliers d'êtres humains. L'industrie, le commerce aussi, mais l'industrie surtout, est une bataille où l'on risque des vies humaines, où l'on fait d'avance sa part à la mort, et c'est une bataille perpétuelle, incessamment renouvelée, permanente. Il n'y a rien de plus bouffon que ces tableaux où les bons artistes représentent l'Industrie et le Commerce comme des Divinités pacifiques, souriant d'un sourire béat, tout entourées de gerbes de blé, de flots d'or et de cornes d'abondance. Il faudrait les représenter comme des Molochs entourés d'hommes recrus, de femmes hâves et d'enfants écrasés.

Or, pourquoi l'industrie et le commerce seraient-ils des batailles, et quelle nécessité, quelle utilité, quel prétexte y a-t-il à ce qu'ils le soient ? Pourquoi ne pas les ramener à l'ordre ? Il semble que « la création de l'ordre dans l'humanité », pour parler comme Proudhon, ait touché à toutes choses, en laissant de côté le commerce et l'industrie. Supposez, car les hypothèses sont permises, qu'un mode d'arbitrage international soit enfin trouvé : les guerres militaires cessent et la meurtrière guerre industrielle continue comme par le passé, et les champs de bataille militaires n'existent plus ; mais les fameux « champs de bataille pacifiques », lesquels sont couverts de morts et de mourants, demeurent plus que jamais.

Sans aller aussi loin dans un avenir peut-être chimérique, il est certain que dans les temps modernes les guerres militaires tendent à devenir moins fréquentes ; et pendant ce temps la guerre commerciale et industrielle continue et se fait peut-être plus violente et plus meurtrière au lieu de s'adoucir.

Si elle est si meurtrière, c'est d'abord pour la raison que nous avons dite, à savoir à cause de la concurrence créant la surproduction et de la surproduction créant le chômage ; c'est ensuite à cause de la division et subdivision progressive du travail. La division et subdivision progressive du travail est encore un effet de la concurrence et une cause de misère intellectuelle morale et physique. Pour produire plus vite, pour produire en plus grande qualité, pour produire à meilleur marché, toutes choses à quoi la concurrence les pousse furieusement et qui sont leurs objets constants, les chefs de travail, au lieu de faire fabriquer un objet par un ouvrier, ce qui demanderait beaucoup de temps, font fabriquer par chaque ouvrier une partie de l'objet et ajuster par un autre ouvrier encore toutes les parties de l'objet. On connaît la fameuse formule : « A chaque épingle quatorze ouvriers travaillent. Elle sort, bonne à livrer, des mains du quinzième. » Il en résulte qu'on fabrique beaucoup et même qu'on fabrique bien ; mais que l'ouvrier devient un homme très peu intelligent. Il n'est plus un artiste s'intéressant à son œuvre, à la voir croître et s'organiser dans sa main ; il n'est plus même un ouvrier ; il n'est qu'un outil qui respire : « L'art progresse, l'artisan rétrograde », comme dit Tocqueville.

On pourra dire que rien n'est plus faux que ceci ; et que c'est précisément à mesure que l'ouvrier devient un outil relativement à son travail qu'il se libère comme homme, étant au-dessus de son travail, pour ainsi parler, et pouvant penser tout en travaillant. La question est très délicate. Il est très probable que ce qu'il y a de plus sain pour l'homme c'est de travailler en s'intéressant à son travail même, et c'est de penser, et avec plaisir, précisément à ce qu'il fait. Le travail machinal accompagné d'une pensée étrangère à lui, c'est généralement du travail mal fait et une pensée très confuse. On a dit que c'est peut-être en polissant ses verres de lunettes que Spinoza a trouvé ses plus profondes conceptions. C'est peu probable. Le plus vraisemblable, c'est qu'il se reposait de ses sublimes conceptions en polissant ses verres de lunettes.

Et puis la vérité c'est que le travail tel qu'il est sous le régime de la division du travail, étant à la fois du travail stupide et du travail intense, il est juste assez stupide pour empêcher que l'ouvrier y applique son intelligence et juste assez intense pour empêcher qu'il applique son intelligence à autre chose. Il n'est pas douteux que, comme le dit Tocqueville au même endroit : « à mesure que la division du travail reçoit une application complète, l'ouvrier devient plus faible et plus borné. »

Et il ajoute une chose bien importante ; il ajoute : «... et plus dépendant. » Voilà le point et le point grave. Remarquez-vous ceci, c'est qu'autrefois *l'ouvrier était un chef d'industrie* ! Oui, l'ouvrier qui pouvait, qui savait produire tout un objet était un chef d'industrie. Il avait son industrie avec lui, il la transportait avec lui ; il ne dépendait de personne. Maintenant qu'il n'est qu'un rouage, il dépend de la manufacture où il est engrené, absolument comme un rouage mécanique, ou comme une courroie de transmission.

— Il peut transporter d'une usine à une autre sa faculté de produire une partie d'objet.

— Sans doute ; et c'est la supériorité qui lui reste sur un rouage mécanique ; mais ce n'est là vraiment que la liberté d'aller et de venir et la liberté de transporter son esclavage d'un point à un autre. Partout il sera l'esclave d'un ensemble ; et où pourra-t-il être seul, ouvrier libre, producteur autonome ? Nulle part. Ce n'est pas de la manufacture où il est qu'il est esclave, c'est de l'industrie elle-même. Il est un outil qui n'a que la liberté de passer de main en main. Il n'est pas une main, ni un cerveau, ni une âme. Il est devenu une chose qui peut se mouvoir ; mais qui reste une chose partout où elle va et qui par conséquent n'a aucun avantage à aller ici ou aller ailleurs, ou à rester là où elle est.

Ceci est une misère, comme j'ai dit, intellectuelle, morale et même physique. Physique parce que le fait de ne pas s'intéresser à ce qu'on produit et le sentiment que l'on a de sa dépendance éternelle déprime l'être humain, le ravale, l'hébète et le pousse du côté des jouissances grossières et sottes. C'est l'usine qui a créé l'alcoolisme ou tout au moins qui l'a fait grandir.

Enfin la concurrence anarchique a produit directement ce que Ricardo, et après lui Lassalle, et après lui Marx ont appelé la fameuse « loi d'airain ».

On ne parle plus guère de la « loi d'airain », tant les nombreuses exceptions qu'on a été forcé de reconnaître qu'elle comporte ont amené ou incliné à croire qu'elle n'existe pas. Elle n'existe pas partout, c'est bien certain ; mais elle existe dans beaucoup d'endroits et elle existerait partout si partout la population était dense, si partout le nombre des bras offerts était supérieur ou seulement égal à la demande. Cela est bien simple à comprendre. Le principe incontestable c'est que, éperonné et acculé par la concurrence, « le chef d'industrie ne songe jamais à autre chose, comme dit M. Biétry, qu'à diminuer le prix de la main-d'œuvre ». C'est son idée fixe, et il ne se peut pas que ce ne soit point son idée fixe.

Car il pourrait bien songer aussi à l'invention de procédés de fabrication diminuant le prix de revient. Mais ces procédés : 1° ont toujours pour premier résultat, en forçant de renouveler tout l'outillage, une dépense énorme, que souvent le chef d'industrie ne peut pas s'imposer et qui précisément l'engagerait elle-même pour la couvrir à diminuer le prix de la main-d'œuvre ; 2° ces procédés, quelques moyens que l'on emploie pour se les réserver jalousement, se répandant très vite et étant très vite employés par les rivaux, les choses reviennent au même point très peu de temps après qu'ils ont été trouvés, si bien que ces inventions de procédés nouveaux, les chefs d'industrie les craignent plutôt, même faites par eux-mêmes. Et par conséquent l'idée fixe ou bien plutôt l'idée nécessaire de tous les chefs d'industrie est bien celle-ci : diminution du prix de la main-d'œuvre ; ou, si vous voulez, les deux idées fixes de tout patron sont celles-ci : stricte économie dans la gestion ; diminution du prix de la main-d'œuvre.

Si donc la somme nécessaire pour l'entretien d'une famille d'ouvriers est cinq francs par jour et si le chef d'industrie paye la journée d'ouvriers sept francs, aussitôt que ce patron aura un concurrent, pour livrer la marchandise à l'acheteur à plus bas prix que ce concurrent, notre patron songera tout de suite à ne payer l'ouvrier que six francs. Il sera immédiatement imité par son concurrent, qui mettra la journée à cinq francs. Et ainsi le prix de la journée se rapprochera de plus en plus de la somme strictement nécessaire à une famille d'ouvriers pour ne pas mourir de faim.

— A la condition que ces patrons en rivalité trouvent des ouvriers qui acceptent ces salaires de famine.

— Ils en trouveront toujours si la population est dense, si le nombre des bras offerts et c'est-à-dire des estomacs affamés est considérable; si d'autre part les ouvriers ne s'entendent pas pour refuser tous le travail au-dessous d'un certain taux. Or on sait assez combien il est difficile à de pauvres gens très nombreux de s'entendre et *d'attendre*, de se concerter et de se sustenter pendant une longue période de temps. Il sera donc vrai que le plus souvent (et il s'agit d'une loi comportant des exceptions, ce qui ne l'empêche pas d'être une loi) le salaire de l'ouvrier sera juste ce qu'il lui faut pour vivre très médiocrement lui et les siens.

Turgot avait déjà formulé cette loi presque aussi nettement que Ricardo, Lassalle et Marx : « Le simple ouvrier, qui n'a que ses bras et son industrie pour vivre, n'a rien qu'autant qu'il parvient à vendre à d'autres sa peine. Il la vend plus ou moins cher; mais ce prix plus ou moins haut ne dépend pas de lui seul : il résulte de l'accord qu'il fait avec celui qui paye son travail. Celui-ci le paie toujours le moins cher qu'il peut. Comme il a le choix entre un grand nombre d'ouvriers [la question est toujours là], il préfère celui qui travaille au meilleur marché. Les ouvriers sont donc forcés de *baisser les prix à l'envi les uns des autres*. En tout genre de travail il doit arriver et il arrive en effet que le salaire de l'ouvrier se borne à ce qui lui est nécessaire pour lui procurer sa subsistance. » (*Formation et distribution des richesses*, VI.)

Il n'y a qu'un mot à reprendre dans ce passage; c'est *en tout genre de travail*. Précisément la loi d'airain ne s'applique : 1° que dans les pays de population ouvrière accumulée où le chef d'industrie a le choix entre un grand nombre d'ouvriers ; — 2° qu'aux ouvriers vulgaires, qu'aux manœuvres ; les ouvriers habiles, les ouvriers fins, étant toujours peu nombreux, étant toujours clairsemés ; et le patron, relativement à eux, n'ayant pas « le choix entre un grand nombre d'ouvriers ». — Il ne faut donc pas dire : « en tout genre de travail » ; mais : « en beaucoup de genres de travail » ; ou : « ordinairement. » La vue, du reste, en sa généralité, est singulièrement juste et le sera, sans doute, toujours.

Plus tard, au 19 novembre 1793, je trouve la loi d'airain aussi nettement formulée que dans Ricardo, Smith, Turgot ou Marx, dans une pétition d'une députation du corps électoral de Seine-et-

Oise à la Convention, pétition que M. Jaurès a très diligemment retrouvée et recueillie : «..... Vous remarquerez que cette classe de capitalistes et de propriétaires, par la liberté illimitée maîtresse du prix des grains, l'est aussi de la fixation de la journée de travail ; car chaque fois qu'il est besoin d'un ouvrier il s'en présente dix, et le riche a le choix ; et ce choix il le porte sur celui qui exige le moins... Il en résulte une disproportion effrayante entre le prix de la journée de travail et le prix de la denrée de première nécessité... De là sort nécessairement l'oppression de tout individu qui vit du travail de ses mains. »

Déjà, mais à un tout autre point de vue, Necker avait dénoncé « le pouvoir qu'ont les propriétaires de ne donner en échange d'un travail qui leur est agréable que le plus petit salaire possible, c'est-à-dire celui qui représente le plus strict nécessaire. »

Remarquez — et c'est ce que cet admirable Proudhon avait observé très bien lui-même, quoiqu'il l'ait exposé un peu confusément peut-être (*Contradictions économiques*, III), — remarquez la connexion entre la division du travail et la loi d'airain. Nous venons de dire que très évidemment, très nécessairement, l'ouvrier habile, l'ouvrier fin, échappe à la loi d'airain. Mais précisément, comme nous l'avons mis en lumière plus haut, l'effet de la division du travail est de supprimer l'ouvrier fin; « le travail parcellaire amenant l'affaissement de l'esprit, rejette l'homme dans l'animalité; dès ce moment l'homme déchu travaille en brute, conséquemment il doit être traité en brute... »; l'ouvrier fin, s'il en reste, sera l'objet d'un traitement spécial; et « l'on ne mettra pas au même taux le travail d'un contremaître et la manœuvre d'un goujat »; mais pour le manœuvre il y aura application naturelle et comme automatique de la loi d'airain; il y aura « nécessité de réduction » progressive « sur le prix de la journée; en sorte que le travailleur, après avoir été affligé dans son âme par une fonction dégradante, ne peut manquer d'être frappé aussi dans son corps par la modicité de la récompense. C'est l'application littérale de cette parole de l'Évangile : « A celui qui a peu, j'ôterai encore le peu qu'il a. »

Tel est le rapport étroit que l'on voit avec terreur qu'il y a entre la division du travail et la loi de misère. Or la division du travail ne peut, ce semble, que se confirmer et s'aggraver de jour en jour. On dira donc, non pas tout à fait avec Lassalle : « Le salaire oscille à la limite de ce qui est strictement nécessaire à l'ouvrier pour vivre et se reproduire, sans pouvoir ni s'élever sensiblement au-dessus, ni descendre sensiblement au-dessous »; mais on dira : « Dans les pays de population dense, le salaire, exception faite pour les industries de luxe qui demandent des ouvriers qui sont des artistes, exception faite, dans toutes les industries pour l'élite, mais pour une élite très restreinte d'ouvriers, oscille à la limite de ce qui est strictement nécessaire à l'ouvrier pour son alimentation et celle de sa famille. »

Cette formule est même inexacte, en ce que, très évidemment, elle est trop optimiste. Car elle suppose l'ouvrier marié et père de famille. Or un moyen pour l'ouvrier d'échapper, personnellement, à la loi d'airain, étant de ne pas se marier et de ne pas se reproduire, un grand nombre en profitent, et, ne se mariant pas et ne se reproduisant pas, reçoivent pour un seul homme ce que le jeu des forces économiques a fixé à destination d'une famille. Mais aussitôt, à cause de cela même, et parce qu'un ouvrier célibataire peut se contenter de quatre francs par exemple, alors que l'ouvrier père de famille en a besoin de huit, les salaires baissent encore, et ce n'est pas autour de la limite de ce qui est strictement nécessaire à un ouvrier pour se nourrir lui et les siens que le salaire va osciller, c'est *beaucoup au-dessous !*

Ce qui corrige cette conclusion épouvantable,

c'est que tout est plus cher, nourriture, vêtements, réparation de vêtements, logement même, pour l'ouvrier célibataire, ce qui relève l'étiage du salaire, de sorte que le salaire oscille non pas *beaucoup au-dessous* de ce qui est strictement nécessaire à l'ouvrier pour se sustenter lui et les siens, mais seulement *un peu au-dessous*, ce qui est encore abominable.

Or qu'arrive-t-il? Pour combler cette différence entre son salaire et ce qu'il lui faut pour nourrir les siens, l'ouvrier cherche des ressources dans ce qui est la cause de sa misère même : il fait travailler sa femme; il fait travailler ses enfants. Tous à la fabrique ! Mais cela même, multipliant le nombre des ouvriers et des mauvais ouvriers, faisant plus dense encore une population manœuvrière déjà trop dense, fait baisser encore les salaires, de sorte que l'équilibre, l'affreux équilibre se rétablit : non plus un ouvrier, mais une famille ouvrière tout entière réussit, en se condamnant par surmenage à une mort prématurée, à recevoir juste ce qu'il lui faut pour ne pas mourir immédiatement.

Considérez encore comme auxiliaire très considérable de la loi d'airain l'ouvrière ou la petite employée célibataire qui fait du travail au rabais, ayant moins de besoins qu'une famille et même qu'un homme seul et qui, par conséquent, fait encore baisser les salaires.

Considérez comme auxiliaire assez considérable de la loi d'airain la demi-prostituée, qui, travaillant à l'atelier, enlève du travail aux ouvrières honnêtes, mais, ayant d'autres ressources, peut faire et fait ce travail à très bas prix et contribue encore à faire baisser le salaire moyen.

Considérez encore comme auxiliaires de la loi d'airain les gens qui émargent au budget et qui, cependant, font du travail dans l'industrie libre et par conséquent, exactement comme la demi-prostituée de tout à l'heure, le peuvent faire et le font à plus bas prix et font baisser les salaires encore. Observations de M. Tragin : « L'État a créé des travailleurs [au rabais] pour augmenter le nombre des sans-travail dans l'industrie et dans le commerce et, de ce fait, un peu plus de misère et de souffrance. Il a créé pour ses fonctionnaires la retraite proportionnelle après quinze ans de services, c'est-à-dire une pension variant entre 600, 700 ou 800 fr., et cela pour des hommes de trente-cinq ans ; cela leur donne une foule d'avantages, et, pour n'en citer qu'un, celui de prendre des places dans l'industrie et le commerce à plus bas prix que les autres. Avec le grand nombre de fonctionnaires que nous avons aujourd'hui, sans compter l'armée qui fournit un nombre considérable de retraités proportionnels, jugez combien de places sont prises par ces privilégiés aux travailleurs de l'industrie, du commerce et de l'agriculture. Notez qu'en partie ce sont les emplois les plus rétribués qu'ils vont prendre. L'industriel, le commerçant ne voit qu'une chose : faire des économies de main-d'œuvre. S'il trouve un employé ou un chef d'atelier lui coûtant cent francs ou cinquante francs de moins par mois, il n'hésite pas à le prendre... Il en est de même d'une foule d'officiers retraités qui occupent aussi des emplois dans les administrations, compagnies, sociétés... Il y a aussi les employés et ouvriers de l'État *en fonctions*, qui ont des emplois comme ouvriers, employés, comptables, représentants de commerce. Il est bien évident que, si ces derniers travailleurs avaient suffisamment de travail [à l'atelier de l'État], ils ne pourraient pas, tout en travaillant pour l'État, avoir le loisir d'occuper d'autres emplois en dehors de leur emploi officiel (1). »

On voit que la loi d'airain, sauf les exceptions

(1) En 1906, M. Clemenceau voulut exiger que les employés du ministère de l'Intérieur fussent présents à leur bureau : « C'est impossible, lui dit-on : ils travaillent tous ailleurs ! Ils ont tous deux traitements, ici pour ne rien faire et ailleurs pour travailler ; vous ne pouvez pas leur enlever la moitié de leurs ressources. » Évidemment.

que j'ai indiquées et sur lesquelles j'insiste toujours, s'exerce partout et en vérité ne peut pas ne pas s'exercer. Remarquez que vous la faites vous-même tous les jours, vous qui n'êtes pas commerçant. Vous dites à chaque instant en parlant d'un objet que vous voulez acheter : « Je trouve cela ailleurs à meilleur marché. » En disant cela, que faites-vous ? Vous excitez le producteur à produire toujours à meilleur marché, et comment voulez-vous qu'il produise à meilleur marché si ce n'est en économisant sur la main-d'œuvre ? Vous faites proprement une adjudication. Vous criez sur la place : « Quel est celui qui me donnera un chapeau au meilleur marché ? Quel est celui qui me donnera des bottines au plus bas prix ? » Bien entendu on vous satisfait en vous donnant un chapeau déplorable et des bottines fâcheuses ; c'est un des moyens de baisser les prix ; mais en même temps on économise tant qu'on peut sur la main-d'œuvre et la loi d'airain s'applique.

Ce n'est pas précisément l'industriel ou le commerçant qui fait la loi d'airain ; il l'applique. Il ne la fait pas ; elle s'impose à lui. Celui qui fait la loi d'airain, c'est le consommateur.

Remarquez que cette loi est tellement passée dans les mœurs et paraît tellement comme l'âme même de l'industrie, que celui qui pourrait ne pas l'appliquer l'applique encore. L'État, les administrations, les municipalités, mettent leurs travaux en adjudication. Qu'est-ce à dire ? C'est à dire qu'eux, qui sont riches, disent aussi : « Faites-moi cela au plus bas prix », et par conséquent : « Économisez, non pas sur la matière première, ce que je ne vous permettrais pas et ce que vous ne feriez qu'à votre dam ; mais sur la main-d'œuvre et en donnant aussi peu que possible à vos ouvriers. Je vous donne le moins possible, donc donnez le moins possible ; c'est moi qui vous y condamne. Contentez-vous du bénéfice minimum ; donc ne donnez à vos ouvriers aucun bénéfice. L'absence de bénéfice pour l'ouvrier, on sait ce que c'est ; c'est la vie tout juste. »

Qui donc fait la loi d'airain ? On le voit ; c'est tout le monde. Particuliers, commerçants, industriels, État, tous la font à l'envi. Du moment que la concurrence existe, du moment que la concurrence est permise, il y a *immédiatement* une loi qui est celle-ci : « L'ouvrier est condamné, non à la peine de mort, mais à la peine perpétuelle qui est continuellement le plus près possible de la peine de mort. Tout le monde et l'ouvrier lui-même est chargé de l'exécution de la présente loi. »

Telle est la loi d'airain en sa vérité. Elle n'est pas universelle, puisqu'elle comporte les exceptions que j'ai dites, mais elle est générale ; elle n'est pas inflexible, puisqu'elle comporte les adoucissements que j'ai indiqués, mais elle est dure et, dans un très grand nombre de cas, elle est terrible.

Pour qu'elle fût absolue, il faudrait : que *partout* la population ouvrière et d'une façon générale la population fût extrêmement dense, — qu'il n'y eût pas de ces ouvriers d'élite pour lesquels se renverse la loi et qui imposent leurs prix au lieu de ceci qu'on les leur impose, — que les ouvriers mieux partagés n'alimentassent pas à certains moments les ouvriers misérables, ce qui permet à ceux-ci de refuser le travail comme s'ils étaient ouvriers d'élite et de faire monter les prix. S'il en était comme je viens de dire, la loi d'airain serait absolue.

Pour qu'elle disparût, il faudrait : que les ouvriers fussent peu nombreux et par leur petit nombre fussent partout valeur demandée au lieu d'être valeur offerte ; — que tous les ouvriers, ou au moins la majorité, fussent des artistes, indispensables à ce titre et pouvant faire leurs conditions au lieu d'en subir ; mais encore si tous les ouvriers étaient extrêmement habiles, ce serait comme s'ils ne l'étaient point, et c'est, non le talent, mais la rareté du talent, qui fait la valeur ; — que les ouvriers fussent, les uns gagnant trop et les autres gagnant juste le nécessaire, si étroitement solidaires que jamais les fortunés ne permissent que les infortunés gagnassent trop peu et toujours leur permissent, en les aidant, de se défendre et de ne pas laisser les salaires tomber trop bas. Ces conditions — sur lesquelles je reviendrai plus loin, et en ce moment c'est les socialistes que je laisse parler — sont si difficiles à réaliser que l'on peut considérer la loi d'airain comme évitable partiellement, mais généralement comme inéluctable.

On peut même se demander (1) si, contrairement à certaines assertions, elle ne se remplira pas elle même et ne se consommera pas plus encore dans l'avenir, puisque les populations ouvrières s'accumulent et se condensent de plus en plus ; puisque, par le machinisme et la division du travail, l'ouvrier fin, l'ouvrier d'élite tend plutôt à disparaître ; puisque, si l'instinct solidaire ne disparaît pas, ne décroît pas et semblerait plutôt se développer, il n'aura plus, pour ainsi parler, d'agents efficaces, quand l'ouvrier d'élite, l'ouvrier « gagnant trop » et pouvant aider les autres dans leurs

(1) Ce que j'allais jusqu'à affirmer dans un précédent travail (*Questions politiques*, chez Armand Colin), mais ce dont aujourd'hui je suis moins sûr.

revendications par des subsides, aura disparu.

Quoi qu'il en soit, si la loi d'airain n'est pas ce qui tend à être et ce qui sera, toujours est-il que, d'une façon générale, elle est ce qui est. Elle dérive tout entière du régime concurrentiel. C'est le régime concurrentiel qui fait tout le mal ; c'est le régime concurrentiel qu'il faut abolir.

Telles sont donc les idées mères du socialisme : il est juste que l'égalité règne parmi les hommes ; — la Révolution française a posé ce principe et ne l'a pas réalisé, et l'on ne saurait errer en poursuivant le chemin dans le sens de la Révolution française, et le socialisme n'est que la Révolution française achevée et consommée, à quoi ne peuvent s'opposer que ceux qui n'ont vu dans la Révolution française qu'une bonne occasion de prendre proie ; — si la Révolution française n'aboutissait pas à l'abolition de la propriété individuelle ou à un partage équitable des biens, elle ne serait qu'une révolution de classe, remplaçant une classe privilégiée par une autre, comme on remplace une dynastie par une autre ; la Révolution ne serait qu'une espèce de 1830 ; — les grandes fortunes et les moyennes fortunes sont absolument inutiles à la société, même à la société organisée selon le système capitaliste ; dans cette société même le capital étant nécessaire, mais le capitaliste superflu ; — le commerce est inutile et immoral ; et par suite il est nuisible comme tout ce qui est inutile et comme tout ce qui est immoral ; — la concurrence, soit industrielle, soit commerciale, est une forme de l'anarchie et par conséquent en elle-même est une aberration de l'humanité ; et les effets en sont meurtriers pour la classe la plus intéressante et la plus méritante de la nation.

A ces idées ajoutez encore un sentiment d'ordre mystique, très judicieusement analysé par plusieurs sociologues (M. Gustave Lebon : *Psychologie du socialisme* ; M. Dolléans : *le Caractère religieux du socialisme*, etc.), c'est à savoir l'horreur religieuse de la richesse et la vénération et le culte de la pauvreté : le prolétariat doit remplacer la bourgeoisie possédante et du reste demeurer pauvre, parce qu'il est vertueux et parce qu'il est vertueux à cause de sa pauvreté ; — la richesse est la génitrice de tous les vices parce qu'elle est un vice elle-même ; — elle naît d'un vice, elle est un vice, elle engendre des vices ; elle naît du désir de posséder, ce qui est naturel et légitime, ou au moins *neutre* ; mais du désir de posséder plus qu'un autre, ce qui est odieux, méchant et horrible ; — elle est un vice parce que le riche se complaît dans cette comparaison continuelle de son bonheur et du malheur des autres, comparaison qui, à bien analyser, est sa seule jouissance, mais une jouissance abominable ; — elle engendre tous les vices rien que pour prendre conscience d'elle-même et se sentir : dureté, hauteur, cruauté, débauche ; — pour montrer comme d'un seul mot que l'égalité est une vertu, il suffit de dire que l'égalité n'est comme idée que ce que la fraternité est comme sentiment ; que la fraternité veut l'égalité entre frères ou n'est pas ; que par conséquent tout homme qui ne veut pas l'égalité considère son semblable non comme un frère, mais comme un ennemi ; que, par conséquent, tout homme qui repousse l'égalité, qui n'aime pas la pauvreté, qui veut posséder plus qu'un autre est plus que le commencement d'un scélérat ; — donc le pauvre qui veut rester pauvre est l'honnête homme, et l'avènement du prolétariat n'est pas autre chose que l'élimination d'une classe vicieuse et malade et en dernière analyse une purification et un assainissement de l'humanité.

Telles sont les principales idées mères du socialisme. Il reste à indiquer quelles conclusions pratiques les principales écoles socialistes en ont tirées.

VI

L'ANARCHISME.

Négligeant l'infinie diversité des écoles et les subdivisions innombrables, je range les socialistes en trois classes, très sûr après mûr examen que tout socialiste rentre dans l'une de ces classes-là.

Il y a pour moi les anarchistes, les appropriationistes et les collectivistes.

Les anarchistes, en socialisme, répondent à ce que sont en politique les libéraux ; ce sont les libéraux du socialisme.

Les appropriationistes, en socialisme, répondent à ce que sont en politique les opportunistes; ce sont les opportunistes du socialisme.

Les collectivistes, en socialisme, répondent à ce que sont, en politique, les radicaux autoritaires ; ce sont les despotistes ou les esclavagistes du socialisme.

Je m'attarderai peu sur les anarchistes, et c'est pour cela que je commence par eux. Imaginez, en politique, un libéral radical qui ne dirait point selon la formule maîtresse du libéralisme : « Le gouvernement ne doit avoir aucune force là où n'est pas son utilité ; là où est son utilité il n'en saurait trop avoir » ; mais qui dirait : « Il ne doit y avoir aucun gouvernement, aucune autorité, quelle qu'elle soit, et s'il n'y avait ni gouvernement ni autorité, tout marcherait spontanément d'une manière excellente. » — C'est exactement ce que disent et ce que pensent les anarchistes en matière de production et de consommation.

Ils disent : L'État doit disparaître, aussi bien l'État protecteur et défenseur de la propriété individuelle, tel qu'il est maintenant, que l'État possesseur unique de toute propriété, s'il est tel quelque part, et comme il est dans la conception des collectivistes. Nous ne voulons ni de l'un ni de l'autre. Comme l'a dit Marx en contradiction avec lui-même, l'essence du mal est dans l'existence même de l'État. Nous sommes les athées de l'État, comme les collectivistes en sont les fanatiques.

Donc l'État disparaît. Mais alors ? Qui garantira les propriétés ? Personne ; car il n'y en aura plus. Tout sera à tous ; tous travailleront à tout et chacun *prendra au tas* des productions, selon ses besoins.

Ce sera, dites-vous, un chaos et une bataille. Point du tout ; car il n'y aura pas d'organisation sociale, sans doute ; mais il y aura des organisations libres et spontanées entre les hommes, des ententes, des paroles données, des contrats. Les individus se grouperont à leur gré selon leurs sympathies, comme se groupent déjà actuellement musiciens pour faire de la musique et joueurs de barres pour courir. Comme a dit Proudhon un jour : « l'anarchie, c'est l'ordre », c'est-à-dire l'anarchie est condition de l'ordre, en ce sens que l'ordre imposé tel qu'il existe excite à la révolte et au désordre ; tandis que l'anarchie, c'est à savoir la liberté, organise spontanément un ordre auquel on tient et qu'on aime parce qu'on l'a fait.

L'anarchie est spontanément organisatrice. Au fond elle n'est, comme l'a dit M. Ranc, que le contrat se substituant à la souveraineté et l'arbitrage se substituant au pouvoir judiciaire. Les citoyens contractent entre eux pour telle ou telle œuvre à faire, telle ou telle entreprise, ce qui veut dire qu'ils se font leur loi à eux-mêmes au lieu de la recevoir d'un code ; ils soumettent leurs différends à un arbitre, ce qui veut dire qu'ils se font leur magistrature à eux-mêmes au lieu de la recevoir de l'État. Ainsi de suite. L'anarchie c'est l'homme rendu à lui-même, à ses instincts naturels de sociabilité spontanée et arraché à la sociabilité imposée et autoritaire et despotique, à la *sociabilité extérieure* que gouvernements et lois lui imposent aujourd'hui.

Le gouvernement, les lois, qu'on s'en convainque bien, ce sont *des erreurs psychologiques*. On a cru que l'homme avait besoin de contrainte ; il n'a besoin que de liberté. Il fait en liberté exactement ce qu'il fait en état de contrainte ; mais il le fait beaucoup mieux, parce qu'il le fait avec plaisir. L'anarchie est éminemment organisatrice parce qu'elle est éminemment libératrice.

Ajoutons l'essentiel. L'anarchie est éminemment moralisatrice. S'il y a des voleurs, c'est qu'il y a des propriétés. La propriété abolie, le vol disparaît. S'il y a des meurtres, c'est que l'envie, la jalousie, la haine, tous les mauvais sentiments, sont excités par un état social où il y a des supérieurs et des inférieurs, des surabondants et des dénués. Raisonnez bien : il faut être fou pour voler quand on peut prendre au tas ; il faut être fou pour tuer un homme à qui l'on n'a aucune raison d'en vouloir. L'état anarchiste, par définition, par lui-même, par cela seul qu'il existe, supprime donc tous les nuisibles, excepté les fous.

Ajoutez qu'il supprime aussi tous les fous qui ont été rendus tels par l'état social lui-même et par l'atroce lutte pour la vie.

L'anarchie supprime donc tous les criminels excepté les fous et il supprime la plupart des fous eux-mêmes.

Remarquez que vous-mêmes, dans l'état social actuel, et vous-mêmes partisans de l'état social actuel, vous considérez généralement le criminel comme un malade mental ou comme un débile ; à plus forte raison dans un état social où il faudra être littéralement fou pour être criminel, il n'y aura plus de criminels du tout, sauf exception tout à fait extraordinaire.

Organisatrice d'une façon féconde, moralisatrice d'une façon en quelque sorte automatique, *nécessairement* moralisatrice, l'anarchie est le meilleur gouvernement, précisément parce qu'elle est la suppression de tout gouvernement, ce qui veut dire qu'elle est le gouvernement de nous-mêmes par nous-mêmes, seul gouvernement auquel nous prenions plaisir à obéir.

Ainsi raisonnent les anarchistes. Je ne m'attacherai pas à leurs moyens d'exécution. Ils peuvent dire qu'ils n'en sont pas responsables. Ils veulent, pour la plupart, détruire la société actuelle par tous les moyens possibles pour faire table rase, puisque c'est justement de cette table rase que s'élèvera *spontanément* la société nouvelle.

Ils peuvent dire, et quelques-uns disent :

Ce n'est pas notre faute si nous conseillons l'emploi de la violence et si nous l'employons. Nous ne demanderions pas mieux que ceci que, tout le monde acceptant l'anarchie, elle s'établit demain *spontanément*. Mais il y a un obstacle séculaire qui ne cède pas de lui-même. Nous sommes forcés de le briser. Nous, ennemis de toute contrainte, nous commençons par la contrainte. Il est vrai ; mais c'est parce que la contrainte existe, et notre contrainte n'est qu'une contre-contrainte. La contrainte sociale brisée, nous serons libres d'être libéraux et nous le serons absolument. Ce n'est pas nous, d'une part, qui sommes illogiques ; ce sont les collectivistes, par exemple, qui ennemis de la contrainte actuelle, rêvent d'un régime où la contrainte serait mille fois plus forte ; ce n'est pas nous, d'autre part, qui sommes violents ; c'est l'état actuel qui est un régime violent et qui nous force d'être violents momentanément, juste le temps de détruire le régime violent que nous rencontrons devant nous. Et, nous le répétons, que par persuasion, que par l'effet de la propagande que nous faisons, tout le monde, ou seulement la majorité, devienne anarchiste, nous n'aurons pas la moindre velléité d'employer les moyens violents, qui sont précisément le contraire même de tous nos principes.

J'admets, pour faire court, que les anarchistes aient le droit de parler ainsi ; je l'admets même avec une sorte de complaisance peut-être un peu perverse. Vivant dans un pays où il est de loi, de principe fondamental que pourvu qu'on soit la moitié plus un on a le droit de réaliser sa volonté, ou plutôt de satisfaire ses passions sur l'autre moitié de la nation, par tous les moyens et les plus violents et les plus sanguinaires ; je ne vois pas très distinctement pourquoi la moitié moins un et un nombre un peu plus petit, et un nombre plus petit encore et ainsi de suite, *per argumentum ruentis acervi*, n'aurait pas le droit ou tout au moins ne serait pas très excusable, d'imposer sa volonté par la dynamite et autres combinaisons chimiques ; et pour un partisan des droits de l'homme, aux yeux de qui ce n'est pas le chiffre qui fait le droit, que ce soit le grand nombre ou le petit nombre qui soit oppresseur avec une certaine rudesse de gestes et une certaine facilité à verser le sang, il n'y a pas une différence qui soit de nature à faire sur lui une très grande impression.

Je ne m'attacherai donc, courtement du reste, qu'à la théorie en soi, qui est celle que les anarchistes nous présentent.

Elle me paraît une théorie d'illuminés. Elle me paraît aussi enfantine que toutes celles qui représentent l'homme comme né bon et comme perverti par la société. Depuis Rousseau jusqu'à Tolstoï, c'est toujours la même chose, et les anarchistes sont les descendants en ligne directe de Rousseau.

Ce n'est pas que je crois l'homme mauvais ; s'il était mauvais, ce sont les sociétés qui n'existeraient pas ; il n'aurait pas été capable d'en former une. Il n'est pas mauvais ; seulement il est plus volontiers paresseux qu'actif et, laissé à lui-même, il aime bien « prendre au tas » sans travailler et recevoir sans rien donner, et il n'y a qu'aux armes, comme dit Molière, qu'on aime à donner et à ne pas recevoir.

Les anarchistes croient que c'est la contrainte sociale qui dégoûte du travail ; que c'est les travaux forcés seulement que l'homme n'aime point et que rien n'est plus délicieux que les charmes du travail libre. M. Domela Nienwenhuis, anarchiste déclaré ou latent, je ne sais lequel, expose très bien cette vue attrayante : « En premier lieu le nombre des hommes ne voulant rien faire sera restreint dans une société où chacun pourra travailler selon son caractère et ses aptitudes ; mais, *s'il en reste encore*, je préférerais les entretenir dans l'inaction plutôt que d'employer la force envers eux. Faites-leur sentir qu'ils ne mangent en réalité que du pain de miséricorde ; car ils n'aident pas à la production. Faites appel à leur amour-propre, à leur sentiment de l'honneur et presque tous deviendront meilleurs. Si, malgré tout, quelques-uns poursuivaient une vie si déshonorante, ce serait la preuve d'un état maladif qu'on devrait tâcher de guérir par l'hygiène. Pourquoi spéculer sur les sentiments vils de l'homme et non sur ses bons sentiments ? Par application de la dernière méthode, on arriverait pourtant à de tout autres résultats qu'à la première. » (*Le Socialisme en danger.*)

Cet optimisme, que je trouve aussi ridicule que quiconque peut le trouver, mais qu'il me plaît de traiter sérieusement, repose, je crois, sur ces deux idées : 1° le métier de mendiant inspire à presque tous les hommes un profond mépris, et personne ne voudrait être traité de mendiant ; 2° l'homme aime à travailler et il travaille spontanément, et quand il travaille spontanément, il travaille plus que quand il y est forcé.

Il y a du vrai dans ces deux idées, mais elles n'ont pas été suffisamment analysées par les anarchistes et elles n'ont pas été assez analysées *relativement à leur système.* L'homme n'aime pas à être traité de mendiant, en général ; mais c'est dans une société où le droit à la vie n'est pas reconnu et où ce qui est proclamé c'est ceci que « celui qui ne travaille pas ne mange pas ». Oui, dans une société fondée sur le principe de la nécessité du travail, le mendiant est méprisé et l'on redoute d'être méprisé en se faisant mendiant. Mais dans une société qui proclamerait : 1° le droit à la vie et le « à chacun selon ses besoins », même sans œuvres ; 2° le choix absolument libre du métier à exercer ; 1° il n'y aurait plus de point d'honneur à travailler ; 2° ceux qui auraient quelque reste de ce point d'honneur et d'un certain respect humain choisiraient un métier qui serait une oisiveté. Je gage qu'en régime anarchique la foule serait immense des gens s'inscrivant comme avocats et disant : « J'attends les causes » ; et de gens s'inscrivant comme hommes de lettres et disant : « J'attends l'inspiration ; vous savez qu'il y a des années où l'on n'est pas en train » ; — et il n'y aurait aucun déshonneur à cela ; puisque ces gens-là seraient dans l'esprit même de la constitution.

Les anarchistes ne s'aperçoivent pas ou ne veulent pas s'apercevoir qu'en abolissant le devoir du travail, ou, s'ils le veulent, en ne maintenant le devoir du travail que comme obligation morale, obligation « d'amour-propre », ils ôtent, non seulement l'aiguillon de nécessité, mais aussi l'aiguillon d'amour-propre lui-même, parce que cet aiguillon d'amour-propre n'existe que dans une société où le travail est la loi générale.

C'est une chose étrange qu'ils ne considèrent pas les riches de la société actuelle. De par leurs rentes, les riches sont dispensés de l'obligation de travailler; voit-on qu'ils aient honte de ne rien faire et de « poursuivre une vie si déshonorante » ? Pour la plupart, point du tout, *quoique le travail soit la loi générale de la société dans laquelle ils vivent*. A plus forte raison, ce me semble, un quelconque de la société anarchique n'aura aucune pudeur de ne rien faire ou de faire extrêmement peu de chose, puisque ce droit lui sera reconnu par la constitution.

Ne voyez-vous pas que ce citoyen quelconque de la société anarchique, vous en faites un riche fictif, vous le mettez dans la situation d'un riche actuel. Au riche actuel ses rentes disent : « Travaille si tu as du respect humain; si tu n'en as pas, ne fais rien. » Et assez souvent il ne fait rien. Au citoyen quelconque de la société anarchique la loi de l'État dira, comme M. Nienwenhuis : « Travaille si tu as de l'amour-propre, si tu as de l'honneur; du reste, ton droit de ne rien faire est inviolable. » Et il est assez probable que le plus souvent il ne fera rien.

La seconde idée sur laquelle repose, ce me semble, la conception anarchique, est celle-ci, comme je l'ai dit, que l'homme est naturellement travailleur et que, spontanément, il travaille plus que celui qui y est forcé. Ils remarquent, sans doute, que l'oisif, dans nos sociétés actuelles, non pas toujours, sans doute, mais assez souvent, s'impose des tâches et des fatigues que ne voudrait pas accepter un ouvrier ou un employé. Quel est le médecin qui voudrait faire autant de visites que tel mondain, qui en fait du matin au soir? Quel est le commis voyageur qui voudrait dévorer autant de kilomètres qu'un fanatique d'automobile? Quel est le très bon ouvrier ou le très bon facteur rural qui voudrait mener la vie exterminante d'un Parisien à la mode venu à la mer ou à la montagne pour se reposer ? Je conviens que, pour mon compte, moi qu'on prend quelquefois pour un travailleur, je suis absolument un oisif auprès de la plupart des mondains et ne voudrais pas faire leur métier, quand on me donnerait ce qu'ils y dépensent ; et que, du reste, quand je le voudrais, je n'aurais pas la moitié des forces qu'il faut avoir pour le faire. Ces gens-là sont les héros de l'énergie humaine ; et c'est avec une sorte d'épouvante que je les admire.

C'est sur cette admirable activité spontanée que les anarchistes s'appuient pour dire : « Vous voyez bien ! L'homme travaille plus quand il travaille spontanément que quand il travaille par contrainte. C'est toujours l'homme de Pascal courant toute la journée après un lièvre qu'il ne voudrait pas avoir acheté. »

Soit ; mais les raisons de cette activité spontanée et son caractère particulier, voilà ce que vous n'analysez point. L'activité spontanée a pour raison le désir d'éviter l'ennui et pour caractère l'amour du travail incoordonné et inutile. Le mondain qui passe sa vie en automobile ne voudrait pas être chargé d'un service public l'obligeant à passer sa vie en automobile ; car en faisant de l'automobile il évite l'ennui, et par la certitude d'en faire toujours il retomberait dans la monotonie et par conséquent dans l'ennui. Ce dont il a besoin c'est d'un travail continuellement choisi par lui, fût-il toujours le même, et non coordonné avec d'autres travaux ; car alors notre homme dépendrait de ces autres travaux ; et inutile, car, s'il était utile, notre homme serait esclave de cette utilité et ne pourrait pas choisir continuellement son travail.

Les plaisirs sont des travaux, cela est incontestable ; mais ce sont des travaux indépendants, incoordonnés et vains, et s'ils n'étaient pas tout cela, ils ne seraient pas des plaisirs. Le plaisir c'est de travailler sottement. Il n'y a pas d'autre définition du plaisir, tout au moins du plaisir vif.

Or la société, même anarchique, a besoin de travail coordonné et utile, et c'est ce travail qui est ennuyeux. On ne l'obtiendra jamais par persuasion, on ne l'obtiendra jamais d'apport spontané.

Les anarchistes, à la vérité, font remarquer que l'homme est capable spontanément de travail coordonné. Ils montrent les sociétés pour le bien et les sociétés pour la culture en commun d'un art et les sociétés savantes, etc. C'est un très bon argument, et c'est même une idée juste; mais, comme portée, cela ne va pas très loin. Quand on songe d'abord combien sont peu nombreux dans une nation les hommes qui font *activement* partie de ces sociétés ; quand on songe ensuite que ceux qui se mêlent *activement* à ces compagnies sont, dans la proportion de neuf sur dix, gens qui veulent être décorés ou qui aspirent à être conseillers municipaux, on peut juger combien seront peu nombreux les amateurs spontanés de travail coordonné dans une société qui aura besoin de travail coordonné spontanément offert.

La vérité est que l'homme, et on le voit bien par l'enfant et par le sauvage, n'aime point naturellement le travail et a besoin pour travailler d'y être forcé par la faim, sauf exceptions vraiment rares. Le régime anarchique, dont les partisans comptent si fort sur les bons instincts de la nature humaine, ne favoriseront que les plus mauvais instincts de cette nature en les mettant en liberté. Ici ce n'est pas Kropotkine, c'est Stirner qui est logique : « Plus de lois, et tout au plus fort et au plus hardi »; voilà ce que dit Stirner, et c'est le vrai régime anarchique, c'est le régime anarchique pratique et tel qu'il serait s'il pouvait s'établir, qu'il définit. Il ne serait qu'un appel continuel, d'une part à la paresse et de l'autre à la violence. Les bons instincts sur lesquels il compte, c'est lui-même qui les empêcherait de trouver leur voie et leur emploi. Il n'y aurait pas de place en société anarchique pour le travailleur spontané, parce qu'il serait devancé par le preneur spontané, dont le geste, non seulement ne serait pas réprimé, mais serait autorisé par la constitution de l'État. Par cela seul que prendre au tas est plus court que mettre au tas, le système anarchique est condamné.

Je demande même pardon d'en avoir parlé si longtemps ; mais il s'agissait, moins de le discuter, que de faire connaître l'état d'esprit d'où il procède, état d'esprit qui est très curieux et très intéressant. L'anarchisme est une erreur sociologique fondée sur une ignorance psychologique stupéfiante. Il consiste à dire : « Agissons comme si la nature humaine était juste le contraire de ce qu'elle est. Pourquoi? Parce qu'elle sera le contraire de ce qu'elle est quand nous aurons agi. » — C'est s'appuyer sur l'inconnu et sur le moins probable pour faire une entreprise, et c'est vouloir tirer la cause de l'effet et non pas l'effet de la cause. Même en théorie il est difficile de raisonner plus mal, et en pratique c'est de la pure incohérence.

L'anarchisme, comme toute chose, a son utilité; il peut être une des pierres de touche à quoi l'on reconnaît les esprits radicalement faux. Quant à une autre utilité, qu'il pourrait avoir, je n'en vois point.

VII

L'APPROPRIATIONISME.

L'appropriationisme — je me sers de ce mot faute d'un autre qui serait usité, aucun mot, que je sache, n'ayant été inventé pour désigner cette doctrine — l'appropriationisme consiste à dire : « La chose à celui qui la travaille ; la terre au cultivateur, la mine aux mineurs, l'usine aux ouvriers. » — Pourquoi? Pour éliminer celui, patron, commanditaire ou actionnaire, qui vit du travail d'autrui, qui vit de la « plus-value », comme dit Marx, c'est-à-dire qui fait travailler l'ouvrier au delà de la somme de travail représentée par le salaire et qui s'approprie l'excédent d'argent produit par cet excédent de travail. C'est cette appropriation illégitime que l'appropriationiste veut combattre et détruire par une appropriation légitime, en expropriant l'exploiteur et en appropriant la chose travaillée à celui-ci exclusivement qui la travaille : la terre au paysan, la mine au mineur, l'usine aux ouvriers.

L'appropriationiste ne supprime donc pas la propriété, il l'adjuge au travail ; il la transporte de celui qui la détient injustement, étant oisif, à celui qui la détiendrait justement, étant travailleur. Il est le disciple exact des philosophes qui fondent le droit de propriété sur le travail et qui disent : « Celui-là est propriétaire légitime d'un champ, qui l'a défriché et qui le cultive. »

Il est disciple aussi de la Révolution française, qui a été appropriationiste plus qu'elle n'a été autre chose et qui a transporté la propriété, plus ou moins exactement et plus ou moins habilement, du seigneur laïque et du seigneur ecclésiastique à l'ouvrier agricole.

Ce système est séduisant à cause de sa simplicité apparente et à cause de son équité apparente ; à cause encore de ceci qu'il évite le reproche qu'on fait toujours au collectivisme que le collectivisme produirait une sorte de léthargie sociale, personne n'ayant intérêt à faire effort.

Ce système, en effet, est très simple : il exproprie d'abord et il approprie ensuite. Il dit : « Travaillez-vous ? — Non. — Vous n'êtes plus propriétaire. Travaillez-vous ? — Oui. — Quoi ? — Telle terre. — Elle est à vous. — A telle mine, avec mes camarades. — Elle est à vous et à tous vos camarades et vous vous en partagerez les bénéfices. » Ainsi de suite.

Ce système paraît très équitable. Le capital est du travail accumulé, du travail cristallisé. Soit. Mais que veut dire travail accumulé ou travail cristallisé? Cela veut dire du travail passé. Quel droit peut avoir du travail passé sur une chose présente, sur l'exploitation actuelle d'une chose? Le travail passé peut donner le droit de se reposer, non de prélever une part du produit du travail actuel des autres. Cela est vrai surtout quand ce travail passé est, non le vôtre, mais celui de votre arrière-grand-père et quand, par conséquent, vous, non seulement en bonne justice vous n'auriez pas le droit de prélever une part du produit du travail des autres, mais vous n'auriez même pas le droit de vous reposer. Votre droit cesse donc quand cesse votre travail. Celui-là seul a le droit de dire : « Ceci est à moi » qui peut dire : « je travaille ceci ; voici ce que je produis. » On est propriétaire du fruit qu'on a fait mûrir.

Ce système encore évite le reproche que j'ai dit qu'on fait toujours au collectivisme. Ne supprimant pas la propriété, il ne supprime pas l'effort que les hommes ont toujours fait pour l'acquérir et qu'il semble bien qu'ils ne peuvent faire que pour cela. Le paysan propriétaire de son champ travaille de tout son courage ; le mineur propriétaire copartageant de sa mine travaillera de tout son cœur pour en tirer tout ce qu'elle pourra produire et améliorer d'autant sa situation. L'important, ce n'est pas le partage égal des biens par un procédé ou par un autre ; l'important c'est l'élimination de l'oisif partie prenante ; c'est l'élimination du parasite social et c'est l'élimination en même temps du découragement éternel où le prélèvement opéré par le parasite plonge le travailleur.

En particulier ce système, chose très importante, n'effraierait pas le paysan et lui plairait. Ennemi déclaré, soit du partage, soit du collectivisme, il verrait avec plaisir éliminer le grand seigneur terrien et aussi le petit propriétaire urbain dont il est le fermier ou le métayer. Cette considération pratique est si forte : ne pas effrayer le paysan et lui agréer, que même des collectivistes ont souvent dit : « la propriété de l'ouvrier agricole sera respectée, » accommodant cela comme ils pouvaient avec leur collectivisme.

Il est vrai que le paysan propriétaire actuel serait lésé par l'appropriationisme, qui serait bien forcé de reconnaître comme propriétaires tous les prolétaires ruraux qui travaillent la terre et ne possèdent rien, et de diminuer ainsi la part du paysan propriétaire actuel, quelque travailleur qu'il fût lui-même; mais enfin le système, à première vue, éliminant surtout et expropriant surtout le propriétaire bourgeois, peut ne pas trop effrayer le paysan, ce qui est d'une importance capitale.

Donc le système est relativement pratique. Je crois avoir toujours dit que si une révolution sociale se produisait, c'est par l'appropriationisme qu'elle se résoudrait, c'est-à-dire par un simple transfert de propriété, comme toutes les autres révolutions sociales se sont résolues. On enlèverait les biens aux uns et on les donnerait à d'autres, comme on a fait dans la Rome antique, comme on a fait sous la Révolution française. Cela satisfait pour quelque temps les appétits et les rancunes.

Maintenant ce système a-t-il une véritable, une essentielle valeur, c'est ce qu'il faut examiner.

Il y a deux manières de le prendre : il y a à le prendre strictement, minutieusement, dans tout le détail où il faudrait qu'il entrât pour être conforme à son principe, c'est-à-dire pour être lui-même ; et il y a à le prendre en gros, globalement, tel qu'il est assez probable qu'il se réaliserait s'il arrivait qu'il passât de la théorie à la pratique.

A le prendre strictement, c'est-à-dire sérieusement, voici comment il m'apparaît. Vous voulez que celui-là seul possède qui travaille et qui travaille la chose possédée. Prenez garde. Ce sont plus d'affaires que vous ne pensez. Cet homme est sur sa terre; il la travaille, donc elle est à lui. Il la travaille avec des serviteurs. Ceux-ci la travaillent, donc elle est à eux. Il faudra donc un partage continuel des produits de la terre entre eux et lui, partage singulièrement difficile à établir, à surveiller, à mesurer, selon les bonnes et les mauvaises années, etc. L'intervention de l'État, cette intervention dont vous n'êtes guère partisan et que vous vouliez plutôt éviter, (puisque vous n'êtes pas collectiviste), la voyez-vous venir, inévitable, et singulièrement compliquée, à ce point qu'elle me paraît inapplicable?

Cet homme est sur sa terre, il la cultive avec ses enfants. Le cas paraît plus simple. Il est bien propriétaire; et l'on peut admettre que, pourvu qu'il nourrisse bien ses enfants, il ne leur doit rien. On peut admettre; ce serait déjà une dérogation au principe; mais on peut admettre. Mais cet homme vieillit; il ne travaille plus, ou à peine; ce n'est plus lui qui nourrit ses enfants; ce sont ses enfants qui le nourrissent; il ne travaille plus « la chose »; donc « la chose » n'est plus à lui; il faut le déposséder; l'exproprier pour approprier « la chose » à ses enfants. Mais à quel moment, à quel âge? Quelle est la date où il n'est plus qu'à moitié travailleur, qu'au quart travailleur, et quelle est celle, exacte, où il n'est plus travailleur du tout? Ces difficultés sont considérables et, sans cesse renaissant en tous lieux comme à toute heure, rendrait énorme et, ce me semble, impossible la tâche de l'État.

Ces hommes — et ceci est bien plus compliqué — sont des mineurs qui exploitent une mine. Ils en sont le propriétaire collectif, puisqu'ils l'exploitent. Mais les uns l'exploitent vigoureusement, et les autres nonchalamment. Les uns en sont donc propriétaires réels et les autres n'en sont qu'à demi propriétaires. — Faut-il expulser les demi-propriétaires qui ne sont que de faux propriétaires, ou faut-il les admettre au partage des produits proportionnellement à leur travail? Ce n'est pas si simple qu'il peut paraître. Le nonchalant peut être simplement un faible qui ne perd pas son droit ou partie de son droit parce qu'il est faible. Il est propriétaire puisqu'il travaille, voilà qui est sacré; il travaille peu parce qu'il est faible, voilà qui, à un autre point de vue, est sacré encore. Il garde, en tout état de cause, tout son droit de propriété.

— Mais s'il fait semblant d'être faible et s'il n'est qu'un paresseux?

— Oh ! comme cela est difficile à démêler et déterminer !

Le salariat est chose dure, il est vrai ; mais il est chose nette, il donne à chacun selon ses œuvres. Le travail-propriété est inextricable parce qu'il mélange continuellement deux choses : le droit de propriété et la rémunération selon le travail ; et que le droit de propriété est quelque chose de ferme et la rémunération selon le travail quelque chose de flottant. Il reste propriétaire, cet homme-ci, tant qu'il n'a pas complètement cessé de travailler, et il doit être copartageant pour sa part, pour sa tête d'homme ; et cependant il ne devrait pas être copartageant pour tête d'homme puisqu'il ne travaille presque plus. Ne lui reconnaîtrez-vous qu'une sorte de propriété proportionnelle ; une propriété proportionnelle à sa quantité de travail ? Mais ce ne sera qu'une manière de dire qu'il est un salarié, et vous revenez au salariat pur et simple. Le caractère même du salariat, c'est qu'on soit payé selon la quantité de travail qu'on a fournie dans la journée. Et c'était bien la peine de me déclarer propriétaire pour me traiter en salarié dès que je suis plus faible !

Il n'y aurait rien de plus illusoire que la propriété-travail si l'on y tenait compte de la quantité de travail fourni ; et il n'y aurait rien de plus injuste et de plus excitateur à la paresse que la propriété-travail si l'on n'y tenait pas compte de la quantité de travail fourni ; et il est difficile de sortir de cette antinomie fondamentale.

Voilà les difficultés que présente l'appropriationisme quand on le considère minutieusement, strictement, et comme un système *continu,* qui, *d'une manière continue*, voudrait s'appliquer selon ses principes.

Mais on peut le considérer tout autrement. On peut le considérer, non comme un système à application continue, mais comme une mesure révolutionnaire une fois faite, comme un simple transfert de propriété, qui demain donnerait à ceux qui travaillent toute la propriété bourgeoise et qui après demain dirait aux nouveaux propriétaires : « Maintenant vous êtes propriétaires comme l'étaient les anciens et dans les mêmes conditions de travail, d'épargne, de concurrence, etc. ; » qui, en un mot, procéderait comme a procédé la Révolution française et comme ont procédé toutes les révolutions agraires de l'antiquité.

Ceci est plus simple ; mais, j'ai à peine besoin de le dire, est à bien courtes vues. Si le socialisme a un sens, il a celui-ci, sans doute, qu'il faut établir *et maintenir* l'égalité parmi les hommes. Or l'appropriation non continue, l'appropriation d'un jour, établirait une manière d'égalité approximative entre les hommes, mais ne la maintiendrait pas. Dès ce lendemain dont j'ai parlé, il y aurait des actifs qui garderaient et augmenteraient leur propriété, des nonchalants ou des incapables qui la perdraient; et nous nous dirigerions tout doucement et même très vite vers une nouvelle société capitaliste exactement semblable à celle où nous sommes. Ce serait l'histoire des acquéreurs des biens nationaux. Un simple transfert de propriété, brutal, grossier, sans prévoyance et ne faisant qu'établir ce qui existait auparavant, mais seulement au bénéfice d'autres hommes, ne remédie à rien du tout et n'effleure même pas le fond des choses. Il change la tare de place; mais il la perpétue.

On peut même dire qu'en changeant la tare de place, il la perpétue *et il l'avive.* L'exemple n'est pas loin; on sait assez que les nouveaux propriétaires, créés par le transfert de propriété qu'a opéré la Révolution française ont été, sont encore beaucoup plus âpres propriétaires que ceux de l'ancien régime. L'appropriation créerait une nouvelle population de propriétaires, extrêmement nombreux d'abord, puisqu'elle contiendrait toute la nation, excepté les bourgeois dépossédés, se restreignant d'elle-même peu à peu par la chute des faibles dans le prolétariat, et devenant enfin, assez rapidement, une classe, une caste, exactement pareille à la classe ou à la caste possédante de nos jours.

— Eh bien ! On recommencerait !

— Voilà précisément ce qui me faisait dire que les appropriationistes sont les opportunistes du socialisme. Ils vont au plus pressé et s'en remettent à l'avenir pour faire le reste, ou pour faire la même chose, si la même chose, après un certain laps de temps, se présente à nouveau comme devant être faite.

Voilà aussi ce qui me faisait dire que si une révolution socialiste a lieu, c'est sous forme d'expropriation-appropriation qu'elle se fera. Les socialistes quels qu'ils soient, séduits par la simplicité et la facilité relatives de l'appropriation, embarrassés et désespérés, je crois, par les difficultés de l'organisation du régime collectiviste, se rabattraient sur l'appropriation comme sur un expédient donnant satisfaction à la masse, ayant une apparence d'égalitarisme parce qu'il constituerait une égalisation temporaire, et surtout proscrivant la classe actuellement possédante et oppressive ; et ils remettraient à l'avenir de faire autre chose ou de faire la même chose. En un mot ils prendraient une *mesure,* au lieu d'établir un *système*

Ils pourraient même dire qu'en agissant ainsi ils agiraient d'une manière plus historique, pour ainsi parler, et qu'ils procéderaient comme a procédé l'histoire. L'histoire n'a jamais établi un système permanent de distribution égale des richesses. Elle a laissé « l'anarchie commerciale et industrielle » créer des inégalités énormes entre les hommes; elle a laissé la conquête ou la spoliation créer des inégalités énormes aussi, quelquefois, parmi les hommes; puis, à un moment donné, par une révolution, elle a remplacé une classe possédante par une autre classe possédante et mis les parias à la place des grands seigneurs. C'est ce que l'histoire fera encore. C'est brutal; mais c'est la seule chose qui rentre dans les procédés historiques connus. Aux classes privilégiées a succédé le Tiers État; au Tiers État succédera le quatrième État; dans ce quatrième État se formera encore une classe privilégiée, qui, après s'être formée par sa vigueur, se déformera par son relâchement, se détendra, en quelque sorte, et sera remplacée par ce qui aura été quelque temps au-dessous d'elle.

Il est possible, et pour mon compte je ne prévois la victoire du socialisme que sous cette forme. Je ferai remarquer seulement que, tout allant plus vite aujourd'hui qu'autrefois, par suite de la rapidité des communications, de la célérité des informations et de la facilité des ententes, ces révolutions seront beaucoup plus rapprochées qu'autrefois et feront du pays où les théories socialistes et les appétits socialistes les auront déchaînées la proie incomparablement facile du peuple quelconque où ces mêmes théories et ces mêmes appétits, soit n'existeront pas, soit seront moins répandus et moins vifs.

Mais, du reste, j'aurai la même chose à dire du collectivisme, auquel il est temps que j'arrive.

VIII

LE COLLECTIVISME.

J'ai dit que les anarchistes étaient les libéraux du socialisme et que les appropriationistes en étaient les opportunistes ; les collectivistes en sont les despotistes ou les esclavagistes.

Les collectivistes raisonnent ainsi :

Il faut établir un système qui, *non pas pour un temps, mais pour toujours* : établisse l'égalité réelle ; supprime, par conséquent, les grandes fortunes et les moyennes fortunes, du reste ridiculement inutiles ; supprime le commerce ; supprime la concurrence industrielle et commerciale.

Or bien des systèmes peuvent se flatter de supprimer tout cela pour un temps ; mais aucun ne peut empêcher que tout cela ne se reforme, excepté celui qui abolit et l'héritage et l'épargne ; et le seul moyen d'abolir l'héritage et l'épargne est celui qui empêche tout le monde de posséder quoi que ce soit. De cette façon l'égalité existe et ne peut pas cesser d'exister ; le commerce n'existe pas puisque personne n'a rien à échanger ; la concurrence n'existe pas puisque personne, n'ayant rien, ne peut privément produire rien. Le problème est résolu, et il l'est pour toujours sans pouvoir jamais se poser à nouveau.

Mais comment produira-t-on, puisqu'il est nécessaire de consommer ; en d'autres termes, comment exploitera-t-on la terre, la mer, les fleuves, tout ce qui peut être exploité? — En commun et non plus privément. On exploite la terre par le travail. Pour être efficace le travail doit être organisé. Il l'a été, toujours, par des chefs de travail qui possédaient une partie du sol ou des instruments de travail, s'il s'agissait de la mer et des fleuves, et qui faisaient travailler ceux qui n'avaient rien. De là toutes les inégalités et tout le reste. Nous supprimons les chefs de travail et nous interdisons qu'il s'en crée de nouveaux en supprimant toute propriété, toute possession individuelle.

Qui possédera et qui exploitera? Un possesseur et un exploiteur unique, l'État. Dans notre système l'État possède exactement tout. Il fait travailler tout le monde, ce qui est bien forcé, puisque personne n'a rien. Donc égalité absolue dans le labeur. Il prélève sur les produits ce qui lui est nécessaire pour ses besoins généraux, administration, police, armée, relations étrangères, etc., ce qu'actuellement il prélève sous forme d'impôt. Puis il partage entre tous les citoyens ce qui reste des produits, soit selon la règle : « à chacun selon ses œuvres », ce qui à la vérité créerait vite une manière d'aristocratie, mais ce qui pourrait être facilement corrigé par des *reprises* ramenant ceux qui auraient trop travaillé et trop reçu à l'égalité réelle, — soit, et plutôt, par un partage par têtes, avec très légère prime, si l'on veut, à ceux qui auraient particulièrement bien mérité de l'État.

Donc égalité non plus dans la propriété, le mot n'ayant plus de sens, mais dans le traitement fait par l'État aux citoyens et dans leurs moyens de vivre.

Dans cette exploitation du sol, l'État est industriel et commerçant, si l'on peut se servir de ce dernier terme ; mais il est industriel et commerçant sans concurrence et sans surproduction. Il sait, lui, mieux que ne pouvaient le savoir les industriels d'autrefois et sans avoir intérêt à se faire des illusions, ce qu'il faut juste de tels produits aux consommateurs, et, de ces objets de consommation, il n'en fabrique que juste ce qu'il faut.

Il sert aussi d'intermédiaire entre le producteur

et le consommateur, et en ce sens il est commerçant si l'on peut se servir de ce mot ; mais étant unique commerçant, d'une part il ne suremmagasine pas et d'autre part il ne fait pas de bénéfice, il ne s'enrichit pas en faisant passer une marchandise de sa droite à sa gauche. Donc, soit qu'on considère l'État comme industriel, soit qu'on le considère comme commerçant, pas de chômages, pas de ralentissements, point de crises ni industrielles ni commerciales, point de misères.

Les quatre griefs du peuple contre la société, les quatre tares de la société capitaliste : inégalité, — fortunes insolentes, oppressives et inutiles, — commerce parasitaire — concurrence avec ses conséquences meurtrières, — ont absolument disparu. Le bonheur public est fondé.

Remarquez que ce système est indiqué par l'évolution historique elle-même ; il est, pour ainsi parler, dans l'axe de l'histoire. Par tout pays le nombre des fonctionnaires de l'État augmente sans cesse, progressivement. Or le système que nous venons d'esquisser, c'est exactement tout le monde fonctionnaire de l'État. Or qu'est-ce que fait l'État actuel à l'égard de ses fonctionnaires ? Il les paye peu, c'est le premier point, oui ; et il est déjà excellent, ce premier point. Il les paye peu, c'est-à-dire il leur défend de faire, de songer même à faire ces grandes fortunes qui corrompent ceux qui les possèdent, qui désobligent et qui oppriment ceux qui ne les possèdent pas et qui sont un scandale, une monstruosité sociale. — Mais poursuivons : il les paye peu ; mais il les paye suffisamment ; il les met à l'abri des aventures que courent ceux qui se jettent dans l'océan agité de la concurrence et de la lutte pour la vie ; il leur permet la demi-paresse et l'imprévoyance ; il épargne pour eux en leur ménageant sans qu'ils s'en aperçoivent une pension de retraite. Il leur assure le bonheur, le vrai bonheur, qui consiste dans une médiocrité accompagnée de sécurité et de dignité.

Or ce que l'État en régime actuel fait pour ses fonctionnaires, l'État, en régime socialiste, le fait pour tous. Si c'est particulièrement en France que la passion d'être fonctionnaire sévit d'une manière intense, c'est que la France, toujours à la tête du progrès humain, se dirige rapidement vers l'idéal de la société civilisée.

Qu'on ne nous objecte point que ce système, c'est la monarchie. Il ressemble, évidemment, à la monarchie, et à la monarchie patriarcale. Il ressemble trait pour trait à un régime où un homme pense pour tous, comme un père de famille pour ses enfants, prévoit pour tous, calcule pour tous et distribue à tous le produit du travail de tous. Mais il y a cette différence, qui ne paraîtra petite qu'aux esprits mal faits, que dans la monarchie c'est un seul, choisi par la naissance, c'est-à-dire par le hasard, qui est ainsi la providence de tous, tandis qu'en régime socialiste c'est quelqu'un à la vérité, on quelques-uns, mais choisis par tous, qui constituent cette providence. Le répartiteur du travail de tous et de la part de consommation de chacun, c'est quelqu'un que vous aurez élu, et par conséquent c'est vous-mêmes. Le socialisme, c'est tous travaillant pour tous, tous se partageant le produit du travail de tous et personne ne songeant à soi-même.

L'instinct antisocialiste, quand on y songe bien et même sans qu'on ait besoin d'y réfléchir beaucoup, c'est l'instinct anarchiste, c'est-à-dire l'instinct égoïste, c'est-à-dire l'instinct de l'écrasement des autres. Vous voulez la lutte pour la vie et le déploiement magnifique de votre énergie personnelle, pour vous faire, comme vous dites, votre place au soleil. C'est-à-dire, plus uniment, que vous voulez prendre quatre ou cinq cellules pour vous tout seul dans la ruche humaine, en d'autres termes tuer quatre ou cinq, ou beaucoup plus, de vos frères. Bon pour Stirner, et tout homme qui n'est pas socialiste est un Stirner.

Nous, nous ne voulons pas qu'il y ait de surhommes et nous n'en voyons pas la nécessité et nous en voyons la monstruosité, tout surhomme se faisant de la mort ou tout au moins de l'écrasement, de la réduction au minimum de quatre ou cinq hommes ordinaires.

Cet instinct anarchique que nous vous reprochons, remarquez que vous le portez partout. Vous avez par exemple cette singulière prétention de « penser par vous-mêmes » et de ne pas vouloir que le gouvernement élu par la majorité de la nation pense pour vous, et c'est ce que vous appelez la liberté de la pensée, la liberté de l'enseignement, etc. Cela n'a pas mauvais air ; mais c'est tout simplement nier le droit qu'a la majorité d'être tout dans un État, pour que l'État marche d'un seul pas et qu'il n'y ait aucune déperdition de forces. Nous, socialistes, nous sommes pour le monopole de l'enseignement, parce que c'est une socialisation de la pensée et que la socialisation de la pensée mène peu à peu à la socialisation des personnes et à la socialisation des biens. Tout cela se tient, et cette connexion a été vivement mise en lumière par M. Jaurès.

En un mot le socialisme c'est l'unité; et de même

que les partisans du monopole de l'enseignement cherchent passionnément l'unité morale, de même les socialistes cherchent passionnément l'unité économique, remplaçant la dispersion, le gaspillage et l'incohérence économique. C'est une conception monarchique par définition même, puisque c'est une conception *monique* et qu'il s'agit de gouvernement ; évidemment c'est une conception monarchique en son fond ; mais en son application c'est une conception démocratique, puisque ce qui commande, ce qui recueille et ce qui distribue c'est un gouvernement élu par tous.

Pourquoi ne pas dire du reste que c'est une conception qui s'ajusterait également à la monarchie et à la démocratie et qui n'exclut que l'aristocratie, que cette dernière forme de l'aristocratie qui s'appelle le capitalisme ? Qu'un roi vienne, il pourra appliquer intégralement le socialisme, et par parenthèse il aura établi la plus heureuse monarchie de l'univers, (un souverain, Napoléon III, avait très bien compris qu'il n'y a pas antinomie entre le socialisme et la monarchie) ; mais que la République démocratique existe, non seulement elle s'ajuste merveilleusement au socialisme et le socialisme à elle ; mais il est de l'essence même de cette forme de gouvernement de produire le socialisme, pour ainsi parler, puisqu'elle est fondée d'une part sur le principe d'égalité, d'autre part sur le principe de la souveraineté du peuple; et puisque d'une part l'égalité n'est réelle que par l'égalisation des fortunes ; et puisque d'autre part la souveraineté du peuple s'accommode mal des fortunes privées qui la limitent et lui sont des obstacles ou des gênes.

En tout cas le collectivisme établit l'égalité, supprime la richesse, supprime la misère et *seul* empêche que l'inégalité supprimée ne se rétablisse; empêche que la richesse supprimée ne se reforme ; empêche que la misère détruite ne reparaisse. C'est le seul système politique rationnel.

Ce système, très séduisant et particulièrement pour les esprits sentimentaux et pour les esprits pacifiques et modérés qui n'aiment point la lutte pour la vie et ses hasards et qui aiment une constitution minutieusement régulière de la société, soulève un grand nombre d'objections dont les principales sont celles-ci.

Le collectivisme détruit absolument toute liberté dans un pays. Il le reconnaît lui-même et ce n'est jamais sur le terrain de la liberté qu'il se place, mais sur celui de l'égalité; ou sur celui de l'unité, c'est-à-dire de la coordination des efforts ; ou sur celui de l'humanité.

La question est donc de savoir si la liberté est une chose bonne pour un peuple.

Je crois que c'est une chose bonne, parce que la liberté c'est la dignité, et que le sentiment de sa dignité est, sinon la seule chose, du moins l'une des choses qui font l'homme moral et vertueux. Le collectivisme c'est l'esclavagisme. L'esclave est un homme bon et doux, généralement, mais qui n'a aucune vertu et qui ne peut en avoir, et qui finit par ne plus savoir même ce que c'est. C'est un être qui se sent un rouage, qui se laisse mener, pousser, tourner, et qui n'a pas une pensée à lui, n'ayant pas besoin d'en avoir. C'est un être soumis et passif. Une nation a-t-elle un grand intérêt à ce que tous les « citoyens » qui la composent soient des « sujets » de cette sorte ? Je ne crois pas. On n'en tirerait pas grand'chose au jour du danger ; et l'on n'en tirerait pas grand'chose en cas de simple crise nationale, famine, fléau quelconque, où l'on a besoin de puissantes et multiples énergies individuelles. L'esclave devient fataliste, par ce fait seul qu'il est soumis perpétuellement et quotidiennement à une fatalité factice qui est précisément l'esclavage...

J'arrête ce développement parce qu'il est trop facile et parce que mon contradicteur collectiviste me dit : « Mais que parlez-vous d'esclaves ? Il s'agit : 1° d'hommes si libres qu'ils sont dépositaires et ministres de la souveraineté nationale; 2° d'hommes qui sont tout simplement, non des serfs, mais des fonctionnaires de l'État, et vous n'irez pas dire, fonctionnaire vous-même peut-être, que des fonctionnaires sont en état de servitude.

Je réponds: 1° C'est une douce plaisanterie, mais qui peut-être a fait son temps, que de dire que des hommes sont libres parce qu'ils nomment leurs chefs ou plutôt les chefs de leurs chefs. Un peuple d'ouvriers de l'État qui nommera des députés, lesquels nommeront un gouvernement, lequel nommera les bureaucrates chargés de faire travailler les trente millions d'ouvriers de l'État, sera parfaitement l'esclave d'une bureaucratie qui ne changera guère, quels que soient les députés que ce peuple aura nommés. Les députés et le gouvernement seront le décor; la réalité sera la bureaucratie, laquelle sera si compliquée et par conséquent si nombreuse, comme nous le verrons plus loin, qu'elle se maintiendra toujours la même, à très peu près, par la difficulté qui existera de la modifier.

Il faut donc se figurer très exactement un peuple de médecins, d'avocats, d'hommes de lettres, d'artistes, d'ouvriers et de paysans, gouverné comme des collégiens actuels et même à peu près comme des prisonniers, par un état-major de préposés à la direction et à la surveillance du travail national. Les plaintes sur l'abrutissement où la division du travail (laquelle subsisterait, du reste) plonge les ouvriers ne sont rien auprès des plaintes légitimes que soulèverait chez tous les êtres pensants l'abrutissement où un pareil régime précipiterait rapidement la nation tout entière.

Je crois que, dans ces conditions, l'alcoolisme ferait des progrès et des ravages imprévus, même de nos jours.

2° Ne dites point que tous les citoyens de la nation seront tout simplement ce que sont actuellement les fonctionnaires publics. Il n'y a pas d'idée plus fausse, et l'on en conviendra si l'on fait état de la considération suivante, sur laquelle j'aurai l'occasion de revenir à un autre point de vue que celui qui nous occupe en ce moment.

Les fonctionnaires actuels ne sont point du tout des esclaves ; les fonctionnaires actuels sont relativement libres, *parce qu'il y a dans la nation d'autres citoyens qui sont libres*. Ils sont libres, parce qu'ils ne sont pas forcés absolument de rester fonctionnaires et qu'ils peuvent donner leur démission sans mourir de faim. Ils sont libres parce qu'ils peuvent à la rigueur passer du service de l'État dans l'industrie privée, et parce que, à cause de cela, l'État ne peut pas les traiter en taillables et corvéables à merci. Ils sont libres parce qu'ils pourraient l'être. Un professeur molesté peut se faire professeur libre; et par parenthèse c'est précisément pour cela que les professeurs intelligents sont partisans de la liberté de l'enseignement et que l'État ne rêve que monopole de l'enseignement. Un professeur molesté peut se faire homme de lettres ou employé de librairie, comme fit Jules Simon. Un substitut peut se faire avocat, comme beaucoup l'ont fait. Un employé d'administration publique peut entrer dans un bureau d'administration commerciale ou industrielle. Ainsi de suite. Les fonctionnaires sont des hommes libres aujourd'hui, parce qu'ils peuvent l'être demain. L'existence de la liberté quelque part à côté d'eux assure la leur même.

C'est ce qui fait qu'on ne voit pas une si grande différence entre un fonctionnaire et un autre homme. Si l'on n'en voit presque point, c'est qu'il n'y en a guère. Le travailleur des professions libres est un homme libre parce qu'il peut changer de patron. Mais le fonctionnaire de l'État le peut aussi. Donc il est aussi libre que l'autre, ou presque, en ce sens qu'il a un patron qui le ménagera pour ne pas le perdre. Ce patron est très puissant, à la vérité, et n'est pas tenu à beaucoup de ménagements, et c'est pour cela qu'il y a, cependant, une différence entre le fonctionnaire et un autre homme, mais elle est petite. Le fonctionnaire est un homme libre en puissance; donc il l'est déjà. Vous êtes en prison ; mais vous n'êtes pas prisonnier si vous pouvez sortir de prison demain à la seule condition que vous le vouliez.

Tout autre est la situation si *tous* les citoyens sont fonctionnaires et non pas *quelques-uns*. Dès ce moment et les fonctionnaires d'hier cessent d'être libres, puisque de quelque côté qu'ils veuillent s'évader ils retrouvent l'état de fonctionnaires ; et les fonctionnaires nouveaux, c'est-à-dire tout le monde, sont exactement dans la même situation. Dès lors servitude partout. Le fonctionnarisme ne peut pas être servitude tant qu'il n'est pas universel ; mais dès qu'il est universel il devient servitude. L'unique patron n'a plus à se gêner dès qu'il est unique et il ne se gêne pas ; car jamais on n'a vu un patron se gêner que quand il ne peut pas faire autrement. Le fonctionnaire molesté, en régime collectiviste, n'aura absolument pas d'autre ressource que l'expatriation. Un grand nombre, d'ailleurs, y auront recours, et l'installation du régime collectiviste dans un pays sera une révocation de l'Édit de Nantes qui jettera à l'étranger un grand contingent de citoyens de ce pays ; mais cette ressource est dure et ne peut pas être universelle.

Ce qui restera, cette défalcation faite, c'est un peuple entier de fonctionnaires sans porte d'évasion, c'est-à-dire de purs et simples esclaves menés à la baguette par une armée de bureaucrates d'autant plus autoritaires qu'il n'y aura aucun moyen d'échapper à leurs prises et qu'ils sauront bien qu'il n'y a aucun moyen d'y échapper.

Cet esclavagisme collectiviste, si évident, les collectivistes tiennent beaucoup à le nier, à assurer que c'est une pure invention et une manœuvre de polémique de notre part. M. Deville écrit à ce propos : « Mais, ici, que les jésuites rouges ou tricolores ne dénaturent pas notre pensée. L'autorité que nous affirmons utile n'est pas l'autorité césarienne des individualités, quelles que soient ces individualités, sur la masse ; c'est l'*autorité de la masse sur les individualités qu'elle emploie* ; c'est l'action directe des intéressés, l'autorité *du* prolétariat et non *sur* le prolétariat. Cette autorité *de l'ensemble de ceux qui ont intérêt à être libres* ne saurait être pour eux oppressive, à moins d'admettre l'oppression de gens par eux-mêmes. »

Comment un homme aussi distingué d'esprit que M. Gabriel Deville peut-il nous payer et peut-être se payer lui-même de semblables raisons ? Où a-t-il vu que jamais l'autorité de la masse sur les individualités fût autre chose, en dernière analyse et en pratique, que l'autorité de quelques individualités sur la masse ? Le suffrage universel existe. Voit-on pour cela que ce soit la masse qui commande ? Elle n'a que le droit et la liberté de choisir ceux qui lui commandent, et c'est, si l'on veut, une petite satisfaction morale ; mais elle est commandée tout de même. La « masse qui commande », ce n'est que la masse commandée par qui elle choisit ; ce n'est que la masse commandant à quelques-uns de la commander ; mais commandée du reste tout autant que si elle l'était par un maître héréditaire ou par un conquérant. — Voyez-vous, nous dit M. Deville, l'oppression de gens par eux-mêmes? Certainement non, je ne la vois pas, et en État non organisé, en anarchie, je ne la vois pas ; mais dès qu'il y a organisation il y a commandement exercé par quelques-uns sur « l'ensemble », ces quelques-uns eussent-ils été nommés par l'ensemble, et l'ensemble est opprimé non par lui, mais par ceux qu'il a délégués au commandement.

— Mais, puisqu'ils sont ses élus, l'ensemble n'est en vérité commandé que par lui-même, et par conséquent n'obéit qu'à soi, ce qui est liberté.

— Mais *mon* commandement, qui revient sur *moi* par un détour, par l'intermédiaire de quelqu'un qui n'est pas *moi*, n'est plus mon commandement du tout. Autant vaudrait dire qu'en obéissant à mon préfet, je m'obéis, puisque mon préfet est nommé par le gouvernement, qui est choisi par les députés, lesquels sont élus par moi. Ma personnalité passant par ce long circuit s'est épuisée quand elle est censée me revenir. Les raisonnements abstraits qu'a faits Rousseau pour prouver qu'un peuple est libre qui choisit ses maîtres sont réfutés depuis quelque temps. En régime collectiviste, « l'autorité de la masse sur les individus qu'elle emploie » serait en réalité l'autorité des bureaucrates, inspecteurs et surveillants, sur une masse qui ne reconnaîtrait pas du tout sa volonté dans la leur.

Proudhon, qui ne comprenait pas tout à la fois, mais qui, successivement, comprenait admirablement chaque chose, a très bien entendu cela. Il a bien vu que la propriété *se justifie par ses résultats* ou par un de ses résultats, se justifie par ceci qu'elle est une limitation de l'État et par conséquent un élément et un facteur de liberté.

« L'État, dit-il (*Théorie de la propriété*), l'État constitué de la manière la plus rationnelle, la plus libérale, animé des intentions les plus justes, n'en est pas moins une puissance énorme, capable de tout écraser autour d'elle, si on ne lui donne un *contrepoids*. Ce contrepoids, que peut-il être ? L'État tire toute sa puissance de l'adhésion des citoyens. L'État est la réunion des intérêts généraux appuyée par la volonté générale et servie, au besoin, par le concours de toutes les forces individuelles. Où trouver une puissance capable de contre-balancer cette puissance formidable de l'État ? Il n'y en a pas d'autre que la propriété. Prenez la somme des forces propriétaires : vous aurez une puissance égale à celle de l'Etat. »

Proudhon, en cette dernière ligne, exagère énormément. Mais il a raison en somme : la propriété est une limitation de l'État et un contrepoids à la puissance énorme de l'État, « même libéral », comme dit Proudhon. C'est précisément pour cela que les socialistes n'en veulent point. Le socialiste est un étatiste effréné, qui ne veut à l'État ni limitation ni contrepoids. Le socialiste est césarien. C'est sa définition même, et ce qu'il veut établir, c'est l'État-César.

Foncièrement individualiste, même quand il se croyait socialiste, Proudhon voyait derrière le socialisme et surtout derrière le communisme, sa bête noire, qui s'appelle maintenant collectivisme, le spectre rouge de César, et vraiment il était facile de le voir et il n'était difficile que de le méconnaître.

Il dit encore, avec plus de précision et de détail : « La propriété, *si on la saisit à son origine*, est un principe vicieux en soi et antisocial [c'est ce que je contesterai plus loin], mais destiné à devenir, par sa généralisation même et par le concours d'autres institutions, le pivot et le grand *ressort* de tout système social... Est-il vrai que l'État, après s'être constitué sur le principe de la séparation des pouvoirs, requiert un *contrepoids* qui l'empêche d'osciller et de devenir hostile à la liberté ; que ce contrepoids *ne peut se rencontrer ni dans l'exploitation commune du sol,* ni dans la *possession* ou propriété conditionnelle, restreinte, dépendante et féodale, puisque ce serait placer le contrepoids dans la puissance même qu'il s'agit de contrebalancer, ce qui est absurde ; tandis que nous le trouvons dans la propriété absolue, c'est-à-dire indépendante, égale en autorité et souveraineté à à l'État ? Est-il vrai, en conséquence, que par la fonction essentiellement politique qui lui est dévolue, la propriété, précisément parce que son absolutisme doit s'opposer à celui de l'État, se pose dans le système social comme libérale, fédérative, décentralisatrice, républicaine, égalitaire, progressive, justicière ? Et est-il vrai que ces attributs, dont aucun ne se trouve dans le principe de propriété, lui viennent au fur et à mesure qu'un plus grand nombre de citoyens arrive à la propriété...? »

Ce qui veut dire, par exemple, qu'une barrière au

despotisme et un rempart de la liberté même politique, c'est, ou ce serait, une plèbe composée de paysans propriétaires et d'ouvriers propriétaires. Une plèbe composée de paysans propriétaires et d'ouvriers propriétaires, c'est précisément ce que l'État, sous sa forme ordinaire, n'aime guère, et ce que l'État, sous sa forme aiguë, c'est à-dire le socialisme, ne peut pas souffrir.

Par digression et chemin faisant, je remarque qu'un socialiste pourrait nous dire : « Il manque un mot à l'énumération de Proudhon : « libérale, « fédérative, décentralisatrice, républicaine »... ; il y manque le mot « aristocratique ». La propriété est peut-être une limitation et un contrepoids des forces de l'État ; mais elle l'est comme élément aristocratique et puissance aristocratique. Voilà qui embarrasserait Proudhon. »

Il faut croire que cela ne l'a pas embarrassé, car il l'a dit. Avec son intelligence ordinaire, il a parfaitement compris que les libertés, en tant que bornes mises à la toute-puissance de l'État, sont toujours aristocratiques, si elles sont réelles, sont toujours des aristocraties (dans le sens que les égalitaires donnent à ce mot) si elles ne sont pas de simples mots et de simples abstractions. Une justice indépendante serait ce que les égalitaires appellent une aristocratie, puisqu'elle empêcherait l'État d'être tout et que par conséquent elle serait quelque chose. Un clergé indépendant serait une aristocratie, puisque, par le seul fait d'être quelque chose, il empêcherait l'État d'être tout. Et tout de même l'étatiste se dit : « Mais, un homme qui possède quelque chose est un souverain sur son bien, et par conséquent il est *un État dans l'État*. Il est une aristocratie à lui tout seul ; et s'il a beaucoup de semblables il constitue avec eux une aristocratie formidable. La propriété est la dernière aristocratie que le Salut public commande de démolir. »

Proudhon comprend tout cela, et que, devenant propriétiste parce qu'il est libéral, il est forcé de devenir ce que les étatistes appellent un aristocrate. Laboulaye ayant écrit : « La loi civile de la propriété est l'esclave de la loi politique »... Proudhon s'écrie : Ah bien ! par exemple, c'est bien le contraire ! « Il serait difficile à un jurisconsulte de se tromper plus complètement que ne l'a fait ici M. Laboulaye. La propriété n'est pas l'esclave de la politique ; ce serait plutôt le contraire qui serait le vrai. La propriété est le contrepoids naturel, nécessaire, de la puissance politique, et le droit civil de la propriété est le contrôleur et le déterminateur de la raison d'État. Là où manque la propriété, où elle est remplacée par la *possession* slave ou le fief, il y a despotisme dans le gouvernement et instabilité dans tout le système... Du principe que la propriété, *irrévérencieuse à l'égard du prince, rebelle à l'autorité, anarchique enfin*, est la seule force qui puisse servir de contrepoids à l'État, découle ce corollaire : c'est que la propriété, *absolutiste dans un autre absolutisme*, est encore pour l'État un élément de division. La puissance de l'État est une puissance de concentration ; donnez-lui l'essor [tout son essor, sans frein] *et toute individualité disparaîtra bientôt, absorbée dans la collectivité* ; la société tombe dans le communisme. La propriété, au rebours, est une puissance de décentralisation ; *parce qu'elle-même est absolue,* elle est antidespotique, antiunitaire.... La propriété régit les États : présente elle les tient en équilibre ; absente elle les livre aux révolutions et aux démembrements, portant avec elle sa sanction, soit qu'elle châtie, soit qu'elle récompense. Nul ne peut dire en ce moment que d'ici à la fin du siècle quelque décret de cette Providence que M. Laboulaye adore n'aura pas détruit en France la propriété ; ce qui est certain c'est qu'alors la France aura perdu, avec le sentiment de la liberté, le sens du droit [plutôt le sens de la conservation]; c'est qu'elle sera devenue le fléau des nations[? — plutôt leur risée] et que ce ne sera que justice de la traiter comme fut au XVIIIe siècle traitée la Pologne. »

Il me semble, malgré mes réserves de détail, qu'il est impossible de mieux montrer la connexion intime qui existe entre ces trois choses : propriété, aristocratie et liberté. La propriété limite l'omnipotence de l'État, beaucoup moins que ne le croit Proudhon, toujours exagéreur, mais elle la limite. Elle est donc une aristocratie dans le sens qu'a ce mot dans la terminologie jacobine. Elle est du moins, incontestablement, un élément aristocratique. Elle ne peut être à ce titre que poursuivie par les jacobins logiques avec fureur, et il n'y a rien à leur reprocher à cet égard. Seulement, dans cette poursuite contre la propriété, comme dans d'autres poursuites du même genre, l'État se ruine à vouloir s'étendre, il casse ses ressorts à vouloir indéfiniment s'agrandir, il crève à se gonfler. Méconnaissant toujours que ce qui fait sa force c'est ce qui n'est pas lui, qu'il tire ses forces vraies des puissances nationales qui lui sont étrangères, qu'à régner sur des nullités et sur des néants il finirait par se composer d'une addition de zéros ; il ne rêve que de créer dans le pays qu'il gouverne un nivellement universel qui est une espèce de solitude, et de même qu'on disait des Romains : « *Ubi solitudinem faciunt, pacem appel-*

lant », on peut dire de l'État animé de cet esprit : *Ubi solitudinem facit, potestatem appellat.*

Le malheur c'est que là où il n'y a que le pouvoir il n'y a plus la matière même du pouvoir ; il n'y a plus les énergies individuelles ou collectives, d'où, quoiqu'elles fussent gênantes pour lui, il tirerait ses forces économiques, financières, défensives et morales ; il n'y a plus qu'une poussière humaine sans cohésion au lieu d'une nation organisée ; il n'y a plus de « ressort », partant plus de vigueur ; il n'y a plus de « contrepoids », partant plus d'équilibre. A faire inondation l'État tarit ses sources.

Voilà ce que Proudhon avait très bien compris. Que le collectivisme soit l'esclavagisme, plus j'y songe, plus je trouve que c'en est la définition exacte et que le mot n'a rien d'exagéré.

Il est vrai qu'il en est, quand on les pousse, qui vous disent que l'esclavagisme universel c'est la suppression de la lutte pour la vie, et que la suppression de la lutte pour la vie c'est le bonheur, et que par conséquent l'esclavagisme c'est le bonheur. Je suis persuadé que beaucoup, plus ou moins consciemment, aspirent à ce bonheur-là ; mais je comprends que d'autres y répugnent. Après tout, ce serait peut-être une simple question d'habitude.

Le collectivisme serait donc une manière de monarchie esclavagiste ; mais ce serait, de plus, une monarchie si compliquée que je me demande si elle pourrait matériellement s'organiser, se constituer ailleurs que dans un tout petit pays. Ceci est à l'inverse de ce qu'on disait autrefois des républiques et des monarchies. On disait que les républiques étaient faites pour les petits pays et les monarchies pour les grands ; mais la « monarchie collectiviste » ne pourrait, ce me semble, s'établir que dans un pays très restreint, et il serait impossible de l'organiser dans un grand. Songez à l'énorme bureaucratie qu'elle exigerait. Songez à tout ceci. Pour remplacer le commerce, des bureaux de statisticiens prévoyant tous les besoins de la consommation, toutes les ressources de la production, tous les moyens de circulation, tous les moyens de distribution et répartition. Pour remplacer les chefs d'industrie, des bureaux de statisticiens prévoyant et calculant ce qu'il faut produire, dans chacune des industries, ralentissant ici, accélérant ailleurs, déterminant les approvisionnements nécessaires, prévoyant la détérioration des approvisionnements, que sais-je ? La nation, usine énorme, est administrée par une formidable chambre d'ingénieurs qui s'embarrasse et s'empêtre par le nombre énorme de ses membres et plie sous la multiplicité des soins de sa tâche.

Et tout cela pour éviter la surproduction ! Mais évidemment on retrouverait la surproduction sous une autre forme, à savoir sous forme de « coulage ». Quel intérêt à la stricte économie auraient tous ces bureaucrates ? Il y a gaspillage dans la production concurrentielle, oui, sans doute, parce qu'il faut surproduire ; mais cette surproduction est limitée par l'immense intérêt qu'a l'industriel privé à ne pas la faire, et le gaspillage est par conséquent limité aussi. Le « coulage » serait énorme dans la production collectiviste, parce que les bureaucrates n'auraient qu'un intérêt très petit à l'éviter, et parce que, si nombreux qu'ils fussent, ils ne pourraient pas tout prévoir et tout voir, et parce que, à cause de leur nombre, ils se gêneraient plutôt les uns les autres et parce qu'enfin, à cause de l'énormité même de la machine, ils échapperaient à toute responsabilité.

En somme, ce qui fixe le mieux le prix des choses, les besoins de la consommation, la quantité des choses à produire, c'est l'offre et la demande, parce qu'elle fixe tout cela d'une manière automatique en quelque sorte, et comme un thermomètre. Avec elle on peut encore et surproduire, et gaspiller et mal prévoir ; sans doute ; mais dans des proportions relativement faibles. L'offre et la demande, c'est en somme un bon instrument, non absolument précis, mais qui cependant, constatant avec exactitude la situation présente et, par l'examen de ce qu'il a enregistré autrefois, permettant de connaître approximativement l'avenir, est extrêmement précieux; à quoi il faut ajouter qu'il est très simple et très économique.

C'est cet instrument presque excellent qu'on veut remplacer par cette bureaucratie dont je parlais, qui tâtonnera extrêmement, n'ayant plus l'offre et la demande pour se renseigner; qui aura besoin d'un nombre indéfini de renseignements dont la plupart lui manqueront toujours; et qui n'aura pas un grand intérêt à être renseigné exactement et à ne pas se tromper.

Qui ne voit que surproduction, gaspillage, coulage (et ceci serait le meilleur, car il vaudrait mieux que production insuffisante ayant par suite manque d'objets de consommation et disette) sont beaucoup plus assurés, beaucoup plus certains, beaucoup plus inévitables en régime collectiviste qu'en régime concurrentiel? La bureaucratie russe s'étendant à tout le domaine de l'industrie et du commerce, voilà le rêve du collectiviste. Il y a quelque lieu de craindre qu'il ne jette le pays qui l'adoptera dans une Mandchourie économique.

Supposons pourtant que cette machine énorme

et infiniment délicate de la société collectiviste, on ait, ce que je crois impossible, réussi à la monter, et supposons qu'elle marche, qu'elle marche bien, sans que se produisent les accidents dont je parlais; et qu'elle rende tout ce qu'elle peut donner. Ce qu'elle peut donner sera-t-il meilleur que ce que le régime concurrentiel donne actuellement ? Je ne crois pas. Qu'avons-nous en face de nous ? Une nation d'ouvriers fonctionnaires avec tâche assignée, traitement assuré. Je dis qu'ils ne travailleront que très peu et qu'une sorte de « léthargie », pour employer le mot dont Proudhon s'est servi si souvent, s'étendra sur tout le pays.

Ce qui fait travailler, c'est le désir du gain, c'est-à-dire du plus grand bien-être. Le travail, par simple obéissance et nécessité de gagner son salaire, est toujours un travail mou, est toujours un travail réduit au minimum. Je citerai toujours l'observation, qui est tout à fait une « observation », comme on en voit dans les livres de médecine, une observation pathologique, qu'a consignée Tocqueville dans son livre sur l'Amérique. Il descendait en bateau un fleuve et il voyait d'un côté un pays bien cultivé et de l'autre un pays presque à l'abandon. « Pourquoi ceci ?

— C'est que d'un côté c'est du travail libre et de l'autre côté du travail esclave. »

Le travail esclave avait beau être fouetté, il ne rendait rien. Le travail libre, fouetté lui aussi, mais par le désir du gain et du mieux être, rendait merveilleusement. — Savez-vous pourquoi l'esclavage a disparu en Europe? C'est Marx qui vous le dira : « L'idée de justice et le sentiment de fraternité n'ont été pour rien dans cette disparition [je dirai, moi, pour peu de chose]... L'esclavage et le servage ont été conformes à la nature de la production [pendant un temps donné]. Ils ont disparu lorsque le degré de développement de la production *a rendu le travail de l'homme libre plus utile* que le travail de l'esclave ou du serf. »

Il n'y a pas autre chose ou il n'y a guère autre chose. Nous sommes dans un état de civilisation où le travail libre est plus utile, *rend plus* que le travail esclave, ou plutôt nous sommes dans un état de civilisation où l'on s'est rendu compte que le travail libre est plus fécond que le travail esclave. Va-t-on nous dire que le travail esclave va demain, par un retour, être plus fécond que le travail libre ? Par quel miracle ? Il faudrait, au moins, nous en donner un commencement de preuve.

La vérité me semble bien être que le travail esclave donnera ce qu'il donne toujours : le minimum de rendement, sous un maximum de rigueur. La perspective, sous ses deux aspects, est agréable !

Voyez donc ce qu'observait Rossi sur les biens conventuels. Les biens conventuels, c'était de la propriété collective, exactement. C'étaient des biens exploités par des hommes qui les cultivaient pour une communauté sans espoir de conquérir la propriété individuelle et par simple esprit de dévouement à la communauté. Or, dit Rossi, « je connais, pour citer un fait, un vaste domaine placé dans une des provinces les plus riches d'un pays voisin ; ce domaine donne aujourd'hui 200.000 francs de rente territoriale. J'ai eu entre les mains les livres du couvent auquel ce domaine appartenait. Il ne rendait pas alors 50.000 francs ; cependant il n'y avait qu'à remuer la terre pour en doubler le revenu, et il ne fallait que de médiocres efforts pour le tripler. Mais pourquoi des efforts quand l'intérêt n'existe pas ? La propriété collective nationale offrirait les mêmes inconvénients : *ce serait une vaste mainmorte* qui produirait en grand les mêmes effets que les couvents produisaient en petit. »

J'irai même beaucoup plus loin, sans trop craindre de me tromper. Les travailleurs du couvent avaient des stimulants de travail : ils avaient leur piété, leur obéissance pieuse et par conséquent énergique à leur règle, qui à eux, moines cultivateurs, commandait de travailler la terre, comme à d'autres la leur commandait de travailler dans les livres; ils avaient l'esprit de corps, l'esprit du couvent qui les excitait à faire pour l'honneur de la maison de bon travail. Le territoire de la nation tout entière étant « une vaste mainmorte », ces aiguillons n'existeront pas, et ce ne sera ni par piété ni par patriotisme que les ouvriers fonctionnaires seront excités à travailler énergiquement.

Non, il n'y a que l'intérêt personnel qui vaille ou qui vaille beaucoup. Proudhon, en son dernier livre, que l'on peut considérer soit comme le dernier terme de l'évolution accidentée de sa pensée, soit comme un signe de sa décadence, mais qui reste toujours un livre de Proudhon (*Théorie de la propriété*), exprime cela très lumineusement : « Si l'on étudie dans ses conséquences politiques, économiques et *morales* la puissance, essentiellement abusive, de la propriété, on démêle dans ce faisceau d'abus, *une fonctionnalité énergique*, qui éveille immédiatement dans l'esprit l'idée d'une destination hautement *civilisatrice*, aussi favorable au droit qu'à la liberté. En sorte que si l'État, avec la division et la pondération de ses pouvoirs, nous est apparu comme le *régulateur* de la société, la propriété à son tour s'en manifeste comme *le grand ressort*, à telles enseignes que, elle supprimée, faussée ou amoindrie, le système s'arrête : il n'y a plus ni vie ni mouvement. »

Le grand ressort ; voilà le mot trouvé. La propriété est le grand ressort de la « civilisation » et de la société moderne.

Seulement il me semble qu'il ne faut pas dire tout à fait : « La propriété est le grand ressort. » Il faut dire : « *Le désir de propriété* est le grand ressort. » Voilà la vérité ; voilà la précision. Remarquez, en effet, que la propriété elle-même a beaucoup de défauts, que ce n'est pas sans raison que les socialistes lui reprochent. Elle peut rendre avare, avide, insensible, elle peut rendre cruel ; elle rend bête aussi parfois. Elle reste souvent un ressort ; mais souvent aussi elle est un narcotique. C'est *le désir de propriété* qui est un stimulant puissant et qui n'a qu'une petite partie des défauts que j'indiquais tout à l'heure. Il rend avide et avare, assez fréquemment ; mais il ne rend pas cruel ; il ne rend pas bête ; il n'endort pas et il empêche de s'endormir ; il excite et tient en haleine et en affût toutes les qualités intellectuelles, et il pousse énergiquement au travail continu et soutenu.

Il met (avec ses défauts, car tout est relatif), l'homme dans l'état le plus sain où il puisse être.

— Mais comme, le plus souvent, il est vain ; comme, le plus souvent, il n'atteint pas le but où il tend !

— Je le sais bien ; mais en attendant il fait son office d'excitateur, de stimulant, de *tonique*, de vertu assainissante et de facteur de civilisation. Schopenhauer dirait que le désir de propriété (comme toute volonté de puissance, du reste), mis par la nature dans le cœur et dans les entrailles de l'homme, est un des artifices du Grand Trompeur qui dirige nos destinées et qui nous pipe pour notre bien. Le Grand Trompeur, parmi toutes ses inventions, a inventé la loterie, et c'est une loterie dissimulée qui mène les hommes. Regardez-les ; qu'est-ce qu'ils font ? Comme une bonne femme prend un billet à la loterie, sachant bien qu'il y en a cent mille et qu'il n'y en a qu'un qui gagnera, mais espérant que c'est justement sur celui-ci qu'elle a mis la main ; de même les hommes entreprennent un commerce pour devenir millionnaires, sachant bien qu'il n'y a qu'un commerçant sur mille qui atteigne le million ; mais chacun espérant qu'il sera celui-là ; ils se préparent à l'École Saint-Cyr, chacun espérant qu'il deviendra général ; etc., etc. Tous sont gens qui prennent un billet à la loterie ; seulement cette loterie-là est morale, parce que le billet qu'on prend c'est le travail que l'on s'impose et l'énergie que l'on déploie. Or un seul sur mille gagnera un petit lot et un seul sur cent mille en gagnera un gros. Il est vrai ; mais pendant ce temps-là tous auront travaillé, tous se seront fait une petite position supportable et tous auront contribué à la prospérité générale et à la civilisation universelle ; et grâce à la loterie, le monde aura marché et marché mieux que livré à l'apathie et à l'abandonnement. Voilà ce qu'avait voulu le Grand Trompeur. « C'est l'espérance qui fait vivre », dit très bien la sagesse populaire.

Or c'est la loterie que le socialisme supprime. Il se croit moral en cela ; il le serait s'il ne coupait pas ainsi, tout net, le nerf même de l'humanité. Il supprime la propriété ; je l'en approuverais presque ; mais en supprimant la propriété il supprime le désir de propriété qui est le grand ressort, il supprime cette « fonctionnalité énergique » qui est si féconde en « conséquences politiques, économiques et morales ».

La propriété est le résultat douteux, contestable, attaquable, en partie mauvais, d'un instinct qui est excellent et d'un effort qui est si utile que sans lui il n'y aurait rien, si ce n'est un marais stagnant. Elle se justifie non par ceux qui la possèdent, mais par ceux qui y aspirent. Elle se justifie non par ce qu'elle est, mais par ce qui l'a créé. Elle se justifie, contrairement à ce que répètent les socialistes, *par ses origines mêmes* et non par ce qu'elle est en soi. Elle se justifie, non par ses fins, mais en ceci qu'elle est une fin

Ici à la fois j'approuverai Proudhon et je le rectifierai, comme tout à l'heure du reste. Il a beaucoup dit que « ce n'est ni dans son principe et ses origines, ni dans sa matière qu'il faut chercher la raison de la propriété ; mais dans *ses fins* ». Il a raison, comme nous l'avons vu plus haut, en ce sens que la propriété est une limitation du pouvoir absolu, et que par conséquent la propriété se justifie, *aussi*, par *une* de ses fins, ou plutôt par un de ses résultats ; mais elle se justifie bien plus par ses origines, par ce qui la constitue, par le désir même que l'on en a, désir qui est le principe même du travail et comme le levain de la civilisation.

Les collectivistes me reprocheront d'abuser en rhéteur de ces formules de régime esclavagiste et de système esclavagiste et de léthargie nationale ; de ne pas comprendre qu'il y aura encore, en régime collectiviste, beaucoup d'émulation et de saine émulation, et que justement remplacer par une émulation saine l'émulation fiévreuse que le système concurrentiel et la soif de propriété développent parmi les hommes, c'est l'esprit même et c'est le dessein du socialisme.

Soit. Quels seraient les moyens du collectivisme pour secouer la léthargie et pour exciter l'émulation ? D'abord sans doute, et ce serait son devoir de patron, il serait sévère pour l'oisiveté et la paresse et la surveillerait et la réprimerait rigoureusement. Cela suppose une armée d'inspecteurs du travail qui doublerait cette armée de bureaucratie dont j'ai parlé plus haut. On est effrayé du nombre d'agents improductifs qu'exigerait un régime inventé pour augmenter le nombre des producteurs et diminuer le nombre des parasites. En vérité, en régime socialiste, je vois la moitié de la nation occupée à faire travailler l'autre.

Emploierez-vous un autre moyen ? Donnerez-vous des primes aux bons travailleurs ? Leur distribuerez-vous, soit sous forme d'argent, soit sous une autre forme, une plus grande quantité de produits qu'aux autres ? Bon ! nous voilà en pur régime, d'une part *favoritaire*, d'autre part capitaliste.

En plein régime favoritaire ; car ces primes ne seront pas données aux méritants, le plus souvent ; elles le seront aux amis des bureaucrates répartisseurs, aux amis des chefs de travail, aux amis des inspecteurs, aux amis aussi des députés ou représentants ou délégués de la nation, à ceux, quel que sera le régime d'élection, qui voteront bien. Le péril est immense, tant au point de vue de la justice qu'au point de vue du bon renom et du succès du système, à donner des primes qui seront toujours discutées, contestées, incriminées, comme attentatoires à cette égalité que vous voulez fonder et comme iniques.

J'ajoute que nous voilà en plein système capitaliste ; car, de quelque nature qu'elles seront, ces primes seront capitalisées ; elles formeront aux mains de qui les aura reçues un capital, un capital, je le sais, qu'il ne pourra pas transmettre, un capital, je le sais, qui ne pourra pas lui servir non plus à acquérir la propriété ; mais un capital pourtant qui lui donnera sur les autres, sur ses voisins et camarades une supériorité de jouissances et de puissances. N'est-ce pas là le capitalisme ? N'y retombez-vous pas après avoir tout fait pour l'éviter, pour le fuir et pour le ruiner jusqu'à sa base ?

Car tout est relatif. Ce fonctionnaire ouvrier, accumulateur de primes, parce qu'il est bon ouvrier ou parce qu'il est *persona grata*, il n'aura jamais, sans doute, de châteaux princiers et un nombreux domestique, dans une société où il n'y aura plus de châteaux ; mais justement dans une société où il n'y aura plus de châteaux, les petites inégalités de fortune seront aussi sensibles, seront aussi cruellement senties, que le sont maintenant les grandes, et votre ouvrier accumulateur de primes, avec son luxe plébéien et sa bonne table et les deux ou trois citoyens par qui il saura très bien se faire servir, parce qu'il leur procurera des douceurs, sera aussi envié que monsieur le duc ou monsieur le milliardaire d'aujourd'hui.

Oui, avec cette méthode, on aurait un régime capitaliste en petit, qui ne serait « en petit » qu'aux yeux de Dieu ou aux yeux d'un peuple resté capitaliste à la manière d'aujourd'hui ; mais qui serait tout aussi « en grand » que le régime capitaliste d'à présent aux yeux de l'inférieur, aux yeux du dénué, puisque proportionnellement il serait tout à fait le même.

— Eh ! ni inspecteurs, ni primes, me répondrez-vous. A chacun selon ses œuvres, et voilà tout. On dira : « Vous avez donné tant de travail, vous avez donné tant de produits ; voilà tant. » Ce ne sera que de la simple arithmétique.

Soit. Mais d'abord distinguerez-vous entre le travail ordinaire et le travail qualifié, c'est-à-dire entre le travail du simple manœuvre et le travail de l'ouvrier artiste ou savant ? Je vois que beaucoup d'entre vous admettent cette distinction. Elle me semble grave ; elle me semble bien menaçante pour l'égalité. Voilà encore le capitalisme qui revient. L'ouvrier qualifié sera un aristocrate. Comme l'ouvrier primé que je supposais tout à l'heure, il recevra plus que les autres, beaucoup plus que les autres, et il aura une situation sociale, une puissance sociale supérieures et enviées. Il pèsera d'un beaucoup plus grand poids que les autres dans toutes les circonstances, dans tout le commerce de la vie. Voilà un capitaliste, avec tous les défauts, avec toutes les horreurs insupportables du capitaliste actuel. Je vous condamne d'après tous vos principes à n'en pas vouloir, à ne pas admettre qu'il existe.

Supposons qu'il n'existe pas. A chacun selon ses œuvres, c'est-à-dire, l'œuvre n'ayant plus de valeur qualitative, à chacun selon le travail fourni par lui, selon, par exemple, le nombre d'heures qu'il aura travaillé. *L'émulation reste.* Elle est considérablement diminuée, à vrai dire ; car voilà que personne ne sera intéressé à être instruit, à être intelligent, à être ingénieux, pour être un ouvrier qualifié ; mais elle reste encore. Il n'y a plus d'émulation d'intelligence ; mais il y a encore émulation de volonté. On travaillera un nombre d'heures convenable, rationnel, pour recevoir un salaire convenable et un peu plus que suffisant. Je ne puis pas parler de léthargie et d'engourdissement.

Non peut-être ; mais je puis parler d'inégalité et d'injustice. L'ouvrier qui aura plus de forces physiques qu'un autre sera un privilégié comme tout à l'heure l'était l'ouvrier qui était plus intelligent, plus ingénieux ou plus instruit que son voisin. Il n'y a plus de travail qualifié, mais il y a encore un travail primé, celui qui se prolonge plus qu'un autre. Il y a encore une aristocratie de travailleurs et il y a encore des travailleurs capitalistes, puisque, encore un coup, le capital c'est posséder plus qu'un autre et avoir sur un autre cette supériorité sociale de posséder davantage, et puisque, encore une fois, ces différences sont aussi sensibles en régime soi-disant égalitaire, que le sont actuellement les différences entre un millionnaire et un petit bourgeois et entre un petit bourgeois et un ouvrier.

Que voulez-vous faire à cela ? Si vous payez selon le nombre d'heures, tel ouvrier voudra en faire dix parce qu'il sentira qu'il pourra les fournir, et le voilà deux fois plus riche que celui qui, soit faiblesse physique, soit paresse, n'en fournira que cinq. Deux fois plus riche, c'est-à-dire différent de ce dernier autant que, dans le régime actuel, un riche diffère de moi. Quelle égalité !

Si vous payez selon le nombre de produits fabriqués, le temps du travail étant invariable, tel ouvrier habile ou fort, adroit ou robuste, fabriquera dans le même laps de temps une plus grande quantité de produits et sera surpayé. Et lui aussi sera un privilégié et un capitaliste comme tout à l'heure celui qui prolongeait son temps de travail. La formule « à chacun selon ses œuvres », de quelque façon qu'elle soit appliquée, est inégalitaire et génitrice de privilège et de capital. La formule « à chacun selon ses œuvres » est tellement la formule même de la société concurrentielle et capitaliste où nous vivons qu'elle n'a aucun emploi ni aucune place dans le régime collectiviste.

Nous voilà donc ramenés à la vraie formule égalitaire : « de chacun selon ses forces, à chacun selon ses besoins ». C'est la seule qui ne fasse pas de privilégiés, qui ne fasse pas de capitalistes, c'est la seule qui empêche l'épargne, laquelle est une capitalisation ; c'est la seule qui empêche l'héritage, lequel, si parfaitement aboli qu'il pût être, subsisterait toujours, gêné et amoindri, mais réel encore, par toutes sortes de procédés furtifs entre un père capitaliste et son fils ; c'est la seule qui tout en tenant compte des inégalités naturelles, puisqu'elle ne demande à chacun que selon ses forces, n'en tient compte que pour ménager le faible et non pour fortifier le fort et l'agrandir, puisqu'elle ne donne à chacun que selon ses besoins ; c'est la seule formule égalitaire et humanitaire ; c'est la formule qu'un Dieu juste adopterait.

En effet, un Dieu juste ne s'aviserait pas de demander à aucun de ses enfants au delà de ses forces; et un Dieu juste ne s'aviserait pas de *récompenser de sa force* un de ses enfants, ce qui est d'une singulière justice.

Remarquez, du reste, que si l'on veut à toute force que la force soit récompensée, elle l'est encore dans ce système. La récompense du fort est précisément dans sa force d'abord et dans la fierté légitime, ou permise, qu'il en a; elle est surtout dans ce sentiment qu'il aura qu'il donne plus qu'un autre et qu'il ne reçoit qu'autant, qu'il est donc un bienfaiteur public, un bienfaiteur de l'humanité; qu'il est donc, moralement parlant, *plus qu'un autre*. Le collectivisme a son aristocratie aussi, comme la nature, et en cela il n'est pas contre nature, comme on a dit; mais il a une aristocratie toute morale et uniquement morale. Le plus fort qu'un autre, en régime socialiste, aura donc la récompense que la nature semble avoir voulu réserver à la force; mais ce sera une récompense faite d'amour-propre satisfait, de dignité, de fierté. Notez qu'en vouloir une autre, qu'en vouloir une qui fût matérielle, serait d'un homme à sentiments bas et qui n'en mériterait aucune.

Quoi qu'il en soit, la seule solution qui *sauve l'égalité*, qui tue le capitalisme et qui l'empêche à jamais de renaître, c'est la socialisation de toutes les sources de production et de tous les moyens de production, avec exploitation de toute source de production par l'État et la distribution par l'État de tous les produits, selon la formule : « A chacun selon ses besoins et de chacun selon ses forces. »

Or avec ce système je dis que toute la nation tombe immédiatement en léthargie et que vous ne pouvez pas l'en réveiller, que vous ne pouvez plus faire travailler utilement, parce que le déploiement des forces ne sera plus en raison des besoins; parce que vous ne pourrez plus, d'aucune façon, obtenir un déploiement des forces proportionnel aux besoins.

En effet, réduits à leur minimum, c'est-à-dire à leur vérité, les besoins sont fixes, à très peu près, et partant facilement fixés; et les forces sont extrêmement difficiles à mesurer. En face d'un homme, vous savez très bien quels sont ses besoins relativement à la nourriture, au logement, à l'habillement, au chauffage. Ils sont un peu au-dessus ou un peu au-dessous de la moyenne ou à la moyenne même, et cette moyenne est très facile à déterminer.

Mais les forces de cet homme, quelles sont-elles? Vous n'en savez rien. Le système concurrentiel a prouvé précisément qu'entre un homme et un autre les différences des forces sont considérables.

Donc ce que vous devrez donner vous le saurez; ce que vous devrez exiger vous ne le saurez pas. Notre homme aura tout intérêt à exagérer ses besoins, sur quoi vous pourrez le contredire, et à dissimuler ses forces, sur quoi la contradiction sera difficile.

Notez, du reste, qu'il pourra être de très bonne foi. La fatigue succédant au travail, mais le précédant aussi, il est assez malaisé au sujet lui-même de mesurer ses forces et de savoir ce qu'elles sont. Il ne le sait que quand il a besoin de les déployer, et il ne les éprouve qu'à les tendre. Le système concurrentiel le force à les déployer, en effet, et par cela lui permet de les connaître. Le système collectiviste est le moyen de ne jamais connaître les forces cachées de l'homme indéfiniment insaisissables et impénétrables même pour lui.

On n'obtiendrait donc, en régime collectiviste, qu'un travail mou et indolent, même de l'honnête homme, exception faite pour les hommes passionnément énergiques « et bourreaux de travail », comme dit le peuple, lesquels sont rares.

Vous voilà donc, pour ainsi parler, entre le système d'émulation, lequel fait renaître immédiatement privilégiés et capitalistes, sans compter qu'il fait renaître aussi le favoritisme, — et le système de non-émulation absolue, lequel produit immédiatement stagnation, abandonnement et léthargie universelle. Vous êtes serrés entre la nécessité, pour être égalitaires, de créer la langueur sociale, et la nécessité, pour maintenir une certaine activité sociale, de reprendre un à un tous les procédés du système actuel, ou du moins d'en reprendre quelques-uns qui reconstitueront peu à peu le système actuel.

L'objection est celle-ci : « Comment donc l'État, aujourd'hui, obtient-il du travail de ses fonctionnaires ? On dirait que l'État patron c'est une invention nouvelle, un plan en l'air, une chimère même, toutes choses sur quoi on peut raisonner *in vacuo* et tirer les conclusions les plus belles du monde tout à loisir, au seul gré d'une psychologie plus ou moins sûre et d'une logique plus ou moins serrée. Mais l'État patron existe. Il fabrique des allumettes, des bacheliers ès lettres, des cigares, des docteurs en médecine, des bateaux; et pour fabriquer tout cela il a de très bons ouvriers qu'il fait travailler selon leurs forces et qu'il paye selon leurs besoins, et tout ce travail d'État va très bien. Le régime collectiviste n'est que l'extension *à tout* de ce que l'État fait pour certaines choses, et *tout* sera aussi bien fait que le sont maintenant *certaines choses*, et il n'y aura pas plus de stagnation et de léthargie dans toute la nation qu'il n'y en a actuellement dans la partie de la nation que l'État fait travailler. »

Je réponds d'abord qu'il n'est pas si vrai que l'État fasse bien travailler. On peut constater au contraire que partout où il est patron il fait plus mal et à plus grands frais que l'industrie particulière, sans compter le « parasitisme » particulier qu'il institue et qu'il développe sans cesse par le favoritisme. Il fait plus mal, parce qu'il est moins exigeant, moins « regardant », n'étant pas éperonné par la concurrence et sans cesse en éveil sur ce que des rivaux pourraient faire; il fait à plus grands frais, parce qu'il est moins soucieux de compter et se laisse toujours aller à cette idée, fausse du reste, mais naturelle, que le trésor où il puise est inépuisable; il a une double tendance : ménager ses ouvriers qui sont des électeurs, multiplier ses ouvriers et fonctionnaires pour se faire des amis ou récompenser ses amis.

Il en serait exactement de même (sauf la multiplication des fonctionnaires, puisqu'une fois pour toutes, tous les Français seraient fonctionnaires) en régime collectiviste, et il n'y aurait aucune raison pour qu'il en fût autrement. C'est comme la punition des ambitions indiscrètes et des empiétements de l'État qu'il ne fait bien que ce qui est dans ses attributions naturelles, et qu'il fait assez mal et quelquefois déplorablement ce qui est en dehors d'elles. Ses attributions naturelles, c'est la police et la défense, faire régner l'ordre à l'intérieur et assurer la sécurité du pays du côté de l'étranger. Il fait bien cela, assez bien. Dès qu'il se fait industriel et marchand, il est moins bon industriel et moins bon marchand que l'industrie et le commerce privés.

L'inconvénient de l'État patron serait moindre — remarquez ceci — un peu moindre, en monarchie absolue qu'en république. En effet, en monarchie absolue le gaspillage existerait très probablement, nous savons ce qu'il a été sous l'ancien régime ; le favoritisme existerait également, j'en fais peu de doute ; mais ce qui n'existerait pas pour l'État, c'est la nécessité de ménager jusqu'aux dernières limites de l'indulgence des salariés qui sont électeurs, c'est-à-dire des subordonnés dont on dépend. Le paradoxe est énorme et furieusement funeste. L'État collectiviste républicain a à faire travailler des gens qu'il s'aliénera s'il les fait travailler et qu'il a un impérieux besoin de ne pas s'aliéner. Il est l'obligé de ses serviteurs et le subordonné de ceux qu'il commande. Il craint ceux dont il a à se faire craindre. L'État collectiviste monarchique ne serait pas, au moins, dans cette situation fausse et dans cette situation inextricable. Je m'étonne que les collectivistes ne soient pas monarchistes absolutistes. Si la réflexion et la logique ont des droits sur eux, je ne doute pas qu'ils n'y viennent, comme du reste ils y tendent naturellement par tous leurs principes.

Quoi qu'il en soit, pour toutes sortes de raisons, l'État, même en monarchie, et à plus forte raison en république, est un très mauvais patron et ne peut être qu'un très mauvais patron, et actuellement il l'est déjà ; voilà ma première réponse à l'objection.

Ma seconde est celle-ci. De ce que, faisant travailler une partie de la population française, l'État, actuellement, obtient un assez bon travail, à supposer qu'il l'obtienne, en effet, il ne faut pas du tout conclure qu'il en obtiendrait un aussi bon s'il faisait travailler toute la population française. L'argument serait aussi faux qu'un argument peut être faux. Ici revient la considération que j'exposais plus haut, à un autre point de vue, au point de vue de la liberté. Je disais : le fonctionnaire actuel est libre ; il est libre parce qu'il y a d'autres citoyens qui le sont et qu'il peut devenir un de ces citoyens-là, et que par conséquent ses chefs sont forcés de respecter en lui la liberté qu'il pourrait prendre ; le prisonnier n'est pas prisonnier, qui peut s'évader. Mais si tous les citoyens de

France étaient fonctionnaires, ils seraient tous fonctionnaires esclaves ; l'esclavagisme serait établi. — Tout de même l'État peut obtenir quelque travail et un assez bon travail, si l'on veut, de ses fonctionnaires, parce que tous les citoyens de France ne sont pas fonctionnaires ; et il n'en obtiendrait aucun, ou presque aucun, si tous les citoyens de France étaient fonctionnaires.

La raison en est très simple. Parce qu'il y a, à côté du travail d'État, du travail concurrentiel, l'État peut appliquer la formule : « de chacun selon ses forces. » Il peut appliquer la formule : « de chacun selon ses forces » parce qu'il peut connaître les forces de ses fonctionnaires. La force moyenne d'un homme c'est le travail concurrentiel qui la mesure et qui la fixe. L'État n'a qu'à demander un peu moins de force à ses ouvriers et fonctionnaires pour être juste et pour être libéral et pour être sûr de ne pas se tromper. Il dit : « Dans l'atelier concurrentiel on travaille dix heures.

— C'est trop !

— Je crois, en effet, que c'est trop ; mais cela indique, si vous voulez, un maximum. La moyenne est au-dessous. Vous travaillerez huit heures.

— C'est trop.

— Bien ! Allez à l'atelier concurrentiel. »

Le travail concurrentiel sert ainsi et d'étiage et

de moyen de contrôle et de moyen très légitime d'intimidation. Il sert d'étiage et de contrôle et permet de mesurer approximativement, mais justement et humainement, les forces du travailleur. Il sert de moyen, très légitime, d'intimidation parce qu'il permet à l'État de dire à ses ouvriers : « Vous vous plaignez de mes exigences et de ma parcimonie ? Allez donc ailleurs. Il vous est tout loisible. » C'est l'histoire du Thomas Graindorge, propriétaire d'esclaves, dans le livre de Taine : « Battiez-vous vos esclaves, M. Graindorge ? — Jamais de la vie ! — Vous êtes humain. — Point du tout. Je n'avais aucun intérêt à les battre. Je les menaçais seulement de les renvoyer ou de les vendre, ce qui les aurait mis entre mains de propriétaires fouetteurs. Cette perspective suffisait très bien. Ils travaillaient très convenablement. Je n'avais pas besoin de battre, puisque d'autres battaient pour moi. Si d'autres n'avaient pas eu cette attention à mon égard, je ne sais pas ce que j'aurais fait. » Et si M. Graindorge avait été seul propriétaire d'esclaves sur tout le territoire des États-Unis, ou mieux propriétaire de tous les esclaves des États-Unis, qu'aurait-il bien fait ? Il aurait fallu qu'il battît.

L'État collectiviste ne battra pas ; mais il n'obtiendra pas de travail et il ne saura même pas la mesure du travail normal d'un homme.

Ainsi, même avec primes au travail qualifié et au travail plus intense et plus prolongé, et même avec la formule « à chacun selon son travail », ralentissement déjà et stagnation du travail national, et en outre renaissance inévitable des privilégiés et des capitalistes. Avec la formule « à chacun selon ses besoins et de chacun selon ses forces », qui est la seule égalitaire, léthargie à peu près absolue, langueur nationale.

J'ai à peine besoin d'ajouter qu'avec le système collectiviste le progrès industriel s'arrêterait net. Qui aurait intérêt à inventer un nouveau procédé d'industrie, d'agriculture, d'exploitation quelconque de la terre et des produits du sol ? Absolument personne, puisque les inventions ne pourraient plus être faites que pour l'honneur de les faire. Ce qui fait qu'on invente, c'est qu'on veut l'emporter sur ses concurrents, et comme la lutte concurrentielle est éternelle, on invente sans cesse. La lutte concurrentielle cessant, il n'y a plus un inventeur sur toute la surface du pays. Le travail collectiviste c'est la routine. Dans un pays qui serait en régime collectiviste depuis le commencement du monde, on labourerait peut-être la terre, — encore je ne crois pas, — mais à coup sûr on la labourerait avec des bâtons.

— Si! pourra-t-on me dire, il y aurait encore quelqu'un qui aurait intérêt à inventer. Ce serait l'État, pour procurer, à moindres efforts, la subsistance à ses enfants ou pour leur procurer une plus grande quantité de subsistance. — Allons! voilà maintenant l'État inventeur! Il était ingénieur, il était marchand, il était industriel ; maintenant il est inventeur et seul inventeur sur toute la surface du territoire! Que de choses il faut que soit l'Etat et que de qualités diverses il faut qu'il ait!

Du reste, en vérité, je ne vois pas qu'il ait un si grand intérêt à être inventeur. Pour lutter contre quels concurrents? Pour dépasser qui? Pour n'être pas vaincu par qui? Pour n'être pas acculé par qui? Il n'y a que « nécessité » qui soit « ingénieuse ». On ne s'est avisé de tirer du sucre de la betterave que quand on a été privé de canne à sucre.

Curiosité aussi est ingénieuse, je le reconnais, et amour-propre aussi est ingénieux ; mais non pas beaucoup. On inventerait quelque peu en régime collectiviste, mais nonchalamment et sans se sentir à cela poussé par rien. On inventerait par dilettantisme. On inventerait comme je fais des livres, moi qui n'ai pas besoin d'en faire et qui suis convaincu que les miens, au moins, ne convertissent personne ; et je conviens que dès lors c'est une espèce de manie. Précisément, en régime collectiviste, on n'inventerait que si l'on avait la monomanie de l'invention. Ce mobile ne serait pas, évidemment, pour susciter des inventions très nombreuses et pour constituer un vrai progrès industriel.

Tout compte fait, le régime collectiviste, c'est d'une part la léthargie et d'autre part c'est la routine.

Le collectivisme serait donc l'inertie et l'engourdissement dans l'esclavage. Dunoyer, cité et loué par Proudhon, avait donc raison de dire : « Est-il dans l'esprit de la société humaine de *supprimer toute individualité et toute existence collective intermédiaire* pour ne laisser subsister qu'une grande existence générale dans laquelle toutes les autres viennent nécessairement s'abîmer ? Comment concilier la liberté, qu'on prétend défendre pourtant, avec cette concentration violente ? Comment même concilier avec cette concentration les progrès et l'unité qu'on se propose d'obtenir ? N'hésitons pas à le dire, s'il est des choses qui doivent être accomplies par la grande unité sociale ou nationale, il en est d'autres, en beaucoup plus grand nombre, qui doivent être faites par des unités collectives d'un ordre inférieur, par l'unité départementale, par l'unité commerciale, par l'unité des associations industrielles et commerciales, par les nombreuses unités de familles et surtout par les unités isolées, par les innombrables unités individuelles. Il ne suffit pas qu'une grande nation, pour être vraiment grande et vraiment une, sache agir nationalement ; il faut aussi et avant tout que les hommes dont elle se compose soient actifs et expérimentés comme individus, comme familles, comme associations, comme communautés d'habitants, comme provinces. Plus ils ont acquis de valeur sous ces divers aspects, plus ils en ont comme corps de nation. »

Sur quoi Proudhon, et en 1846, faisait cette réflexion : « J'engage le socialisme à méditer ces paroles, dans lesquelles il y a plus de philosophie, plus de véritable science sociale que dans tous les écrits des utopistes. »

Proudhon avait raison de dire, et en 1846 : « La concurrence *est nécessaire à la constitution de la valeur*. Tant qu'un produit n'est donné que par un seul et même fabricant, la valeur réelle de ce produit reste un mystère, soit dissimulation de la part du producteur, soit incurie ou incapacité à faire descendre le prix de revient à son extrême limite. Ainsi le privilège [le monopole] de la production est une perte réelle pour la société ; et la publicité de l'industrie comme la concurrence des travailleurs un besoin social. Toutes les utopies imaginées et imaginables ne peuvent se soustraire à cette loi. »

Proudhon avait raison de dire : « Le système du Luxembourg [Louis Blanc], le même au fond que ceux de Cabet, de R. Owen, des Moraves, de Campanella, de Morus, de Platon, des premiers chrétiens, système communiste, gouvernemental, dictatorial, autoritaire, doctrinaire, part du principe que l'individu est totalement subordonné à la collectivité, que d'elle seule il tient son droit et sa vie ; que le citoyen appartient à l'État comme l'enfant à la famille ; qu'il est en sa puissance et possession, *in manu*, et qu'il lui doit soumission et obéissance en toutes choses. En vertu de ce principe fondamental de la souveraineté collective et de la subordination individuelle, l'École du Luxembourg tend, en théorie et en pratique, à ramener tout à l'État : travail, industrie, propriété, commerce, instruction publique, richesse, de même que la législation, la justice, la police, les travaux publics, la diplomatie et la guerre, pour ensuite le tout être distribué et réparti, au nom de l'État, à chaque citoyen, membre de la grande famille, selon ses aptitudes et ses besoins... Le premier mouvement, la première pensée de la démocratie travailleuse, cherchant sa loi et se posant comme antithèse à la bourgeoisie, a dû être *de retourner contre celle-ci* ses propres maximes. C'est ce qui ressort au premier coup d'œil de l'examen du système communiste. Quel est le principe fondamental de l'ancienne société, bourgeoise ou féodale ? C'est l'autorité. Ainsi ont fait les communistes. Ils ramènent tout à la souveraineté du peuple, au droit de la collectivité, leur notion du pouvoir ou de l'État *est exactement la même que celle de leurs anciens maîtres*. Que l'État soit titré d'empire, de monarchie, de république, de démocratie ou de communauté, c'est évidemment toujours la même chose. Pour les hommes de cette école le droit de l'homme et du citoyen relève tout entier de la souveraineté du peuple ; sa liberté même en est une émanation. Les communistes du Luxembourg peuvent en sûreté de conscience prêter serment à Napoléon III : leur profession de foi est d'accord, sur le principe, avec la constitution de 1852. Elle est même beaucoup moins libérale. De l'ordre politique passons à l'ordre économique. De qui, dans l'ancienne société, l'individu, noble ou bourgeois, tenait-il ses qualités, possessions, privilèges, dotations et prérogatives ? De la loi, en définitive du souverain... la propriété restait toujours une concession de l'État, seul propriétaire naturel du sol comme représentant de la communauté nationale. Ainsi firent encore les communistes · pour eux l'individu fut censé en principe tenir de l'État ses biens, facultés, fonctions, honneurs, talents même. Il n'y eut de différence que dans l'application. Par raison ou par nécessité, l'ancien État s'était plus ou moins dessaisi ; une multitude de familles, nobles et bourgeoises, étaient plus ou moins sorties de l'indivision primitive et avaient formé, pour ainsi dire, de petites souverainetés au sein de la grande. Le but du communisme fut de faire rentrer dans l'État tous ces fragments de son domaine ; *en sorte que la Révolution démocratique et sociale ne serait, au point de vue du principe, qu'une restauration, ce qui veut dire une régression.* »

Ils ont raison encore les anarchistes, plus ou moins élèves de Proudhon, du reste, quand ils disent du collectivisme qu'il ne serait que « le bagne industriel » ; quand ils disent (Malato) : « On est effrayé de ce que serait un communisme codifié, ordonnancé, où la passion et le tempérament de chaque citoyen ne compteraient pas et qui amènerait la constitution d'un fonctionnarisme oligarchique et d'un despotisme *plus dangereux que le despotisme monarchique*, parce qu'il serait insaisissable et impersonnel... »

Le collectivisme qui, souvent (Marx, Engels, Deville), se flatte de « supprimer l'État », le remplacerait donc par une administration très méthodique, très compliquée et fatalement très despotique qui ne s'appellera peut-être pas État, et cela m'est bien égal, mais qui sera une tyrannie, et une tyrannie plongeant le pays dans l'inertie et dans le coma.

Mais au moins les maux qu'il veut guérir les supprimera-t-il et les remèdes qu'il nous propose (à quel prix !) les a-t-il dans son coffre, comme il se flatte de les avoir ? Il ne me semble pas. Il prétend supprimer l'inégalité, l'anarchie industrielle et la misère. C'est bien cela, n'est-ce pas? Et il me semble que je vois tout cela renaître dans son système et sous son régime. Voyez-vous bien l'égalité collectiviste? Je vois un peuple de fonctionnaires ; et au-dessus de lui, *dirigeant* le travail, une classe énorme, qu'on ne saurait évaluer, mais que pour mon compte j'estime devoir être le tiers ou au moins le quart de la nation, composée des statisticiens, des bureaucrates, des chefs de travail, des surveillants de travail, des inspecteurs de travail, des contrôleurs de travail. — Mais la voilà, l'aristocratie ! Elle renaît ; et elle est un peu plus désagréable à considérer que la classe des privilégiés actuels. C'est une caste, et une caste qui ne pourra guère manquer, outre qu'elle sera oppressive, d'être insolente. Elle ne sera pas possédante; elle ne sera pas plus payée, de quelque façon qu'on le soit à cette époque, elle ne sera pas plus *munie* que la classe travailleuse. Soit. Mais, en tant que loisirs qu'elle pourra se ménager, en tant qu'avantages qu'elle pourra se faire donner par les travailleurs en les bien traitant, en tant que facilité de vie, en tant que puissance, influence, prépondérance, en tant que consommation de produits dont elle aura en mains la distribution et répartition et dont il est assez probable qu'elle se réservera quelque peu plus qu'elle ne donnera aux autres, en vertu de la charité bien ordonnée; elle sera incomparablement plus heureuse, plus jouissante, du moins, que la classe inférieure. Tranchons donc le mot, puisque la chose est évidente, cette classe exploitera la nation, tout simplement; et elle l'exploitera furieusement, puisqu'elle l'exploitera autant qu'elle voudra, aucune liberté n'existant dans le pays.

Quand je songe que les socialistes affirment que le socialisme, établissant l'égalité, supprimera une des maladies et un des tourments des hommes, l'ambition ! Mais l'ambition sera furieuse en régime collectiviste ! Tous les ouvriers voudront être chefs de travail, toute la plèbe voudra entrer dans cette aristocratie et l'on pourrait dire dans cette féodalité qui sera la bureaucratie, et l'envie et la haine provenant de l'ambition déçue seront atroces. Je ne vois pas dans toute l'histoire des peuples aristocratiques une aristocratie plus nette, plus accusée et plus capable de devenir despotique et plus susceptible d'être furieusement haïe, assez justement du reste, que la classe aristocratique que le régime collectiviste établirait et serait parfaitement forcé d'établir. Voilà l'égalité collectiviste, voilà comment le collectivisme détruirait l'inégalité et comment, en détruisant l'inégalité, il établirait la concorde et l'amour parmi les hommes !

Il veut aussi supprimer l'anarchie industrielle. Il faut bien s'imaginer, il faut bien se mettre dans l'esprit qu'il ne supprimerait une anarchie industrielle que pour en mettre une autre à la place. Comment veut-on que l'État, c'est-à-dire un certain nombre de chefs, de gouvernants, choisis par le caprice des votes populaires, s'entendent mieux à gouverner l'immense atelier national que nos chefs d'industrie actuels à gouverner les leurs ? Ceux-ci, de temps en temps, produisent trop, ce qui amène des crises, oui, c'est entendu ; mais ils sont singulièrement bien avertis par l'état du marché et par l'étiage de l'offre et de la demande, et leurs erreurs sont limitées. Qui pourra limiter les erreurs de nos chefs d'État collectiviste, peu renseignés, moins bien, du moins ; irresponsables ou peu responsables et à lointaine échéance ; non frappés immédiatement à la bourse et à la caisse par le contrecoup de leurs erreurs ; enclins à « faire grand », comme tous ceux qui gouvernent de très haut et sans responsabilité et sans crainte de ruine ? Ne voit-on pas que l'État industriel serait le grand industriel gaspilleur ? Ne voit-on pas que ce vice bien connu de toutes les administrations, une certaine incurie et une certaine insouciance, qui s'appellent en termes polis « la manière large », mais qui sont juste le contraire de la stricte et rude parcimonie des industries privées et qui sont insensiblement et insidieusement ruineuses derrière une belle façade correcte ; ne voit-on pas que ce vice sévirait nécessairement en régime collectiviste et serait cent fois pire que l'anarchie industrielle, réelle, mais atténuée, qui est l'objet de récriminations si bruyantes ?

Non, le collectivisme ne supprimerait pas l'anarchie industrielle ; il la *transposerait,* il la continuerait sous une autre forme, sous un autre aspect, mais aggravée.

Et enfin le collectivisme se flatte de supprimer la misère. Il n'y a plus de loi d'airain en collectivisme. Je reconnais qu'en collectivisme il n'y a plus de loi d'airain. Mais il y a quelque chose qui y ressemble terriblement. Je ne connais pas de meilleur moyen de faire de la misère que de tarir la production. Or avons-nous assez vu que le collectivisme la tarit? Avons-nous assez vu que, par l'inertie qu'il répand dans toute la nation, par toute invention et tout renouvellement des procédés agricoles et industriels rendus impossibles ou très improbables, par l'absence de toute émulation et le ralentissement, qui s'ensuit, de tous les efforts, le collectivisme fait ceci surtout, et presque uniquement, qu'on ne travaille plus? Si l'on ne travaille plus, ou très peu, la production diminue. Qu'on me pardonne ces truismes. Si la production diminue, il ne se peut point, à ce qu'il me semble, que la misère n'augmente pas. Elle augmente jusqu'à quelles limites? Jusqu'à la limite précise, jusqu'au point précis où, la privation servant d'aiguillon, l'homme se remet à travailler parce qu'il sent que le pain manque ou va manquer. Mais au-dessus de ce point-là, l'émulation manquant, l'homme ne travaille pas ; la possibilité d'acquérir du bien-être n'existant pas, l'homme ne travaille pas; la production languit et la misère revient. *La pauvreté générale oscillera donc à la limite de ce qui sera strictement nécessaire à l'ou-*

vrier pour vivre et se reproduire, sans pouvoir ni s'élever sensiblement au-dessus ni descendre sensiblement au-dessous; ou, en d'autres termes, la quantité de produits donnée à l'ouvrier se bornera strictement, en tout genre de travail, à ce qui lui sera nécessaire pour lui procurer la subsistance. Et voilà la loi d'airain revenue, et tout entière, et dans toute sa rigueur, et plus stricte qu'elle n'était avant.

Je ne sais même pas si je ne suis pas trop optimiste dans le raisonnement que je viens de faire. Je dis : la misère augmentera fatalement jusqu'à la limite précise où, la famine étant imminente, l'homme, sans stimulant jusque-là, retrouvera un aiguillon dans la peur de mourir de faim et se remettra au travail. C'est bien raisonné ; mais n'ai-je pas tort de dire « limite précise » ? Certainement, j'ai tort. Dans l'état économique actuel, la limite de la loi d'airain est à peu près précise. L'ouvrier se cabre contre les réductions de salaire quand il ne peut plus les accepter sans mourir de faim. Bien ; voilà une limite presque mathématique. Mais en régime collectiviste il est nourri par l'État ; il est payé en productions ou en bons-travail qu'il échange contre des productions du travail général. Or le moment arrive où la production s'est ralentie, le travail ayant trop fléchi. L'État dit à l'ouvrier : « Je ne peux plus vous nourrir. Il n'y a plus de production. Qu'est-ce que vous voulez? Je ne puis pas réussir à vous faire travailler. Il n'y a plus de production. Je vous rationne. Je suis forcé de vous rationner. »

Mais *quand* l'État dit-il cela à l'ouvrier? Quand la production s'est ralentie depuis longtemps déjà, ou au moins depuis quelque temps. L'immense machine administrative va lentement et ne constate pas les résultats et ne prévoit pas les résultats instantanément. Le rationnement arrive donc quand déjà la misère en puissance, je veux dire le déficit de production, est considérable. Il en est de cela comme de l'impôt : on ne s'aperçoit du déficit ou l'on ne s'en inquiète que quand déjà il est béant. Le rationnement, terrible en lui-même, mais seul moyen qu'aura l'État de faire sentir à l'ouvrier qu'il faut travailler, le rationnement, remède effroyable, sera donc toujours remède tardif; de sorte que *la loi d'airain du collectivisme* peut se formuler ainsi : « la pauvreté générale oscillera *d'ordinaire* à la limite de ce qui sera strictement nécessaire à l'ouvrier pour vivre et se reproduire ; mais *souvent* elle oscillera très sensiblement au-dessous. » — Le régime collectiviste sera l'indigence permanente, traversée par de fréquentes crises de famine.

Et quand on songe que, dans ces crises de famine, ce sera l'ouvrier rationné, donc débilité, qui devra faire un effort inaccoutumé, un effort extraordinaire, un effort anormal pour faire remonter la production au niveau nécessaire pour qu'il puisse vivre!

Et vous prévoyez très bien la suite nécessaire de ces choses. Dans le régime actuel, que je reconnais qui n'est pas beau, l'ouvrier lutte un peu contre la loi d'airain, comme j'ai dit plus haut, en faisant travailler ses enfants. En régime collectiviste, en régime de misère continue et de rationnements intermittents, c'est-à-dire de famines périodiques, son plus grand intérêt sera de ne pas en avoir. Collectivisme entraîne paresse, paresse entraîne non-production, non-production entraîne misère et misère entraîne dépeuplement. — Et maintenant, pour reprendre le mot précédemment cité, il faut dire : *Ubi solitudinem faciunt, beatitudinem appellant.* J'ai toujours vu le collectivisme comme une machine pneumatique, qui vide un pays méthodiquement et qui y appelle, non pas par immigration, car personne ne voudrait y venir, mais par conquête, car la conquête commencerait par supprimer le régime collectiviste, les peuples voisins soucieux de le cultiver et exploiter s'il est fertile.

Le dernier mot à dire sur le collectivisme, c'est qu'il est absolument impossible de l'organiser dans un pays si on ne l'organise en même temps dans tous les autres. En effet, s'il est vrai, et cela me paraît incontestable, que le collectivisme, à tout le moins affaiblirait un pays, ferait qu'il produirait moins, qu'il n'inventerait rien, qu'il ne progresserait pas du tout et qu'il diminuerait comme population ; il est évident qu'il serait une proie offerte au peuple voisin, quelconque, qui serait resté énergique. Si les peuples sont obligés de vivre intérieurement en régime concurrentiel, c'est qu'ils vivent les uns par rapport aux autres en régime concurrentiel. Vivant les uns par rapport aux autres en régime concurrentiel, ils sont forcés intérieurement de tirer d'eux-mêmes le plus qu'ils peuvent, de faire intérieurement le plus d'efforts possibles pour soutenir la concurrence soit industrielle, soit commerciale, soit belliqueuse, avec les autres peuples, leurs rivaux. On ne peut organiser le collectivisme que dans une île et dans une île inaccessible, ou partout à la fois sur toute la surface de la planète. J'ai coutume de dire qu'on ne peut établir le collectivisme que dans une île, escarpée, sans bords, inaccessible de partout et qui bientôt serait déserte. Je reconnais qu'on peut aussi l'établir n'importe où, à la condition qu'on l'établisse partout. Mais voilà le difficile.

Le collectivisme c'est une forme du désarmement, c'est même la forme la plus radicale du désarmement. Il en résulte qu'il est aussi difficile à faire que le désarmement lui-même. Or le désarmement est-il possible ? On conviendra au moins qu'il offre des difficultés. Personne n'ose commencer, personne ne veut commencer, personne en vérité ne peut commencer. Celui qui commencerait courrait gros jeu. Bien des philanthropes ont dit : « Que toutes les nations du monde désarment »; mais personne, sauf peut-être M. Naquet et M. Hervé, n'a osé dire : « Nous, Français, ou nous Allemands, ou nous Anglais, désarmons sans attendre les autres. » — « Messieurs les Anglais, tirez les premiers, » était déjà une sottise; mais : « Messieurs les Anglais, tirez seuls, et nous ne riposterons pas », cela ne peut pas être dit. Voilà pourquoi le désarmement est toujours un vœu et n'est jamais mis qu'à l'ordre du jour *sine die.*

S'il en est ainsi du désarmement militaire, il en est ainsi du collectivisme, qui est un désarmement économique. La première nation qui s'organiserait en régime collectiviste serait dévorée au bout de quelques années par une nation voisine, ou partagée entre deux ou trois peuples voisins, tout comme un peuple livré à l'anarchie. Le collectivisme n'est pas l'anarchie, il en est même le contraire ; mais il a les mêmes effets, parce que, comme l'anarchie, il affaiblit et énerve un peuple et lui ôte toute virilité ; et ceci est un exemple, non pas de la loi d'identité des contraires, mais de cette loi, plus juste, je crois, que les contraires *à leur état excessif*, produisent les mêmes résultats.

Le collectivisme est ce que les historiens, à tort ou à raison, appellent une décadence, c'est-à-dire, tout simplement le passage d'un peuple de l'état énergique à l'état doux. Un peuple était actif, entreprenant, inventif, conquérant peut-être ; il devient, par suite de telles ou telles circonstances, qui varient et que nous n'avons ici ni à énumérer ni à rechercher, tranquille, sédentaire, ami des loisirs, sans ambition, sans désir de progrès, ami du repos et de la médiocrité. Il est mûr pour le collectivisme, et il voit, à tort selon moi, mais très naturellement, dans le collectivisme, un objet qui répond assez exactement à ses rêves. Il voulait se reposer ; il sent qu'il va se reposer. Il s'abandonne. Il dit : « *Laus et fortuna valete* » et : « Vive la médiocrité ! » Il a peut-être raison. Mais si le barbare existe, il sera dévoré par le barbare. Il aurait fallu, avant tout, qu'il convertît le barbare à ses théories, ou plutôt qu'il convertît le barbare à son tempérament.

Voilà le danger qu'il y a à établir le collectivisme ou seulement à y aspirer. Le collectivisme c'est la queue coupée du renard. Le renard qui avait la queue coupée avait les meilleures raisons du monde d'engager ses concitoyens à couper la leur ; mais il ne se la serait jamais coupée lui-même le premier, quelque convaincu qu'il eût pu être qu'il était souhaitable que personne n'en eût. Aucun peuple ne désarmera le premier, par crainte très fondée qu'il ne soit le seul à le faire. Il en est tout de même du collectivisme, avec cette différence que beaucoup s'imaginent que *collectiver* n'est pas désarmer. Mais je ne saurais assez dire à ceux-ci combien ils ont tort.

Faire du collectivisme sur un point de la planète sans qu'on en fasse sur la planète tout entière serait donc une duperie et même serait impossible. Faire du collectivisme avant que le cosmopolitisme soit réalisé, c'est mettre la charrue devant les bœufs. Si les collectivistes étaient logiques, ils renverraient le collectivisme à une date indéterminée et travailleraient d'abord à l'abolition de toutes les patries, après quoi, dans l'univers unifié, ils feraient leurs expériences collectivistes.

Aussi, comme les socialistes ne laissent pas d'être sensibles à la logique et comme la logique s'impose toujours plus ou moins, la plupart des collectivistes et même la plupart des socialistes sont hostiles plus ou moins nettement à l'idée de patrie. Ils sentent qu'au fond la patrie est leur ennemie et que c'est ceux-là qui voudront leur patrie forte qui, d'instinct, ne seront pas socialistes, et que c'est ceux-là à qui la patrie sera indifférente qui viendront au socialisme assez facilement. Il y a entre le patriotisme et le socialisme une antinomie que les socialistes sentent à merveille et les patriotes aussi, mais les socialistes plus peut-être que les patriotes ; parce que la patrie à maintenir forte est bien l'obstacle principal au triomphe du socialisme et que, tant que cette idée de patrie sera puissante sur l'esprit des hommes, le socialisme ne fera pas de suffisants progrès.

De là, à différents degrés, la froideur, la méfiance, l'animadversion, la haine ou la fureur des socialistes contre la patrie. De là l'*antimilitarisme*, antipatriotisme hypocrite, ou l'antipatriotisme déclaré des instituteurs français, qui sont des socialistes à courtes vues mais très logiques, simplistes mais clairvoyants, et qui sentent bien que tant qu'on aimera sa patrie on n'aimera guère ce qui a au moins quelques chances de l'affaiblir, et que même un socialiste resté patriote reculera devant l'application dès qu'il aura quelque soupçon que ce qu'il va faire peut mettre sa patrie en état d'infériorité très marquée. « Et donc, *avant tout*, — et c'est en « cet avant tout » qu'ils ont bien raison à leur point de vue, — *avant tout* détruisons chez les jeunes Français l'amour de la France, disent les instituteurs français, parce que ce n'est qu'à cette condition que nous ferons des socialistes sans mélange et par conséquent sans hésitations ni sans scrupules. »

C'est raisonner juste. La suite des idées, à travers l'histoire du dernier siècle, est celle-ci : « 1° Liberté, Égalité ; — 2° mais, vraiment, il y a antinomie entre Liberté et Égalité et l'on ne peut établir l'égalité réelle qu'en sacrifiant la liberté, puisque tout homme à qui on laisse la liberté s'en sert immédiatement pour faire de l'inégalité à son profit dans la mesure de ses forces. Or, à laquelle de ces deux idées tenons-nous le plus? A l'égalité. Donc sacrifions la liberté ; — 3° mais l'égalité a d'autres obstacles que la liberté. Elle a un obstacle dans l'idée de patrie ; car tant qu'un homme aimera sa patrie, il la considérera comme un camp et comme une armée, et il aura un vif amour de la hiérarchie et par conséquent de l'inégalité. Or, à laquelle de ces deux choses, patrie et égalité, tenons-nous le plus? A l'égalité. Donc sacrifions la patrie. »

Chacun de ces sacrifices successifs a été peut-être douloureux; mais il a été fait, parce qu'à la passion maîtresse on sacrifie naturellement toutes les passions secondaires. Et c'est ainsi qu'égalitarisme, socialisme, antilibertisme, antipatriotisme sont devenus peu à peu synonymes.

On me dira : « Les socialistes anglais, les socialistes allemands sont patriotes. » Je le sais. La gloire nationale a toujours beaucoup d'influence sur les hommes, et l'amour de cette gloire collective est un sentiment ancestral qui, d'une part, ne se déracine point aisément, qui, d'autre part, est réveillé et revivifié par le succès. Un socialiste anglais ou allemand sent donc son public partagé et d'ailleurs est partagé lui-même Il sent son public partagé entre le patriotisme et le socialisme, et il fait tous ses efforts pour cultiver dans son public l'esprit socialiste en ménageant l'esprit patriotique dont il le sent animé et en lui persuadant que ces deux esprits sont conciliables. Il est rempli lui-même de deux sentiments dont il lui coûterait infiniment de sacrifier l'un ou l'autre. Il fait donc, comme il peut, du socialisme patriotique et du nationalisme socialiste. M. Bebel est extrêmement intéressant à considérer et à guetter à cet égard. C'est dans ces pays-là qu'on ne peut pas tout à fait aller jusqu'au fond des choses et jusqu'à cette vérité qu'entre socialisme et patriotisme, il faut choisir.

Du reste, même dans les pays affaiblis et qui ont renoncé à redevenir forts, il est difficile d'aller franchement jusqu'au fond des choses, et seuls quelques-uns en ont l'audace ; mais encore en ces pays-ci, il est plus facile d'approcher des déclarations nettes, des partis pris décisifs et des renoncements absolus, et de dire par exemple : « Aimez votre patrie : mais ne lui sacrifiez rien et n'admettez pas qu'on vous invite à lui sacrifier quelque chose. » C'est ainsi qu'on achemine les esprits à ne pas tenir compte de la patrie et à considérer le patriotisme seulement comme un obstacle à la réalisation de l'égalité réelle, ce qui est l'état mental où il est important de les amener.

Il résulte de cette méthode si naturelle et qui s'impose pour ainsi dire aux égalitaires, des choses assez intéressantes. C'est, par exemple, que le socialisme, qui ruinerait le pays s'il y était établi, le ruine par les efforts qu'il fait pour s'y établir. Il le ruine d'abord par la terreur qu'il inspire aux capitaux, lesquels prennent le chemin de l'étranger : la folie, la frénésie des placements russes a été un signe curieux de socialophobie dans les classes bourgeoises françaises ; mais il le ruine aussi par sa méthode même. Forcé, à titre de mesure préalable, de miner le patriotisme, il détruit une des forces morales du pays où il sévit, et la principale et l'essentielle, avant même d'avoir commencé à s'instituer. Il détruit la patrie avant de détruire la société ; il ôte à la nation son âme avant d'anémier son corps. « Il paralyse l'esprit national par ses seules premières approches, avant de plonger la nation même dans la misère par l'établissement de son régime. »

Mais, *tout au fond*, l'antipatriotisme, considéré comme méthode du socialisme à dessein de préparer ses voies, est-il une idée juste ? En d'autres termes, si, à supprimer une patrie le socialisme n'a rien fait, ne les ayant pas supprimées toutes ; en supposant qu'il ait réussi à les détruire toutes et toutes à peu près en même temps, aura-t-il gain de cause et pourra-t-il se déployer librement ? Je réponds que non. Même cette hypothèse absolument folle étant admise, je réponds que non. Il existera toujours des patries. Fussent-elles toutes détruites demain, il s'en formera deux ou trois autres quelque part. Pourquoi ? Parce qu'il y a naturellement, par la loi naturelle, inévitable et invincible, des parties dures et des parties molles dans l'humanité. Tout au moins il y a des différences de densité dans les populations humaines et des parties plus dures ou moins molles que les autres. En d'autres termes, il y a des part es de l'humanité qui sont faites pour le groupement et pour un groupement plus serré que celui dont d'autres parties de l'humanité sont susceptibles. Il suffit pour que, très vite, dans le cosmopolitisme que j'ai bien voulu supposer, il se forme des groupements d'hommes énergiques ou tout simplement moins abandonnés que les autres, et ces groupements seront des noyaux de patries. Ces noyaux de patries s'étendront, se développeront, s'annexeront les parties molles du genre humain, jusqu'à ce qu'elles se rencontrent face à face les unes les autres et se combattent, et à se combattre prennent, chacune d'elle-même, une conscience plus nette et plus vive, et tout sera comme auparavant.

Il est inévitable, par tout ce que nous savons de l'histoire, laquelle nous ne pouvons cependant point vouloir complètement ignorer, que l'humanité n'est pas également homogène, qu'à cause de cela elle se constitue par nations, par patries ; il est certain qu'il y a les plus grandes chances du monde pour qu'il en soit toujours ainsi, et il est sûr que tant qu'il en sera ainsi le collectivisme ne pourra s'établir nulle part. Eût-il conquis les trois quarts du monde, en affaiblissant ces trois quarts il en ferait une proie pour le quatrième ; eût-il conquis le monde entier, j'ignore par quel coup de baguette, dans son sein même naîtraient des patries qui le détruiraient. Le cosmopolitisme collectiviste aurait détruit les patries anciennes et il serait fécond en patries nouvelles.

Donc, si le collectivisme ne peut s'établir que le cosmopolitisme étant établi, on peut compter qu'il ne s'établira nulle part, ou qu'il ne se constituera que pour un temps si court qu'il est absolument inutile d'en faire état. Le collectivisme est subordonné à une constitution de l'humanité qui est contraire à la nature humaine elle-même. Il n'a pas sa place dans le temps. Il est non seulement utopique, mais uchronique. Il est en dehors de la réalité et du possible. La seule forme du socialisme qui soit rationnelle, à savoir le collectivisme, a contre elle qu'elle est irréelle.

IX

LES PSEUDO-SOCIALISMES.

Tels sont les trois systèmes principaux que le socialisme présente aux délibérations des hommes et qui, je crois, sont destinés à toujours se reformer en quelque sorte et à toujours revenir en discussion. Ce sont comme les trois sommets du triangle. Mais on pense bien que, vu le radicalisme de l'un, de l'autre et du troisième, bien d'autres projets ont été élaborés, tous tendant, non à l'établissement du socialisme intégral, mais à la réalisation partielle de l'idéal socialiste : établir l'égalité parmi les hommes. Ces projets sont tous partiels, en effet, et, réalisés, n'iraient qu'à *diminuer* l'inégalité en la laissant encore très grande. On peut donc les considérer comme des palliatifs, comme on pouvait considérer les autres comme des panacées.

Ils se sont multipliés depuis une vingtaine d'années, surtout en France et en Allemagne, par suite de l'existence du suffrage universel dans ces deux pays. Comme en beaucoup de circonscriptions, surtout urbaines, il faut au moins se dire socialiste pour être élu ; et comme, d'autre part, il serait dangereux de s'affirmer anarchiste, collectiviste ou même appropriationiste et surtout de dire nettement en quoi consiste l'un ou l'autre de ces systèmes, les candidats se disent généralement socialistes sans explications, ou joignent à ce mot quelques considérations sur certaines réformes qui seraient de nature à adoucir ou alléger les malheurs du peuple.

Particulièrement en France, toute une population de politiciens a adopté l'étiquette de « *radical-socialiste* ». Le mot « radical-socialiste » indique surtout que l'on n'est pas socialiste radical. Il indique subsidiairement, pour qui sait entendre, que l'on est radical, c'est-à-dire adversaire secret du socialisme et homme ayant la terreur du socialisme. Les radicaux français, en effet, n'ont qu'une passion ou n'ont qu'une méthode, à savoir l'anticléricalisme. Pour les uns, c'est passion, et ils n'ont dans l'esprit et dans l'âme que l'horreur du christianisme ; pour les autres, c'est une méthode, un procédé, et ils n'entretiennent le peuple dans l'horreur du prêtre que pour le détourner et le divertir des rêveries ou des projets socialistes. Tous, donc, sont d'autant moins socialistes au fond qu'ils sont radicaux, ou ne sont radicaux que parce qu'ils ne sont pas socialistes et en proportion même de ce qu'ils ne le sont pas. D'autres, loyalement, tout en ne voulant pas être et ne pouvant pas être ni anarchistes, ni appropriationistes, ni collectivistes, se disent qu'il y a pourtant, qu'il doit y avoir, pour diminuer les inégalités et pour adoucir les souffrances populaires, « quelque chose à faire », et ils accueillent un des palliatifs dont je parlais tout à l'heure.

Ce sont ces palliatifs, ces moyens termes, soit projets sincèrement philanthropiques, soit manœuvres politiques et électorales, que j'appelle les pseudo-socialismes et dont j'examinerai les principaux, les plus nets, les plus cohérents, les plus pratiques aussi et dont il peut y avoir quelque chose à tirer ou à retenir.

Le trait commun de tous ces systèmes, c'est qu'ils laissent complètement de côté la question agraire et ne s'occupent aucunement de rétablir l'égalité dans les campagnes. Le temps n'est plus (1878) où M. Jules Guesde écrivait : « Des capitaux qu'il s'agit de reprendre à quelques-uns pour les restituer à tous, les uns, *comme la terre*, ne sont pas de création humaine, sont antérieurs à l'homme pour lequel ils sont une condition *sine qua non* d'existence. Ils ne sauraient, par suite, appartenir aux uns à l'exclusion des autres sans que ces autres soient volés. Et faire rendre gorge à des voleurs a toujours et partout été considéré, je ne dis pas comme un droit, mais comme un devoir, comme le plus sacré des devoirs. » Le temps n'est plus où M. Jules Guesde écrivait cela ; ou plutôt il l'écrirait encore, mais très peu de socialistes le contresigneraient. — M. Jaurès a été jusqu'à dire · « Vous qui vous servez de la terre comme d'un instrument de travail, gardez-la, » ce qui est de l'*appropriationisme* confus, car il ne distingue pas entre le paysan qui cultive lui-même sa terre et celui qui la fait travailler par des salariés ; mais ce qui, en tout cas, n'est pas du tout du collectivisme ; et seulement une concession de politiciens à des gens qu'il s'agit de ménager et qu'on aurait contre soi, et furieusement, si on leur parlait soit de collectivisme, soit d'appropriationisme strict, précis et véritable.

Toujours est-il que les propositions et projets pseudo-socialistes ou, si l'on veut, les propositions et projets du socialisme modéré, laissent complètement de côté la question agraire. Ils portent, à ne parler, comme j'ai dit, que des principaux, sur les points suivants : 1° Intervention de l'Etat dans les questions à résoudre entre patrons et ouvriers ; 2° Associations et coopérations entre ouvriers ;

3° Participation des ouvriers aux bénéfices de l'entreprise à laquelle ils sont employés.

L'intervention de l'Etat dans les différends entre les ouvriers et les patrons peut être de diverses sortes. L'Etat peut fixer un minimum de salaire au-dessous duquel l'employeur ne peut descendre. Il empêche ainsi la loi d'airain de sortir son effet. Il maintient au-dessus de la misère la condition du travailleur. Il empêche aussi par ce moyen les grèves de se produire, s'il est vrai que la grève ne se produit que lorsque l'ouvrier ne reçoit qu'un salaire insuffisant pour le sustenter lui et les siens.

L'Etat peut encore limiter le nombre des heures de travail, ce qui peut avoir les mêmes effets ; car l'ouvrier ne recevra, il est vrai, que le salaire très bas que le jeu de l'offre et de la demande fixera ; mais ce ne sera pas pour un travail excessif qu'il recevra ce salaire, et par conséquent ce ne sera pas par son dépérissement qu'il gagnera sa paye ; ce ne sera pas au prix de sa vie quil gagnera sa vie. La fixation du nombre des heures de travail est un moyen détourné de fixer un minimum de salaire ; car le salaire, de par la loi économique, ne peut baisser au-dessous de ce qui est strictement nécessaire à l'ouvrier pour vivre, et d'autre part, de par la loi législative, on ne pourra pas, pour ce salaire au moins suffisant, demander à l'ouvrier au delà de ses forces ; on ne pourra pas lui donner de la vie d'une main et de l'autre lui en reprendre plus qu'on ne lui en donne. La fixation du nombre des heures de travail est une fixation d'un minimum de salaire combiné avec une vie saine.

L'Etat peut encore intervenir dans les différends entre ouvriers et patrons en établissant que l'arbitrage en ce cas est obligatoire, et en se réservant le rôle d'arbitre, ou en se réservant le droit de choisir l'arbitre, ou en déterminant dans quelles conditions l'arbitre sera choisi par employeurs et employés et en mettant la force sociale au service de l'arbitre une fois sa sentence rendue. L'Etat empêche ainsi les différends entre ouvriers et patrons d'être interminables, et s'il n'atteint pas la justice et l'équité absolues, atteint du moins le but véritable de toute magistrature, qui est que les différends finissent.

L'Etat peut encore favoriser par sa législation toutes les associations, fédérations, coalitions des ouvriers contre les employeurs et empêcher par sa législation et par la contrainte toutes les associations de patrons dans le dessein de défendre leurs intérêts. Ce ne serait que l'Etat ancien « retourné », pour ainsi parler, puisqu'il y a soixante ans le droit d'entente était reconnu aux patrons et le droit de grève refusé aux ouvriers. Ce serait, après la société capitaliste se défendant contre les ouvriers et les opprimant, la société prolétarienne se défendant contre les employeurs et les opprimant. *Pulchras vices.*

Tels sont les différents aspects de l'intervention possible de l'Etat, non collectiviste d'ailleurs, dans les questions qui peuvent se présenter, pour être résolues ou simplifiées, entre les ouvriers et les patrons. C'est ce qui s'appelle couramment, d'un mot un peu singulier, le socialisme d'Etat ; c'est ce qu'on pourrait appeler l'Etatisme limité, étant donné que le collectivisme seul est Etatisme absolu.

Les projets qui ne ressortissent pas à l'Etatisme et qui visent l'organisation du prolétariat pour la défense de ses intérêts sont ceux-ci. Associations entre ouvriers pour *remplacer* le patronat ; associations entre ouvriers pour *combattre* le patronat. — Les associations entre ouvriers pour remplacer le patronat sont les sociétés coopératives de production. Elles consistent en ceci que les ouvriers s'associent pour acheter les matières premières, pour les élaborer et pour les vendre. Autrement dit ils remplacent le capital en en constituant un qui est à eux, et ils remplacent le patron par eux-mêmes délibérant sur la gestion de l'entreprise. Ils instituent une république industrielle qui remplace une monarchie industrielle. Ils démocratisent le capital et ils démocratisent la direction de l'affaire. Ils réalisent le mot célèbre de Waldeck-Rousseau (1) : « Il faut désormais que le *travail possède* et que le *capital travaille.* » Ils sont à la fois des ouvriers capitalistes et des capitalistes qui travaillent.

Les associations entre ouvriers pour combattre le patronat et non plus pour le remplacer, sont des sociétés, ordinairement nommées syndicats parce qu'elles sont gouvernées par des syndicats, qui s'occupent à défendre les ouvriers contre les prétentions et exigences des patrons ; qui, par conséquent, s'occupent surtout à faire en sorte : 1° que les salaires ne baissent pas ; 2° qu'ils s'élèvent. Les syndicats sont l'armée en guerre contre la loi d'airain. Ils sont sans cesse tendus à l'empêcher de faire son office. Le salaire baisse ; ils sont là pour empêcher que les ouvriers ne l'acceptent ainsi diminué. Le salaire est permanent ; ils sont là pour commander aux ouvriers d'exiger qu'il soit plus fort ou d'exiger qu'il reste le même avec diminution du nombre d'heures de travail. Leur arme c'est le refus de travail, c'est-à-dire la grève, et

(1) Il est dans un discours de Waldeck-Rousseau. D'autre part, je vois M. Biétry l'attribuer à M. Alfred Poizat.

leur trésor de guerre c'est l'argent versé par leurs adhérents qui permet de nourrir la grève, c'est-à-dire de pourvoir aux besoins des ouvriers qui ont refusé le travail jusqu'à ce que les employeurs aient capitulé.

Les sociétés coopératives de production et les syndicats de protection des ouvriers ont le même but avec des moyens différents. Les sociétés coopératives de production se soustraient au capital en n'ayant pas besoin de lui ; les syndicats de protection le surveillent, le tiennent en respect et le combattent. Les sociétés coopératives de production suppriment le patronat, les syndicats de protection l'oppriment. Il est clair qu'il vaudrait mieux le supprimer que l'opprimer ; mais d'abord, disons-le pour mémoire et sans y attacher grande importance ; mais parce que c'est vrai ; il y a toujours plus de plaisir à combattre qu'à créer et plus d'un en ce monde souhaite que son ennemi ne meure pas pour ne pas perdre par sa mort la possibilité de lui être désagréable ; et ensuite c'est une question d'argent et (peut-être) faut-il moins de fonds pour entretenir des grèves et lutter contre le capital que pour fonder des sociétés de coopération. L'argent des syndicats de protection, c'est un capital militant, l'argent des sociétés de coopération, c'est un capital créateur ; si le capital militant n'a pas besoin d'être aussi considérable que le capital créateur (ce qui est difficile à calculer), il n'y a rien à dire.

Enfin, un des moyens préconisés pour alléger la condition des ouvriers est la participation aux bénéfices. Etablir comme règle qu'aucun ouvrier n'entrera jamais dans une maison de travail qu'il ne soit assuré d'une portion dans les bénéfices de l'entreprise, tel est le principe. Dans ces conditions, d'une part l'ouvrier n'est pas un ouvrier, un salarié, il est un associé. Son travail, ou plutôt la plus-value de son travail, pour parler comme Marx, cette plus-value que le socialisme considère, en tant que l'employeur se l'approprie, comme un vol de travail commis sur l'ouvrier, cette plus-value rentre, au moins en partie, chez lui. Il travaillait, par exemple, six heures qui étaient représentées, par son salaire, plus deux heures qui étaient en plus-value et qui appartenaient à son patron. Il travaillera six heures dont il sera payé, une heure qui sera ce qu'il mettra dans l'entreprise pour y être associé et qui lui vaudra dividende, une heure encore pour l'employeur si l'on considère que l'employeur doit être surpayé comme gérant responsable de l'entreprise.

Cette participation aux bénéfices, d'abord est juste, pour les raisons que nous venons de donner, ensuite sauve, et même établit la dignité de l'ouvrier, enfin l'intéresse au travail et à la bonne gestion de la maison et fait qu'il devient un collaborateur du patron au lieu d'être son subordonné et par conséquent son adversaire.

Voilà les principaux systèmes de pseudo-socialisme ou de socialisme limité que l'on rencontre le plus souvent dans les expositions doctrinales, dans les discussions et dans les travaux législatifs. J'y reviendrai, au fond, plus loin.

Pour le moment je me borne à faire remarquer qu'ils vont, *tous*, directement contre le collectivisme, comme du reste l'anarchisme lui-même et l'appropriationisme lui-même, de telle sorte que *tout ce qui n'est pas le collectivisme est contre lui*, le combat, lui met obstacle, fait le contraire de ce qu'il veut faire et ne peut que retarder son avènement.

Je dis l'anarchisme et l'appropriationisme eux-mêmes, et je vide rapidement cette question. Que créerait l'anarchisme s'il était réalisé ? La paix et le partage amiable dans la concorde, disent les anarchistes. Un Etat inorganique, disent ceux qui croient connaître mieux la nature humaine, un Etat où, n'y ayant pas de loi, il n'y aurait que la force et où les plus forts ou les plus promptement associés, c'est-à-dire les plus forts individuellement ou les plus forts collectivement, s'empareraient de ce qu'il y aurait de bon et le garderaient. L'anarchisme, c'est l'expropriation sans appropriation et sans socialisation. Dans ces conditions, l'appropriation se ferait toute seule au profit des plus forts et des plus hardis. Serait-ce un mal ? Je ne dis pas ; je n'en sais rien ; mais je dis qu'un nouveau régime capitaliste sortirait spontanément et immédiatement de l'anarchie et que tout recommencerait d'aller comme on a vu qu'il a été.

L'appropriationisme, c'est l'expropriation suivie, non de socialisation, mais d'appropriation : la chose à ceux qui l'exploitent. Je n'ai pas besoin de dire et j'ai assez dit que c'est un capitalisme détruit pour en mettre un autre à la place ; que c'est un capitalisme prolétarien succédant à un capitalisme bourgeois et destiné du reste à devenir bientôt capitalisme bourgeois lui-même.

Donc, voilà pour l'anarchisme et l'appropriationisme : tous les deux sont générateurs de capitalisme ; tous les deux vont directement contre le collectivisme, font le contraire de ce qu'il veut faire et le retardent. L'un et l'autre sont eux-mêmes des pseudo-socialismes. Passons aux pseudo-socialismes proprement dits, non pas plus proprement dits, en vérité, mais qu'on est généralement plus porté à appeler ainsi.

La participation aux bénéfices, pour commencer si vous voulez par elle, est-elle du socialisme ou du capitalisme ? Je crois qu'elle est du capitalisme au premier chef. Car remarquez ceci. Où y a-t-il des bénéfices ? La plupart des entreprises industrielles n'en font pas. Elles font vivre leurs ouvriers et leur patron, celui-ci un peu mieux que ceux-là ; et voilà tout. Elles « joignent les deux bouts ». Voilà l'état normal de la plupart des entreprises, je parle de celles qui ne font pas faillite. Où y a-t-il des bénéfices ? Dans les grandes maisons, dans les très grandes entreprises. Si donc, ce qu'il se peut que j'approuve, et nous n'en sommes pas encore là, si donc vous décidez que les ouvriers ne peuvent accepter du travail qu'avec participation aux bénéfices, vous les faites déserter les maisons où il n'y en a pas et vous les faites affluer à celles où il y en a. C'est-à-dire que vous ruinez les petits patrons et que vous enrichissez les gros, ces gros que vous trouvez déjà trop riches. La participation aux bénéfices, établie en loi ou seulement en pratique généralement adoptée, est favorable à la féodalité industrielle. Je ne vois donc point du tout en quoi elle est socialiste, c'est-à-dire anticapitaliste, et je crois voir en quoi et pourquoi elle est capitaliste au contraire d'une façon très accusée.

Si nous considérons la coopération, sous quelque forme qu'elle se présente, nous n'aurons aucune peine à reconnaître qu'elle est capitaliste essentiellement et antisocialiste autant qu'il est possible de l'être. Qu'est-ce qu'une société coopérative qui se forme ? C'est un *propriétaire collectif* qui se crée, autrement dit c'est un propriétaire plus gros, plus puissant, de plus de poids, plus fortement constituant de propriété que ne sont les propriétaires proprement dits. Et ajoutez que c'est un propriétaire qui ne meurt pas, un propriétaire permanent, un propriétaire phénix qui renaît des cendres de chacun de ses membres, un propriétaire destiné à se prolonger, continuer et perpétuer dans ses héritiers, lesquels ne gaspilleront pas le bien ; et plus probablement l'augmenteront. C'est un propriétaire analogue aux ordres monastiques du moyen âge.

Ceci est un exemple à l'appui de ce que je disais plus haut à un autre point de vue : le socialisme sera universel ou il ne sera pas. Le socialisme est si bien destiné à ne pas être s'il n'est pas universel, que, pratiqué en un point seulement ou en plusieurs points seulement, le socialisme est antisocialiste. Les ordres monastiques font, certes, du socialisme à l'intérieur de leur ordre; seulement par rapport au reste de la nation ils font de l'inégalité ; ils accumulent et ramassent en un point une propriété qui n'est point nationale, qui n'est pas sociale. De même une société coopérative de production fait du socialisme et du plus pur, elle fait même du collectivisme, ce qu'on pourrait appeler du collectivisme proportionnel : à chacun selon son apport et selon ses œuvres ; mais, relativement au reste de la nation, elle fait de l'inégalité ; elle crée un gros propriétaire, un très gros propriétaire, qui prétend bien ne devoir rien à personne et ne partager avec personne. Elle est essentiellement oligarchique.

M. Deschanel s'est fait un jour applaudir énergiquement par la gauche de la Chambre française en exposant un programme de mutualité, de syndicats agricoles, etc., et M. Jourde alla jusqu'à dire : « Mais c'est le programme du parti socialiste que vous exposez là ! » M. Jourde n'est pas une autorité en socialisme ; et il ne faut pas faire grand état d'une parole tombée de ses lèvres ; mais il se trompait *toto cœlo*. Rien n'est moins socialiste qu'une coopérative, rien n'est plus antisocialiste, et un des moyens pour faire échouer éternellement le socialisme serait le développement des coopératives. Elles seraient prodigieusement constituantes de capitalisme, et de ce capitalisme collectif qui de tous les capitalismes a la vie la plus dure.

Si nous passons aux syndicats de protection et de défense des ouvriers, nous semblons bien être en présence d'instruments anticapitalistes au premier chef et d'organismes uniquement nés pour empêcher le capital de se former. Car enfin, que fait un syndicat ouvrier ? Il empêche les salaires de baisser et il force les salaires à s'élever jusqu'à la limite où le patron ne gagne presque rien, jusqu'à la limite qui est telle, qu'elle dépassée ou atteinte, le patron déclarerait que, perdant de l'argent, il ferme boutique. Donc le syndicat de protection des ouvriers est par définition étrangleur de capital naissant ; il l'étouffe dans l'œuf ; dès qu'il y a quantité perceptible de capital en formation, il la saisit et il la rogne. C'est bien ainsi que les choses se présentent à l'esprit.

Eh bien ! c'est exactement le contraire. Le syndicat ouvrier favorise le capitalisme. Il le favorise en ce sens que les exigences du syndicat, le gros capital peut les supporter et le petit capital ne le peut pas. La grande maison industrielle à qui l'on dit : « Vous donnerez sept cinquante au lieu de sept » répond, sans enthousiasme, mais répond : « Soit, je marche encore. Mon chiffre d'affaires me permet de supporter ce taux. » La petite maison qui a des frais généraux presque égaux à ceux de la grande et un chiffre d'affaires moindre de beaucoup répond : « Je ne marche pas ; parce que, à ce taux, je ne peux plus marcher. Les cinquante centimes dépassent la limite de mes facultés de dépense. » Voilà une petite maison supprimée au profit des grandes.

— Et quand il n'y aura plus que de grandes maisons, direz-vous, ces maisons, par leur chiffre encore surélevé d'affaires, pourront supporter de nouvelles exigences des syndicats.

— Oui ; mais il ne faudrait pas trop se fier à cela, et il y a là un danger ; le danger que, devenant très peu nombreuses, ces grosses maisons ne puissent s'entendre très facilement, se syndiquer à leur tour étroitement et refuser net toute élévation, même qu'elles pourraient supporter, des salaires. De sorte que le résultat dernier des opérations des syndicats serait la création d'une féodalité industrielle avec laquelle la lutte deviendrait impossible. Les syndicats travaillent à se rendre un jour impuissants. Ils rognent le capital de manière à favoriser la création d'un capital qu'ils ne pourront plus rogner. Les petites et moyennes maisons sont les poules aux œufs d'or que les syndicats s'évertuent à tuer. Ils les tuent; mais, destructeurs des petits capitalismes, ils sont créateurs de capitalismes gros et indestructibles. On ne peut pas considérer les syndicats comme forces vraiment anticapitalistes et comme générateurs d'égalité. Tout au contraire.

Enfin, l'intervention de l'Etat dans les questions ouvrières est-elle « chose socialiste », c'est-à-dire chose anticapitaliste et chose égalitaire ? Au premier abord, comme tout à l'heure, il semble bien. Au fond il n'en est rien du tout. Qu'avons-nous dit que l'Etat peut faire — en dehors, toujours, du collectivisme? — Il peut fixer un minimum de salaire. Bien. S'il fixe ce minimum de salaire au-dessus des forces des petites maisons industrielles, il favorise les grandes, tuant les petites. S'il fixe ce minimum de salaire un peu au-dessous des forces de petites maisons industrielles, il laisse les choses en état et le grand capitalisme subsiste et aussi le petit. Je vois dans un cas le capitalisme favorisé, dans l'autre je ne vois pas le capitalisme détruit. Le raisonnement est le même que tout à l'heure pour le syndicalisme, parce que les choses elles-mêmes sont les mêmes exactement. L'Etat dans le cas que je suppose agit absolument comme un syndicat défenseur des ouvriers pourrait agir. — Il en est de même dans le cas de fixation du nombre d'heures de travail, qui n'est, comme je l'ai montré, qu'une façon détournée ou indirecte de fixer un minimum de salaire. Il y aura même ici un cas particulier. La société coopérative de production qui par exemple s'impose neuf heures de travail, que dira-t-elle à l'Etat qui fixera à huit heures le nombre des heures de travail de l'ouvrier? Elle lui dira : « Mais, nous, nous ne sommes pas des ouvriers, nous ne sommes pas des salariés. Nous sommes des associés travaillant à une entreprise. Nous y travaillons comme nous voulons et autant que nous voulons. De quel droit défendez-vous, non des ouvriers contre des exploiteurs, mais nous contre nous-mêmes, nous contre notre volonté, nous contre notre courage? C'est impossible. »

Et alors de deux choses l'une : ou de la loi des huit heures l'Etat exceptera les sociétés coopératives, ou elle maintiendra la loi pour elles, c'est-à-dire contre elles. S'il la maintient à leur égard, il fait une chose bien bizarre; il empêche un homme parfaitement indépendant, ayant la parfaite disposition de soi-même de travailler selon les forces qu'il se connaît. Il est plus tyrannique que l'Etat collectiviste. L'Etat collectiviste dit : « De chacun selon ses forces. » L'Etat, dans le cas que nous supposons, dit : « De chacun en deçà de ses forces et selon la faiblesse que nous décidons qu'il a et que nous voulons qu'il ait. » C'est très singulier ; et de plus cela peut tuer des sociétés coopératives qui naissent et qui se sont composées précisément de travailleurs qui se sentaient capables de travailler un peu plus que les autres et qui ne comptaient que là-dessus pour faire leur trouée. Or tuer des sociétés coopératives naissantes, c'est faire l'affaire de la grande industrie capitaliste.

A l'inverse, si l'Etat excepte de sa loi des huit heures les sociétés coopératives, il donne à celles-ci un énorme privilège et favorise le capitalisme des sociétés coopératives au lieu de favoriser le capitalisme des grandes maisons d'industrie ; ou plutôt si les choses sont établies ainsi, les grandes maisons d'industrie trouveront bien le moyen en un certain temps de se transformer, de se déguiser en sociétés coopératives, et la loi sera supprimée de fait.

Je ne vois pas du tout, de quelque biais que je la considère, l'intervention de l'Etat relativement à la fixation du nombre des heures de travail, comme « chose socialiste », c'est-à-dire comme chose anticapitaliste et égalitaire.

L'Etat, avons-nous dit encore, peut établir l'arbitrage obligatoire dans les différends entre patrons et ouvriers. Ceci encore n'est pas anticapitaliste. C'est une mesure d'autorité, extrêmement délicate et dangereuse, en ce qu'elle sème les rancunes des deux côtés bien plutôt qu'elle ne les apaise; c'est un expédient, qui met fin pour un temps à une situation tendue et tragique; c'est un jugement, en somme, qui impose aux plaideurs une conciliation temporaire; mais ce n'est pas du tout une mesure anticapitaliste ; puisque, là comme dans plusieurs cas visés plus haut, ce sont les capitalistes les plus forts qui peuvent supporter une sentence dure et les capitalistes faibles, les demi-capitalistes, qui en peuvent trop pâtir, et pour cette cause fermer leurs maisons. Cette considération est si prégnante que jamais l'Etat arbitre, à moins d'être un peu fou, ne portera une sentence très dure contre les grands capitalistes en différend avec leurs ouvriers, cela non point pour ménager les grands capitalistes, mais pour ne pas ruiner par répercussion les petits; et par conséquent d'une part il ne satisfera pas les ouvriers, et d'autre part il ne portera aux capitalistes que des coups qui seront presque des caresses.

Enfin, avons-nous dit, l'Etat peut favoriser par sa législation et par sa force mise au service de sa loi les syndicats défenseurs et protecteurs des ouvriers et interdire les syndicats entre patrons. — Il faut bien que je reconnaisse que ceci enfin est du socialisme, que ceci enfin est anticapitaliste au premier chef; c'est l'Etatisme devenu enfin socialisme. Mais d'abord je ferai remarquer que ce n'est pas très facile à réaliser, rien, quelque loi qui intervienne, n'étant plus aisé à constituer qu'un syndicat secret des patrons. Un syndicat secret des patrons se fait en quelque sorte tout seul, spontanément, presque sans correspondance. Il suffit que les exigences des ouvriers dépassent les forces moyennes des patrons pour que les patrons sentent comme instinctivement cette moyenne et, s'y référant, cessent tous de donner du travail, même ceux qui pourraient supporter les exigences en question, comprenant bien qu'Ucalégon brûle et qu'ils sont à la veille de brûler eux-mêmes. Les syndicats ouvriers autorisés et les syndicats de patrons interdits, je m'étonnerais qu'il n'advînt pas que cela ne fît que blanchir. Pour empêcher les syndicats spontanés, automatiques et insaisissables de patrons, il n'y a qu'un moyen qui vaille, c'est la suppression des patrons, et nous voilà ramenés au collectivisme.

J'ajoute ceci. Protéger les syndicats ouvriers et proscrire les syndicats de patrons, c'est la seule mesure étatiste, reconnaissons-le, qui soit socialiste. *Et encore, je n'en suis pas sûr.* Car enfin, nous y revenons, à cette puissance des féodaux industriels, que toutes les interventions de l'Etat servent, relativement, au lieu de lui nuire. Vous interdisez les syndicats de patrons et, contre toute vraisemblance et toute vérité, je suppose que vous réussissez à les empêcher d'être. Bien : ce sont les petits patrons qui ne peuvent pas se défendre ; mais les grands le peuvent encore, parce que, eux, ils n'ont pas besoin de se syndiquer. Une grande compagnie industrielle est son syndicat à elle toute seule. Si elle se refuse aux exigences de vingt mille ouvriers et si elle les met à la porte — en la fermant, — elle fait ce que feraient, en se syndiquant, quarante patrons occupant chacun cinq cents ouvriers et ne voulant pas accepter leur ultimatum. Dès lors c'est encore la grande industrie qui est favorisée. Elle l'est comme si on défendait à la petite industrie de se syndiquer en le permettant à la grande. C'est même exactement, réellement ce qui a lieu ; car deux ou trois grandes maisons comme celle que je supposais tout à l'heure, non seulement auront chacune à part soi la force d'un syndicat, mais encore se syndiqueront, malgré la loi, le plus facilement du monde, d'une simple entente, sans entente, et comme d'un clin d'œil, ce qui sera toujours plus difficile à quarante ou cinquante petites maisons. Je ne trouve pas que ce résullat soit très nettement anticapitaliste. Décidément l'Etatisme peut très difficilement devenir socialisme pratique.

Nous arrivons donc à cette conclusion que tous les systèmes de socialisme limité sont systèmes de pseudo-socialisme ; que coopération, participation aux bénéfices, syndicalisme protecteur, interventions de l'Etat quelles qu'elles soient, sont confirmatives du système capitaliste et non destructrices du système capitaliste ; que même l'appropriationisme et même l'anarchisme sont capitalistes encore et doivent eux-mêmes s'appeler des pseudo-socialismes ; et que seul le collectivisme est un socialisme rationnel, conséquent et pratique, et que tout ce qui n'est pas collectivisme va directement contre lui.

Le dernier terme de cette trop longue analyse est donc celui-ci : hors du collectivisme point de socialisme ; et le collectivisme est impossible.

Cela revient à dire qu'on ne fait pas au socialisme sa part et qu'il faut lui donner tout, et que du reste il est impossible de lui tout donner. Cela revient à dire qu'on ne peut pas s'évader du régime capitaliste et qu'il faut savoir qu'on y restera toujours.

Est-il possible, en y restant, de l'adoucir, c'est une autre question qui déjà a un commencement de sa réponse au travers des analyses qui précèdent et sur laquelle nous aurons à revenir pour conclure.

X

DERNIÈRES NOUVELLES

Depuis sept ou huit ans les grandes positions de la question sociale n'ont pas changé, et collectivisme, appropriationisme et anarchisme sont toujours sur le tapis et trouvent toujours de chaleureux défenseurs. Mais deux pseudo-socialismes ont pris une extension très considérable et sollicitent très vivement l'attention : c'est à savoir le syndicalisme rouge et le syndicalisme jaune.

Les deux syndicalismes, toujours en guerre et en guerre violente, ont pourtant un trait commun, très nettement et indéniablement commun. Ils sont tous les deux antiétatistes ; ils repoussent tous deux le collectivisme, considéré par eux comme l Etatisme à l'état aigu. Ils repoussent même tous les deux l'Etatisme modéré et n'ont pas confiance dans l'intervention de l'Etat pour diminuer l'inégalité parmi les hommes. Ils sont tous les deux plébéianistes, c'est-à-dire désireux de l'accession du prolétariat à un état meilleur, et tous les deux partisans de ceci que le plébéianisme s'élève à un état meilleur *par lui-même.* Tous les deux prendraient très bien pour devise : « *Il popolo fara da se* », tous les deux pourraient dire en riant : « Nous sommes le plébéianisme automobile. » — On voit le trait commun. Ils sont tous les deux le plébéianisme en marche et qui veut marcher tout seul.

Seulement l'un est plébéianisme belliqueux et l'autre plébéianisme pacifique. Le syndicalisme rouge, s'inspirant de Proudhon tout autant que de Marx, et, ce me semble, beaucoup plus de celui-là que de celui-ci, s'inspirant surtout de Proudhon en tant qu'auteur de la *Capacité politique des classes ouvrières*, a son centre dans la *Confédération du travail*, ses organes dans les bourses de travail et dans les syndicats provinciaux. Il se déclare nettement réaliste, et ne prétend que suivre, en le dirigeant et en le hâtant, le mouvement de développement de croissance et d'ascension de la classe ouvrière; et ceci est un souvenir de Marx. Il se déclare non moins nettement antiétatiste, repousse l'affranchissement venant d'en haut qui lui fait, peut-être non sans raison, l'effet d'un joug de nouvelle forme ; il compte sur la liberté et il ne demande qu'elle pour organiser le prolétariat et *pour que le prolétariat organisé organise à son image* toute une société nouvelle.

L'idée générale est celle-ci. Dirigé par des chefs émanant de lui, le prolétariat : d'abord lutte contre le capitalisme, impose ses taux de salaires, ses convenances pour ce qui est du nombre des heures de travail et en général toutes ses volontés à l'état-major capitaliste ; puis vainqueur sur ce point et maître du monde économique, il absorbe peu à peu l'Etat lui-même. Il ne le conquiert pas, il en aspire en quelque sorte les forces vives, et il le refoule dans des fonctions infimes.

Par exemple, les syndicats devenus tout-puissants, exerçant entre patrons et ouvriers la justice selon les principes prolétariens, attireront en quelque sorte à eux toute la puissance judiciaire de l'Etat et constitueront la véritable magistrature nationale. Par exemple les syndicats ouvriers faisant la loi dans les villes et faisant tout plier sous leur volonté, l'administration municipale deviendra leur tout naturellement ; et ils en viendront, du consentement général, du reste, à administrer tout le pays. Ainsi de suite.

En un mot, c'est une classe qui s'organise, qui se fait sa place et qui prendra peu à peu toute la place, du droit de sa supériorité morale et en vertu de sa force. De même que tel pays a été gouverné par la noblesse, caste privilégiée et supérieure, sans aucun droit, dit-on, mais en réalité du droit de la cohésion et de l'organisation et de la prééminence et parce qu'elle avait su se faire puissance, tout simplement ; de même le prolétariat se constituera peu à peu en classe régnante par l'habitude qu'on aura prise de lui obéir et de lui demander sa décision en toutes choses du seul fait qu'il sera le plus fort.

Le syndicalisme rouge, c'est le rêve aristocratique; c'est, si l'on veut, le rêve nietzschéen du prolétariat: « La lutte pour les pouvoirs politiques, dit M. G. Sorel dans l'*Avenir socialiste des syndicats* (1), n'est pas une lutte pour prendre les positions occupées par les bourgeois et s'affubler de leurs dépouilles ; c'est une lutte *pour vider l'organisme politique de toute vie et faire passer tout ce qu'il contenait d'utile dans un organisme politique prolétarien*, créé au fur et à mesure du développement du prolétariat... Les syndicats arriveront ainsi à enlever aux formes antiques conservées par les démocrates [sans doute magistrature, administration, système parlementaire, conseils généraux, conseils municipaux, etc.] tout ce qu'elles ont de vie et ne

(1) Cf. *le Caractère religieux du socialisme*, par M. Edouard Dolléans.

leur laisseront que les fonctions rebutantes de guet et de répression. *Alors une société nouvelle aura été créée avec des éléments complètement nouveaux, avec des principes purement prolétariens.* »

Mais, sans demander *sur quel droit* se fondent les syndicalistes pour attribuer au prolétariat dans la société future la place et le rôle occupés autrefois dans telle société par la caste sacerdotale, dans telle autre par la caste militaire, dans telle autre, à Rome, par une sorte de caste judiciaire, *sur quel signe d'élection* les syndicalistes s'appuient-ils bien pour annoncer et préconiser l'avènement comme classe dirigeante et comme aristocratie nationale de la classe prolétarienne ? Sur trois signes considérés par les syndicalistes comme très importants : 1° Le prolétariat a une supériorité morale sur toutes les autres classes ou plutôt sur tous les autres groupes de la société. Il est vertueux. Il est pur. Il est vertueux et il est pur parce qu'il est pauvre. Il n'a pas été énervé par la richesse, corrompu et affaibli par la propriété. Il a toutes les forces morales d'une classe neuve et intacte. Il a, dans toute son élasticité vigoureuse, le ressort moral.

2° Le prolétariat est une classe *productive.* Il ne négocie pas, il ne trafique pas, il produit. Donc c'est lui qui a la clef et la source. Il ferme sa porte et il se croise les bras ; tout le monde meurt de faim. Il tarit sa source ; le pays entier est stérilisé et tué. On ne réfléchit pas assez à ceci. Le prolétariat n'est pas, à proprement parler, un candidat à la royauté ; il est roi. C'est de lui que tout dépend. Ce n'est pas un candidat à la royauté ; c'est un roi qui ne fait pas valoir ses droits souverains. Le jour où il prendra en mains le gouvernement il ne se créera pas roi, il ne fera que se proclamer. Il ne fera que déclarer qu'à l'avenir il exercera toutes les prérogatives qu'il avait déjà, mais que, par négligence, il laissait languir. Le prolétariat est un souverain qui simplement oublie qu'il l'est et qui n'a qu'à dire demain : « Souvenez-vous à partir d'aujourd'hui que je le suis. »

3° Le prolétariat enfin est une classe organisée, et il est dans les pays démocratiques la seule classe organisée. Les anciennes classes, noblesse, clergé, magistrature, ou ont été supprimées, disloquées, annihilées (noblesse), ou ont été transformées en troupeaux de fonctionnaires (magistrature), ou après avoir été, elles aussi, fonctionnarisées (clergé), sont remises en liberté, mais précisément pour cela seront tellement tyrannisées et matées par la majorité de la nation qui les hait et les redoute qu'elles ne se reconstitueront pas en classes. Il n'y a que le prolétariat, classe nouvelle, qui remplace des classes usées et, classe organisée, qui remplace des classes en pleine désorganisation et qui ne sont plus que des souvenirs. Or, en toute société possible, ce qui gouverne c'est ce qui est organisé. Le reste est matière exploitable et matière servile. Si aujourd'hui, en France, la petite bourgeoisie semble gouverner, remarquez-le bien, c'est qu'elle a une organisation, la franc-maçonnerie. Mais c'est une organisation sans vigueur interne et sans long avenir, parce que c'est une organisation négative. Ces gens-là ne sont liés que par une haine commune, ce qui est quelque chose ; mais, du reste, n'ont pas une idée positive commune et non pas même un intérêt commun. En dehors de leur fureur antireligieuse, ils ne sont faits que pour demander individuellement des places au gouvernement et pour se les disputer les uns aux autres. Le prolétariat seul est organisé et organisé *positivement*. Il est organisé pour produire et pour n'admettre comme membres actifs de la société que ceux qui produisent ; il est organisé pour faire régner la pauvreté saine, morale et moralisatrice, et pour réduire tout le monde à la pauvreté ; il est organisé pour détruire la richesse en haut et la misère en bas et le fonctionnarisme, le servilisme, le valetage et la prostitution partout. Enfin, et cela suffirait, il est organisé, et il n'y a que lui qui le soit. Dès lors il est désigné pour le pouvoir. Il est le *consul désigné*. Qu'il s'organise de plus en plus, de plus en plus fortement, de plus en plus étroitement, et c'est à quoi les syndicats servent, et il gouvernera la nation tout naturellement, ce à quoi il est destiné par son éminente dignité et son éminente utilité.

Ces idées n'ont rien, tout en étant un peu ambitieuses, que de très raisonnable. Il est vrai que le groupement social le mieux organisé gouvernera. Il est très vrai que les aristocraties se forment par une force d'attraction et de cohésion et qu'une aristocratie plébéienne peut se former de cette façon-là et jouer dans l'avenir le rôle qu'ont joué dans le passé les aristocraties historiques. La seule question est de savoir si le prolétariat a en lui cette force de cohésion et d'attraction et d'organisation constante, à long terme et toujours progressive, dont je parlais tout à l'heure et dont il aurait besoin pour tout plier sous sa loi. Il est possible.

Bien entendu, dans les pays fortement organisés eux-mêmes, dans un pays monarchique et militaire et au fond très autocratique malgré les apparences parlementaires, comme l'Allemagne, l'organisation prolétarienne n'arriverait pas au pouvoir, parce qu'elle rencontrerait devant elle une autre organisation très puissante, très vivace et soutenue par la faveur générale de la nation; dans un pays resté aristocratique *et où le système parlementaire est une aristocratie*, comme le Royaume-Uni, il n'y a pas de place d'ici à très longtemps pour une aristocratie prolétarienne; mais en France et en Italie, cet avènement d'une classe sachant se constituer en classe est très possible.

En France par exemple, *s'il intervient une solution aristocratique* (ce que, du reste, je ne crois guère), si l'état actuel ne se prolonge pas indéfiniment, à savoir une démocratie amorphe, sans classe dirigeante, même sans parti nettement constitué et vivant au jour le jour sans savoir où elle va ni où elle veut aller, en un mot s'il devait intervenir une solution aristocratique, ce serait selon moi une aristocratie militaire ou une aristocratie prolétarienne qui s'affirmerait. L'armée est force organisée; elle s'affirmerait corps dirigeant et elle ne trouverait presque rien qui s'y opposât. Le prolétariat, supposé beaucoup plus organisé qu'il n'est maintenant, pourrait prendre la même résolution et la même attitude avec le même succès. Encore faut-il dire que l'armée est beaucoup moins force organisée que je ne le disais tout à l'heure, étant faite de citoyens qui ne font que passer rapidement par les cadres, qui ne prennent pas l'esprit militaire, qui rentrent vite dans la vie civile et qui *ne prennent pas conscience de caste*; n'étant donc faite, en tant que classe, que du corps d'officiers, lequel lui-même n'est pas homogène et est composé de deux clans dont l'un passe sa vie à dénoncer l'autre. La solution aristocratique militaire n'est donc rien moins que probable. Reste la solution aristocratique prolétarienne, qui n'est pas probable non plus, mais qu'il faut reconnaître qui est possible. Les idées des syndicalistes rouges sont très spécieuses.

Elles le sont jusqu'ici ; mais il faut savoir que les doctrines syndicalistes sont très complexes et qu'elles se mêlent d'éléments chimériques très différents de ceux que nous venons d'examiner. C'est dans les centres d'action syndicaliste que l'idée de la grève générale a des partisans très convaincus et comme des apôtres. La grève universelle serait la cessation du travail de tous les ouvriers d'Europe, ou au moins de tous les ouvriers d'une nation, à un moment donné. Et cela serait : 1° de la part du prolétariat une manifestation de sa force et la preuve donnée qu'il faut lui obéir puisqu'il peut affamer; et il est certain que celui qui peut à son gré affamer ou nourrir est le maître, quelques considérations de droit que l'on puisse invoquer contre lui ; 2° une révolution sociale intégrale, table rase étant faite, n'y ayant plus ni riches ni pauvres, ni possédants ni non possédants dans la famine universelle, et de ce monde ramené à l'état primitif la société rationnelle devant spontanément sortir, à savoir la société d'égaux et de frères.

Il est singulier que cette idée soit caressée par des hommes aussi réalistes que les syndicalistes rouges Autant la première partie de leur programme (celle que j'appelle la première parce que je l'ai exposée d'abord) est nette, sensée, fondée sur les faits, rigoureusement historique, disant simplement que la force est tout, qu'une classe en remplace une autre quand elle est forte, c'est-à-dire bien organisée et que la tourbe humaine ne songe à autre chose qu'à lui obéir et qu'une aristocratie plébéienne est tout aussi naturelle qu'une aristocratie militaire, ecclésiastique ou juridique; — autant l'idée de la grève générale appartient à la psychologie utopique la plus caractérisée.

D'abord elle est absolument irréalisable, puisque la grève générale serait un suicide, chose à laquelle il est assez rare que la moitié d'un peuple se résigne. Le charpentier qui ne travaillerait plus le jour même où, de par la grève générale, le boulanger ne travaillerait pas non plus, serait frappé au ventre par la grève générale qu'il aurait déclarée, et il n'est pas probable qu'il décidât qu'elle doit continuer.

Ensuite il est peut-être évident qu'à supposer la grève générale durant huit jours, ce n'est pas une société égalitaire et fraternelle qui s'élèverait sur cette table rase, mais un brigandage et un pillage universel qui, par suite de cette situation, se déchaîneraient immédiatement.

L'idée de la grève générale est une idée anarchique. Elle est l'infiltration de l'anarchisme dans le monde syndicaliste. Comme Emile Zola disait qu'il était un réaliste imbibé, quoiqu'il en eût, de virus romantique, les syndicalistes rouges, très bons réalistes politiques, sont pénétrés, inconsciemment peut-être, de virus anarchique. Les anarchistes disent : « La société *latente*, qui ne laisse d'être la société réelle que parce qu'elle trouve dans la factice et abominable société actuelle un obstacle très dur, la société *latente* est une société égalitaire et délicieusement fraternelle. Elle surgirait d'elle-même, sans la moindre loi qui l'organisât, si la société actuelle était détruite. Que faisons-nous? Par tous les moyens, par le fer, le feu, la dynamite, etc., nous détruisons la société actuelle. Rien de plus, rien de moins. Quand la société actuelle sera détruite, nous ne ferons rien du tout. Le monde idéal se créera tout seul. *Si qua fata aspera rumpas... fata viam invenient.* »

Les syndicalistes disent : « C'est vrai ! C'est exact ! Seulement, le fer, le feu et la dynamite sont bien inutiles. Il suffit de commencer, au lieu de finir, par ne rien faire. Personne ne travaille plus : la société actuelle est détruite, et de la destruction de la société actuelle, la société idéale sort toute seule. *Sedentes bellum conficiemus.* »

Le raisonnement, sur ce point, des anarchistes et des syndicalistes est donc le même, et le but le même ; le moyen seul diffère. L'idée de la grève générale est une idée qui ressortit absolument à l'anarchisme et qui est aussi irréelle que l'anarchisme lui-même.

A la vérité, il ne me semble pas qu'elle soit une idée professée par tous les syndicalistes rouges, ni qui soit prise fort au sérieux par ceux mêmes qui la professent. M. Aristide Briand en est le partisan très convaincu et très énergique ; car il l'a proclamée autrefois avec une chaleur extrême et j'ai pour lui trop de respect pour croire qu'il ait changé sur une idée de cette importance, ce qui serait croire qu'il l'a adoptée jadis étourdiment. Mais M. Georges Sorel, quoique syndicaliste très fervent, la traite de chimère, de chimère utile et salutaire, mais de chimère pure. Avec beaucoup d'esprit et plus peut-être que les syndicalistes sévères n'en admettent sur ce sujet, il compare cette idée aux illusions des premiers chrétiens : « Les premiers chrétiens attendaient le retour du Christ et la ruine totale du monde païen avec l'instauration du royaume des Saints pour la fin de la première génération. La catastrophe ne se produisit pas ; mais la pensée chrétienne tira un tel parti du mythe apocalyptique que certains savants contemporains voudraient que toute la prédication de Jésus eût porté sur ce sujet unique. » De même l'idée de la grève générale « est une conception destinée à donner un aspect de réalité à des espoirs sur lesquels s'appuie la conduite présente de la classe ouvrière... »

Ce langage s'entend. Il veut dire : soutenu par l'espoir qu'il peut un jour, à la condition de s'entendre, c'est-à-dire d'être fortement organisé et discipliné, tenir sous ses genoux la société tout entière et lui faire crier merci, le prolétariat s'organise et se discipline passionnément ; et s'il est vrai que le jour ne viendra jamais où le prolétariat mettra la société aux abois, en attendant, par la manière dont, en cet espoir, il se discipline, il s'achemine vers le moment où, tout au moins, il dictera des lois à la société. L'idée de la grève générale est une illusion utile et nécessaire.

Quoi qu'il en soit de l'utilité de cette apocalypse socialiste, retenons ceci, qui est le réel et le solide: Faire du prolétariat une classe hiérarchisée, une armée disciplinée, un organisme vigoureux au milieu des nations inconstituées ou déconstituées, de telle sorte qu'il arrive à les gouverner, pour leur bien du reste, comme ont fait les aristocraties anciennes; mais, à l'inverse de celles-ci, en détruisant le capitalisme, en établissant et maintenant l'égalité réelle et en faisant régner la pauvreté et la morale ; tel est l'ensemble des idées et projets des syndicalismes rouges.

Le syndicalisme jaune, malgré ce que j'ai dit qu'il a de commun avec le syndicalisme rouge, sur quoi du reste je reviendrai, est tout différent (1). Les jaunes sont des candidats à la bourgeoisie. Ils ne veulent pas abolir la propriété ; ils veulent y accéder ; ils ne veulent pas changer la société actuelle,

(1) Si l'on ne tient pas pour oiseux de connaître l'origine de ce mot « jaunes », la voici. En août 1900, à Montceau-les-Mines, pendant que la majorité des ouvriers étaient en grève, un certain nombre voulaient travailler. Ils s'entendirent et s'organisèrent pour cela. Leur rendez-vous était le *Café de la Mairie*. Les « rouges » assiégèrent les antigrévistes dans ce café et en cassèrent toutes les fenêtres à coups de pierres. Débloqués, les antigrévistes remplacèrent les vitres brisées par des feuilles de papier jaune dont ils avaient un stock. Les rouges, par dérision, désignèrent le siège social des antigrévistes sous le nom de « syndicat jaune ». Les antigrévistes acceptèrent ce nom, l'adoptèrent et l'ont gardé.

ils veulent s'y faire une place et la plus grande place possible. Que doit être le quatrième Etat? Les rouges disent : « tout » ; les jaunes disent : « quelque chose ».

Pour les jaunes, les collectivistes et syndicalistes en tant que visant au collectivisme sont des charlatans. L'égalité réelle, « l'égalité absolue entre les citoyens est une *blague* socialiste ; elle n'existera jamais ; car l'un est fort, l'autre faible, celui-ci intelligent, celui-là sot, un autre travailleur, son voisin paresseux. Si donc il fallait l'égalité complète entre les hommes, il faudrait ramener toutes choses au niveau du plus faible, du plus sot et du plus paresseux ; et il serait joli le progrès socialiste! Tous les hommes deviendraient des miséreux et des incapables » (Japy) (1).

Au lieu d'un retour à la collectivité, qui serait une régression et non un progrès et un abêtissement et non une émancipation, les jaunes veulent une accession progressive des prolétaires à la propriété. L'ouvrier sera émancipé quand il sera propriétaire. « L'esclave, c'est celui qui ne possède rien, qui ne possède ni son outil ni le produit de son travail. Le socialisme, qui dépossède tous les hommes, est une doctrine d'esclavagisme. » (Bié-

(1) Dans *le Socialisme et les Jaunes*, par P. Biétry.

try.) — Les collectivistes sont des hommes qui disent aux ouvriers : « Très peu d'entre vous sont propriétaires ; ce que nous voulons, c'est qu'aucun ne le soit » ; ce langage qui serait jugé féroce tenu par un bourgeois, pourquoi serait-il jugé philanthropique tenu par un monsieur qui se dit socialiste ? Ce qu'il faut, c'est que, par tous les moyens pacifiques possibles, les ouvriers arrivent à la propriété et à la propriété individuelle, la seule qui ne soit pas « une blague », c'est-à-dire un leurre. Il n'y a de liberté et de dignité pour l'homme que dans la propriété. Il n'importe pas qu'elle soit considérable. Il suffit qu'elle soit sensible ; il suffit même qu'elle existe, pour donner à l'homme les qualités morales qui sont constitutives de son bonheur ; mais il est bon qu'elle soit d'une certaine étendue, pour que l'homme la sente présente et y trouve un appui et un réconfort.

Le programme définitif du parti est le suivant (Congrès de 1904) :

1° Droit de propriété.

2° Revendication ferme et continue des améliorations qui sont indispensables au développement physique, intellectuel et moral de la classe ouvrière.

3° Participation de la main-d'œuvre aux bénéfices du capital.

4° Opposition à toutes les grèves ayant un caractère politique et dont la nécessité n'est pas démontrée par l'intransigeance patronale.

5° Fixation des heures de travail par corporations, régions et métiers, d'un commun accord entre syndicats patronaux et syndicats ouvriers;

6° Lutte contre le collectivisme d'Etat qui, en fonctionnarisant les travailleurs, les met dans la main d'un monstre anonyme, irresponsable et plus dur que tout patron ;

7° Développement dans la classe ouvrière des grands moyens sociaux de relèvement et d'indépendance, et garanties pour la vieillesse des travailleurs : mutualité, assistance, retraites ouvrières;

8° Placement gratuit, par l'Union fédérative, de tous les orphelins des syndiqués ;

9° Encouragement à toutes les initiatives privées dirigées vers des œuvres de bienfaisance;

10° Éducation civique et professionnelle de tous les travailleurs, en vue de tous les droits, de tous les besoins et de toutes les libertés nécessaires à un grand peuple ;

11° Liberté d'association, liberté d'enseignement, liberté absolue de conscience.

Ce programme a pour trait essentiellement caractéristique que non seulement il est anticollectiviste ; mais qu'il est absolument, presque excessivement, antiétatiste.

Il admet la fixation du nombre des heures de travail ; mais il ne l'admet nullement faite par l'Etat ; il la veut faite par les ouvriers de commun accord avec les patrons.

Il admet et certes il désire assistance aux déshérités et retraites ouvrières ; mais il les veut par le seul effet du « *développement dans la classe ouvrière* des grands moyens sociaux de relèvement et d'indépendance ». D'où il suit que quand il dit, avec une clarté insuffisante : « Revendication des améliorations qui sont indispensables au développement physique, intellectuel et moral de la classe ouvrière », il semble bien qu'il demande ces améliorations non pas à la loi, non pas à l'intervention de l'État, de la communauté ; mais au prolétariat lui-même organisé et puissant.

Ce programme, en second lieu, est extrêmement *libéral* et *pacifique*. Il revendique la liberté d'association, absolument nécessaire au prolétariat pour se constituer et pour se donner toute la cohésion qui lui est indispensable ; il revendique la liberté de conscience, c'est-à-dire qu'à la fois il l'exige des patrons, qui n'auront rien à voir dans les idées religieuses ou irréligieuses de leurs ouvriers ; et qu'à la fois il s'impose de la respecter et de ne faire aucune acception de personne en considération des opinions religieuses ou irréligieuses ; il revendique la liberté d'enseignement parce qu'elle fait partie de la liberté de conscience et par haine du collectivisme, le monopole de l'enseignement n'étant, selon la très juste remarque de M. Jaurès, que la socialisation des esprits acheminant à la socialisation de toutes choses.

Voilà en quoi ce programme est éminemment libéral.

Il est éminemment pacifique et conciliateur en ceci qu'il ne considère point du tout le patron comme l'ennemi. Les « jaunes » ont très peu de patrons avec eux, cinq ou six, je crois ; et ils ne tiennent pas autrement à en avoir. Ils sont avant tout syndicats ouvriers. Mais ils considèrent le patron comme un homme qu'il n'est pas nécessaire de combattre et avec lequel il faut discuter et avec lequel il faut s'entendre. Ils veulent, ce qui est de tout bon sens, que la situation économique et ce qu'elle comporte en bien et en mal pour les ouvriers et pour les patrons soient examinés de commune enquête par les patrons et les ouvriers. Leur modèle en ceci ce sont ces ouvriers des associations anglaises, qui, nous dit M. Bouge, « de gré à gré avec les syndicats patronaux établissent, après discussion contradictoire, les frais généraux, l'amortissement, les bénéfices de quoi le taux des salaires se dégage ensuite de lui-même ; qui suivent attentivement le marché, en sorte qu'il n'est pas rare de voir les ouvriers *offrir aux patrons une réduction de salaires* qui est commandée par la baisse du produit ou toute autre cause. » — En un mot, ils croient qu'il n'y a rien de plus connexe au monde que les intérêts des ouvriers et des patrons, et que ces intérêts ne peuvent être connus au juste qu'examinés conjointement par les employés et employeurs.

Mais enfin le trait le plus saillant de ce programme, c'est l'amour de la propriété. Les jaunes sont propriétistes déclarés et passionnés. Ils ont, ce qui est une chose nouvelle en France, *ils ont, ouvriers, la mentalité rustique.* Ils sont des ouvriers paysans. L'âpre amour du paysan pour la terre, pour le bien propre, le désir intense de dire : « ceci est à moi, » sont les sentiments dont le jaune est profondément animé.

Quant à la forme dans laquelle ils veulent être propriétaires, elle est celle-ci. Ils veulent la participation aux bénéfices, c'est-à-dire la copropriété de l'usine. Ils ne semblent pas du tout être partisans de cette autre propriété qui consiste à former des sociétés coopératives de production. Ils n'en parlent quasi jamais. Sans doute ils pensent qu'il est plus pratique, plus facile en tout cas, de s'associer au capital là où il est que d'en créer un nouveau, plus facile d'entrer en copropriété d'une usine existante que d'en bâtir une.

Quoi qu'il en soit de leurs raisons, leur grand cheval de bataille c'est la participation aux bénéfices. Elle est dans le programme officiel pour ainsi parler que je viens de transcrire; elle revient sans cesse dans tous leurs écrits, dont M. Biétry a rapporté les principaux dans son livre *le Socialisme et les Jaunes*. Ils disent : « Il y a trois facteurs de production qui sont : capital, direction, main-d'œuvre. Chacun de ces trois facteurs reçoit un salaire. Lorsque les trois facteurs ont reçu leur salaire, le bénéfice de l'exploitation, s'il y en a un, doit être distribué entre les trois facteurs de l'exploitation d'une manière équitable. — Ils disent : « Il faut que chaque travailleur honnête arrive, dans sa mesure, à être un propriétaire selon ses moyens : l'un arrivera à avoir mille francs dans l'usine où il travaillera, l'autre cinq mille et même plus ; ainsi, chez MM. Laroche-Joubert, un ouvrier devenu contremaître possède plus de cinquante mille francs dans la papeterie d'Angoulême. Nous demandons l'association loyale du patron et de l'ouvrier, non pas dans le but de léser soit l'un soit l'autre, mais dans celui de donner à chacun son dû, en élevant le travailleur au rang de propriétaire... »

Ils citent, ce qui prouve en passant que le rapprochement que je faisais entre leur esprit et celui du paysan français peut être juste, ils citent complaisamment ce texte du Comte de Paris en son rapport à la commission d'enquête de l'Assemblée nationale : « Lorsque dans une entreprise industrielle tous les travailleurs sont, d'une manière ou d'une autre, directement intéressés à son succès, il s'accomplit alors une révolution qui, dans l'ordre économique, fait disparaître les grèves et double les forces productives, et qui, dans l'ordre politique, *peut se comparer à la formation de la puissante classe des paysans propriétaires et journaliers à la fois.* » — Et ils ajoutent : « C'est l'évidence même. »

Ils citent John Stuart Mill disant : « Je ne puis croire que les travailleurs se contentent toujours de l'état de salariés et qu'ils l'acceptent comme condition définitive. Ils peuvent consentir à passer par la condition de salariés pour arriver à celle de maîtres, mais non à rester salariés toute leur vie. » — Et ils ajoutent : « L'état de salarié ne sera bientôt plus que celui des ouvriers socialistes et des fonctionnaires subalternes, ou encore des ouvriers de l'État que leur abaissement moral et leur avachissement rendront indignes de l'indépendance. »

L'ouvrier propriétaire, l'ouvrier copropriétaire de l'usine, c'est le *leit-motiv*, disons mieux, c'est la pensée maîtresse et presque la pensée unique de l'œuvre. Nous y reviendrons dans nos conclusions.

Pour le moment, faisons remarquer, comme nous avons annoncé que nous le ferions, les analogies remarquables et significatives qui existent, malgré leurs divergences, entre le syndicalisme rouge et le syndicalisme jaune. Malgré qu'ils en aient, ces deux frères ennemis se ressemblent. Tous les deux sont antiétatistes, déclarent ne pas compter sur l'État, mais sur eux-mêmes, pour le travail de l'émancipation populaire, et tous les deux croient fermement qu'il faut organiser le prolétariat en classe disciplinée, et tous les deux croient non moins fermement *que de l'organisation du prolétariat une société nouvelle, très supérieure à la société actuelle, doit sortir.*

Les syndicalistes jaunes tiennent ce langage, que les syndicalistes rouges pourraient exactement tenir : « Tous les peuples qui grandissent et qui s'imposent aux autres peuples par une forte pénétration économique, c'est-à-dire industrielle et commerciale, sont ceux dont les prolétaires sont fortement organisés... Les puissants syndicats ouvriers et les admirables coopératives de consommation entretiennent dans le prolétariat belge une harmonie nationale absolue et une telle pratique de solidarité effective que l'on peut dire des travailleurs belges organisés qu'ils n'ont qu'une seule conscience... En Angleterre, jamais on n'enregistre les conflits subits, imprévus, ruineux pour les deux parties qui se répètent en France chaque jour. Les *Trade's Unions* assistent, par leurs délégués, aux congrès des patrons et des capitalistes, étudiant les lois de la concurrence universelle, recherchant d'un commun accord les moyens de lutter efficacement... Ce peuple lutte sur le terrain économique sans autre préoccupation que la richesse des industries nationales. Or il y a en Angleterre, actuellement, un ouvrier syndiqué par quatre travailleurs, alors qu'en France il y en a un par soixante-quinze. En Angleterre, aucune industrie sérieuse n'embauche un ouvrier s'il n'est syndiqué et en règle avec son syndicat ouvrier. En Allemagne, les syndicats ouvriers de la *Démocratie socialiste*, les associations *Hirsch-Dunker*, que nous appellerions en France progressistes, les syndicats chrétiens et les *Indépendants* forment, dans l'unité formidable de l'Empire germanique, l'élément du travail, divisé sur des questions confessionnelles ou sociales, mais cohérent dans toutes les questions économiques et nationales. Tous, s'ils sont opposés les uns aux autres sur des points de doctrine politique, sont, en toutes autres circonstances et avant toutes choses, des syndicats allemands, plaçant avant les préoccupations de parti, de secte ou de programme, l'amour de la patrie, le dévouement à l'Allemagne, à la plus grande Allemagne... Et de même que dans l'intérêt allemand les socialistes allemands combattent la grève comme moyen (1), les patrons allemands, dans l'intérêt de l'Allemagne, inséparable de leurs propres intérêts, ont cessé toute opposition aux syndicats ouvriers inspirés de sentiments purement professionnels. L'Autriche, exemple curieux, ne lutte avantageusement sur le marché du monde qu'avec ceux de ses produits manufacturés dans les provinces où les travailleurs sont syndiqués... Il faut se convaincre que l'évolution et la grandeur des nations sont intimement liées à l'évolution, à l'organisation des masses ouvrières. »

Syndicats rouges et syndicats jaunes ont donc, non pas le même esprit, certes, ni tout à fait le même but, mais la même direction et les mêmes

(1) Sans, du reste, y réussir toujours. Grèves longues et sanglantes à Nuremberg en 1906.

moyens. Les syndicats rouges sont atteints d'esprit révolutionnaire, et, sans le savoir, d'esprit anarchique avec leur rêve de grève générale. Les syndicats jaunes sont d'esprit pacifique et conciliateur et ne rêvent, au lieu de guerre de classes, que fusion des classes ; voilà pour l'esprit ; et voilà pourquoi syndicats rouges et syndicats jaunes sont ennemis.

Le but, aussi, n'est pas tout à fait le même ; mais il est sensiblement le même : les syndicats rouges veulent arriver à gouverner la société comme une classe aristocratique ; les syndicats jaunes veulent prendre une place importante dans la société et la régénérer, la fortifier et l'agrandir par la place importante et l'influence considérable qu'ils y auront prise.

La direction est la même : pousser le prolétariat vers les hauteurs, sans collaboration de l'Etat et même en gardant toujours une vive défiance à l'endroit de l'intervention de l'Etat.

Les moyens sont les mêmes : forte organisation et sévère discipline dans l'organisation du prolétariat.

Il y a entre les syndicats rouges et les syndicats jaunes différence plutôt de tempérament que d'idées. Les syndicats jaunes sont des syndicats rouges modérés et les syndicats rouges sont des syndicats jaunes intempérants. Dans un pays de bon sens, les syndicats rouges, par l'effet de la réflexion, en viendraient à se fondre peu à peu dans les syndicats jaunes, reconnaissant dans les syndicats jaunes leurs propres idées à l'état pratique.

Même en France, je ne considère pas comme impossible que syndicats rouges et syndicats jaunes se rapprochent. Il est possible que la marche soit celle-ci : les ouvriers, autrefois collectivistes, se détachent de l'idée collectiviste, y voyant une chimère, ou y voyant, si elle pouvait être réalisée, un pur et simple esclavage pour eux; et c'est ce qui est presque fait ; — ils se détachent même de l'idée étatiste, considérant que l'Etat, c'est-à-dire le gouvernement, même quand il émane d'eux, les leurre toujours, et du reste est impuissant à les affranchir; et c'est, on le voit par l'esprit aussi bien des *rouges* que des *jaunes*, ce qui est en train de se faire ; — ils ne comptent plus que sur eux et sur eux fortement organisés, et c'est à quoi ils s'appliquent ; nous en sommes presque là ; — ils se libèrent peu à peu des idées violentes, reste de l'état d'esprit collectiviste, renoncent à la manière forte et, très fermes, toujours sur leurs droits ils comptent : 1° sur leur organisation ; 2° sur la discussion froide et serrée entre leurs patrons et eux pour la solution des différends et pour la tractation en commun accord de toutes les questions économiques; et c'est ce qu'il n'est pas impossible que l'on voie un jour, même ici, puisque aussi bien on le voit ailleurs (1).

Si cette marche était celle qui sera suivie, tout au moins un commencement de solution de la question sociale serait acquis.

Il ne faut pas croire que le moment où nous sommes soit un mauvais moment; et il faut convenir que, pour ce qui est de la question sociale, il y en a eu rarement un qui fût meilleur. Tout au moins, le prolétariat est dans une orientation générale qui est la vraie.

(1) C'est-à-dire en Angleterre et en Allemagne. Au dernier congrès socialiste de Mannheim (septembre 1906), les socialistes proprement dits, Bebel et son parti, se sont trouvés en présence des syndicalistes. Les socialistes proprement dits étaient comme toujours pour la grève générale; les syndicalistes (il s'agit des syndicalistes allemands) étaient aussi opposés à la grève générale que les syndicalistes français en sont férus. Bebel a été obligé, pour conserver une ombre d'autorité, de leur faire, au mépris de toutes ses déclarations antérieures, des concessions quasi complètes. Il n'est pas défendu d'espérer que les syndicalistes français viendront peu à peu à l'état d'esprit des syndicalistes anglais et allemands.

XI

CONCLUSIONS.

Il n'y a rien de plus respectable, il n'y a rien de plus digne de vénération et de sympathie que l'idée profonde, que l'idée *intime* du socialisme, dégagée de la fumée des batailles qui l'obscurcit, dégagée aussi des transformations indéfinies qu'elle subit et où elle se perd.

Cette idée intime est l'idée d'égalité. Le socialiste, quel qu'il soit, veut l'égalité absolue parmi les hommes, ou veut plus d'égalité qu'il n'y en a parmi les hommes.

Mais poussons plus loin, en profondeur. Pourquoi veut-il plus d'égalité et pourquoi veut-il que les hommes soient ramenés à l'égalité sans pouvoir en sortir ? Parce que pouvoir sortir de l'égalité c'est être excité à en sortir et se battre furieusement ou travailler furieusement pour pouvoir en sortir en effet. L'humanité lutte trop, travaille trop, s'épuise de travail, pour cette seule cause que chaque peuple lutte pour la suprématie, et que dans chaque peuple, chaque homme lutte pour plus de bien-être; pour cette seule raison que peuples et hommes ont horreur de l'égalité. C'est cette lutte qu'il faut arrêter, et c'est cette horreur de l'égalité qu'il faut transformer en amour de l'égalité.

Au fond le socialisme c'est la guerre à la guerre ; au fond le socialisme c'est la lutte contre la lutte pour la vie. Le socialisme dit aux hommes : « Reposez-vous, contentez-vous de peu et que la paix soit avec vous. » C'est là sa pensée intime et le fond même de son âme.

— Mais cette horreur de la lutte pour la vie, c'est l'horreur même du progrès et de la civilisation; car il n'est pas douteux que le progrès et la civilisation n'aient été les résultats de la lutte pour la vie et pour le bien-être. Toutes les inventions viennent précisément de cette lutte-là.

— Et précisément, répond le socialiste, c'est la civilisation qui a tort, c'est la civilisation qui est un leurre, une duperie et une illusion. A cette civilisation l'humanité sacrifie son sang, sacrifie la vie de milliers d'êtres, et elle n'en est pas plus heureuse pour cela. C'est à un état, sinon primitif, car on n'en sait rien, mais c'est à un état en sens inverse de cette fameuse civilisation, c'est à un état auquel la civilisation depuis des milliers d'années tourne le dos, qu'il faut revenir; entendons à un état où les faux biens, richesses, honneurs, gloire, suprématie, puissances, c'est-à-dire toutes les inégalités, soient complètement et profondément méprisées. Voilà l'essence du socialisme ; voilà l'âme philosophique du socialisme.

A le considérer ainsi, il faudrait recommencer l'esquisse que nous avons tracée de son histoire aux premières pages de ce volume. Il faudrait montrer que les premiers socialistes, bien naturellement haïs, maudits et méprisés par Nietzsche, sont les stoïciens et particulièrement les cyniques.

Les stoïciens avaient pour seconde maxime *sustine* et pour première maxime *abstine*. Et c'est-à-dire qu'il ne faut s'efforcer à rien et qu'il ne faut point lutter pour l'hégémonie, pour la primauté, pour la supériorité, et qu'il faut détruire en soi la volonté de puissance qui est la cause même de tous les maux.

Les cyniques, qui ne sont que des stoïciens exaltés, comme les stoïciens ne sont que des socratistes conséquents, tiennent pour certain que les biens sont des maux, que l'homme heureux est celui qui ne satisfait, et strictement, que les besoins élémentaires de la nature et qui s'arrête où le besoin cesse et où commence le désir. De là leur culte pour Héraclès, dompteur de monstres, les monstres, suivant leur interprétation, étant les vices, les voluptés et tout ce qui empêche l'homme d'être heureux dans la pauvreté, dans la patience et dans le calme (1). De là leur culte de l'Indigence. Ce sont les cyniques grecs qui ont inventé cette « religion de la misère », que Proudhon reprochait si spirituellement et si brillamment aux collectivistes et communistes de son temps. Les cyniques, par une suite toute naturelle de leurs principes, se désintéressaient de la propriété, de la famille et de la patrie. Ils ne possédaient point, sachant très bien que posséder, même très peu, c'est se donner le désir de posséder davantage et que le démon de la propriété est la première volonté de puissance qui soit à détruire. Ils ne se mariaient pas, sachant bien que ce que l'homme ne ferait peut-être pas pour lui, il le fait pour sa femme et ses enfants, pour leur procurer ce qui est, à leurs yeux sinon aux siens, la vie heureuse. Ils se déclaraient cosmopolites, sachant bien que le patriote reporte sur sa patrie sa volonté de puissance, et stoïcien peut-être pour lui-même, est ambitieux pour sa patrie. Ils avaient tous les principes socialistes poussés

(1) Voir l'excellent article sur les *Cyniques* dans Gomperz, *les Penseurs de la Grèce*, tome II.

du premier coup à leur extrême et à leurs conséquences dernières. Ils faisaient la guerre à la civilisation elle-même, la considérant comme la grande illusion, et quand ils prenaient pour maxime « pas d'illusions ! », c'était : « Supprimons la civilisation, la grande trompeuse ! » qu'ils voulaient dire, et ils le disaient explicitement dans tous leurs discours.

Cette pensée de Tolstoï est déjà dans les cyniques, que la bassesse de condition est de soi affranchissement ou du moins rend l'affranchissement plus aisé et que pour le mendiant la libération est plus facile que pour le seigneur et pour le seigneur que pour le tsar.

Les cyniques ont même exposé leurs idées politiques. Diogène, ou le philosophe cynique qui a écrit l'ouvrage, attribué à Diogène, intitulé *la République*, était partisan de l'abolition de toutes les différences de rang et aussi de toutes les différences de nationalités; et il semble avoir voulu la suppression de la richesse et, soit la suppression, soit l'extrême limitation, de la propriété.

Par tout ce que nous savons d'eux, qui à la vérité ne va pas très loin, le retour à la vie simple est srûement le fond même de la pensée des cyniques, comme du reste des stoïciens ; et des uns aux autres, il n'y a que des différences de tempérament.

Quelques traits de ces doctrines ou plutôt de ces sentiments se retrouvent chez les ordres mendiants du moyen âge, et, d'autre part, je n'ai pas besoin de le dire, chez Rousseau.

Mais le philosophe par excellence de la vie simple et de l'anticivilisation, c'est notre contemporain Tolstoï, successeur direct de Rousseau, Rousseau à la fois plus précis, moins contradictoire et plus attendri. C'est bien à la civilisation tout entière qu'en veut Tolstoï. Tolstoï n'est pas à proprement parler anarchiste; il n'est pas non plus, à proprement parler, cosmopolite, il est *antipolite*; il est ennemi de tout ce que les hommes ont inventé de prodigieusement artificiel, villes, administrations, justice, polices, armées, pour garantir ces biens, artificiels aussi et factices, qui s'appellent les patries et les domaines et les propriétés et les richesses petites ou grandes. Remarquez qu'il est ennemi même du travail, parce que le travail est une forme de cette soif de possession, de cette *auri sacra fames* qui est le vice le plus profond et le plus funeste de l'homme, et l'on n'a pas oublié son imprécation sarcastique contre le labeur, au moins contre le labeur intense et énergique : « On dit que le travail rend bon. Voilà de quoi je ne me suis jamais aperçu. J'ai toujours vu les hommes qui étaient éperdus de travail, ambitieux, envieux, durs aux autres encore plus qu'à eux-mêmes, et méchants. »

L'idéal de Tolstoï est, non pas, certes, la paresse, et il a assez montré que telle n'était pas son idée, mais le travail d'où la pensée de lutte, de rivalité, d'inégalité et de supériorité à conquérir est absente. Or le travail, moins ce qui excite à travailler, c'est précisément une idée socialiste; et je me garde de dire qu'elle soit mauvaise ; car le travail par simple amour du travail ne sera jamais intense et est une joie, tandis que le travail par ambition et désir de supériorité est une joie aussi, mais une joie amère et triste que j'admets que l'on puisse ranger parmi les *mala gaudia mentis*.

Tolstoï se résume bien lui-même quand il écrit : « Nous cherchons notre idéal devant nous, tandis qu'il se trouve en réalité derrière. *Ce n'est pas au développement de l'homme* qu'il faut recourir pour réaliser cet idéal d'harmonie que nous portons en nous; car ce développement est plutôt un obstacle à la réalisation de cet idéal. »

On peut donc considérer le socialisme à travers les âges comme une pensée de justice, puisque ce qu'il recherche c'est l'égalité réelle; mais on peut le considérer aussi comme une grande pensée de charité, puisque ce qui l'anime c'est une grande pitié pour le mal que les hommes se font à eux-mêmes par la recherche des biens faux. Et, comme je l'ai dit souvent, au risque de me faire incriminer de paradoxe odieux, ce qui, du reste, m'est égal, en tant que dérivant de l'idée de justice il est périlleux et il est condamnable, ou au moins suspect, la plupart des idées rigoureusement déduites de l'idée de justice étant abominablement fausses; mais en tant que dérivant de l'idée de charité il est excellent et il faut le tenir en très grande considération. Chez les cyniques, chez les moines mendiants ou chez Tolstoï, « la religion de la misère » n'est que l'exagération d'un sentiment très juste, qui est que la richesse ne sert à rien du tout et que le désir de la richesse sert à rendre très malheureux.

Je souscris, avec quelques réserves mélancoliques, à ces paroles trop ingénues, mais justes en leur fond, de Gomperz : « La doctrine cynique s'est acquis des droits incontestables à la reconnaissance des peuples occidentaux en introduisant dans le monde de nouvelles mesures de valeur : l'idéal d'une vie sans besoins, simple et naturelle, idéal qui s'est bientôt débarrassé (?) des scories dont il était souillé à l'origine et qui est devenu un bien durable (?) pour le monde civilisé. La soif du plaisir, de la richesse et de la puissance n'est pas pour cela disparue de l'humanité. Mais l'existence d'un principe opposé, auquel celle-ci est revenue(?) et avec d'autant plus d'ardeur que le besoin s'en faisait sentir davantage, a empêché ces instincts puissants de se fortifier encore et de régner sans conteste parmi les hommes. »

Et je ne suis pas sans goûter ce tableau que fait le vieux philosophe cynique Kratès de Milet de la cité socialiste idéale, tableau que l'on dirait peint aujourd'hui ou hier par quelque poète phalanstérien qui n'ignorerait pas complètement l'ironie :

Péra (1), ainsi s'appelle un pays au milieu de la sombre Illusion,
Pays superbe, fécond, exempt de toute souillure ;
Aucun maroufle écornifleur ne pousse son vaisseau dans le port,
Aucun méchant n'y vient étaler ses séductions vénales ;
Mais il produit des oignons, des aulx, des figues et des [croûtes de pain.
Jamais les hommes ne se le disputent dans des combats furieux;
La lutte tumultueuse ne s'y déchaîne pas pour les hommes et [les richesses.

Oui, le socialisme en son fond, à toutes les époques, est un rêve de vie douce et fraternelle, sans ambitions et sans envie, au sein de la salubre et salutaire pauvreté ; et certainement il serait bon pour eux qu'il y eût quelque chose de ce rêve-là dans le cœur de tous les hommes.

Mais quittons ces régions de l'idéal plus ou moins clair, plus ou moins confus, et plaçons-nous

(1) *Péra* veut dire besace.

une dernière fois en face du socialisme contemporain pour nous demander, d'une part ce qu'il peut en advenir, d'autre part ce que, de lui, raisonnablement, on peut retenir ou l'on peut tirer.

Une révolution sociale est possible. Elle est peu probable en Allemagne, tant elle y est combattue d'avance par le plus fort ennemi du socialisme, le patriotisme; elle est encore moins probable dans l'Angleterre, si pratique en toutes choses et particulièrement en choses du domaine économique. Elle est très possible en France et en Italie. En France particulièrement, comme le dit assez justement M. J. Bourdeau : « les socialistes plus qu'en aucun pays touchent au pouvoir, et les causes de ce progrès tiennent moins peut-être à leurs propres forces qu'à l'affaiblissement des classes supérieures, à un commencement de décadence de l'ancienne élite. Les révolutions et les réactions successives ont perpétué d'irrémédiables divisions dans les partis bourgeois, qui, rivaux entre eux, voire même ennemis, cherchent parfois l'appui des partis subversifs, afin de réduire à néant leurs adversaires politiques et religieux... »

Autre point de vue : « Un signe qui annonce presque toujours l'affaiblissement d'une classe, c'est l'invasion des sentiments humanitaires, la miévrerie sentimentale qui rendent incapable de défendre ses positions. Renan remarque que, dans la décadence du monde romain, tout le monde s'améliorait ; on devenait bon, doux, humain, et, comme il arrive toujours, les idées socialistes profitaient de cette largeur d'idées et faisaient leur apparition. Taine fait des observations analogues sur la France de la fin de l'ancien régime... »

Il faut dire aussi qu'en France plus qu'ailleurs une révolution sociale est dans le sens général de l'histoire, dans la direction générale de l'histoire, à beaucoup de points de vue, et ne laisserait pas d'être plutôt une évolution qu'une révolution, ou tout au moins de ressembler fort à une phase d'évolution. J'ai toujours été très frappé de ce raisonnement de Molinari, qui est plus qu'un raisonnement, qui est une vue très juste quoique incomplète. L'Etat en France est devenu « un instrument d'exploitation aux mains de ceux qui le possèdent et quelles que soient ces mains. Jusqu'à présent il est demeuré au pouvoir de la classe moyenne ; c'est elle qui gouverne... Elle s'est servie de l'appareil à légiférer et à taxer pour augmenter les attributions de l'État et multiplier les emplois civils et militaires ; elle a créé des monopoles à son usage et généralisé le protectionnisme à son profit, le tout en vue d'augmenter les jouissances de ses membres et de diminuer leur travail et leur peine... C'est une opinion enracinée dans cette classe qu'elle est redevable de sa suprématie actuelle à la possession de l'Etat et qu'elle a pu l'employer d'une part à multiplier les emplois dont elle dispose, d'autre part à protéger son industrie, et que c'est à cela qu'elle doit d'être devenue puissante et riche. Mais cette opinion *elle n'est pas seule à l'avoir* [et j'ajouterai : à la professer elle la répand]. Les classes inférieures en sont imbues comme elle, et elles aspirent à s'emparer de l'Etat, parce qu'à leurs yeux comme aux siens la possession de l'Etat c'est la puissance et la richesse. En effet, si la possession et l'exploitation de l'Etat ont fait la fortune des classes supérieures, pourquoi ne feraient-elles pas celle de la multitude? S'il est au pouvoir de l'Etat de procurer une existence facile et assurée à un nombre croissant de fonctionnaires, pourquoi ne pourrait-il pas, en usant de toute sa puissance, tirer de la misère, du jour au lendemain, la multitude des prolétaires? Qu'y a-t-il à faire pour cela? Simplement enlever l'Etat aux classes actuellement dirigeantes pour le remettre aux mains du peuple... A le bien considérer, le socialisme *n'est autre chose qu'une extension du protectionnisme,* mis au service des classes inférieures. Or si l'on songe que cette multitude l'emporte considérablement en nombre sur les classes actuellement en possession de l'Etat; qu'elle reçoit à grands frais de l'Etat lui-même une demi-instruction qui a principalement pour objet de la pénétrer de la puissance et des mérites de l'Etat ; que ses meneurs disposent de moyens d'action moraux et physiques dont leurs devanciers étaient privés ; on se convaincra que la révolution sociale et l'avènement de l'Etat ouvrier n'est plus qu'une affaire de temps... »

Il ne faut pas trop objecter (quoique j'aie fait l'objection moi-même en disant que la vue de Molinari est incomplète) que Molinari ne songe qu'aux ouvriers et non aux paysans et que grâce à nos paysans propriétaires la révolution sociale est impossible. D'abord il s'en faut de quelque chose que tous les paysans soient propriétaires, et il y a un prolétariat agricole qui nourrit les mêmes idées et les mêmes espérances que le prolétariat ouvrier. J'en ai eu des témoignages très précis. Il y a un très bon raisonnement de Marx que, sans avoir lu Marx, très probablement, bien des paysans font inconsciemment. Ce raisonnement, comme vous savez, est celui-ci : « L'argent devient capital ; le capital devient source de plus-value et la plus-value, source d'un nouveau capital. Mais l'accumulation capitaliste suppose la présence de la plus-value, et celle-ci suppose le mode d'accumulation capitaliste, qui, à son tour, dépend de l'accumulation déjà opérée, entre les mains de producteurs marchands, de capitaux assez considérables. Tout ce mouvement semble donc tourner dans un cercle vicieux dont on ne saurait sortir sans admettre une *accumulation primitive*, servant de point de départ à la production capitaliste au lieu de venir d'elle. *Quelle est l'origine de cette accumulation primitive* ? D'après l'histoire réelle, c'est la conquête, l'asservissement, la rapine à main armée, le règne de la force brutale, qui l'ont toujours emporté. Dans les manuels de l'économie politique, c'est l'idylle qui a de tout temps fleuri : il n'y aurait jamais eu d'autres moyens d'enrichissement que le travail et le droit. En fait, les méthodes de l'accumulation primitive sont tout ce que l'on voudra, excepté matière à idylle. *L'escamotage des biens des églises et des hôpitaux* [et des corporations ouvrières], *l'aliénation frauduleuse des domaines de l'Etat, le pillage des terrains communaux, la transformation terroriste de la propriété féodale en propriété moderne privée, telles sont les sources idylliques de l'accumulation primitive.* » — Le paysan n'ignore pas tout à fait cela ; il se rappelle cette histoire qui n'est pas primitive et qui ne date pas encore de cent vingt ans, et celui des paysans qui n'est pas nanti, accepte très bien l'idée d'une nouvelle *appropriation*, prolongement et continuation de celle qui s'est faite au cours de cette Révolution française que tous les manuels d'histoire de France lui ont appris à vénérer et à chérir.

Remarquez même que, quelque antagonisme qui puisse et qui doive exister entre le paysan propriétaire et le paysan salarié, ils seraient unis tous deux, au moins pour un temps, temps qui pourrait suffire à la réalisation d'une révolution agraire, par une haine commune, par une haine qu'ils ressentent à peu près autant l'un que l'autre, par la haine à l'égard du bourgeois, à l'égard de l'homme de la ville propriétaire à la campagne. Il y a beaucoup de vrai, à travers des choses hasardées, dans cette page de Proudhon (1) : « Comme autrefois l'âme du paysan est dans l'idée allodiale. Il hait d'instinct l'homme du bourg, l'homme des corporations, maîtrises et jurandes, comme il haïssait le seigneur, l'homme aux droits féodaux ; et sa grande préoccupation est, suivant une vieille expression du vieux droit qu'il n'a pas oublié, *d'expulser le forain* [l'homme du dehors]. Il veut régner sur la terre [oui !], puis, au moyen de cette domination, se rendre maître des villes et

(1) Capacité politique des classes ouvrières (1865).

leur dicter sa loi [non !]. Cette idée de la prédominance de l'agriculture sur l'industrie est la même qui fonda la suprématie de l'ancienne Rome et décida la victoire de ce peuple laboureur sur toutes les puissances industrielles et commerçantes de l'ancien monde ; qui, plus tard, soutint la féodalité elle-même ; idée qu'adoptèrent au XVIIIe siècle les physiocrates et qui n'est certes pas encore épuisée [?] De là une lutte sourde qui déjà se laisse apercevoir dans quelques régions et qu'un de mes amis de province me dénonçait naguère en ces termes : « Nous marchons à un antagonisme violent entre les villes et les campagnes. Les paysans sont devenus riches ; la plupart des habitants des villes assez besoigneux ; les premiers, attirés par l'appât des bénéfices mercantiles, envahissent peu à peu les villes et s'y rendent les maîtres, pendant que les seconds restent écrasés entre cette nouvelle concurrence et la haute bourgeoisie dont le quartier général est à Paris. » Ainsi une même pensée dirige la plèbe des campagnes et celle des villes. Dans les villes la classe travailleuse tend à supplanter la classe bourgeoise par la hausse des salaires, l'association, les coalitions, les mutualités, les sociétés coopératives, etc. ; — dans les campagnes par la hausse de la main-d'œuvre et gages des domestiques, par la surenchère du sol, par la réduction des fermages, par la petite propriété et la petite culture... Le paysan a horreur du fermage et du métayage comme l'ouvrier du salariat. Il sera infiniment plus aisé, en l'aidant à devenir propriétaire, de tirer de lui un fort impôt, part légitime de la société dans la rente foncière, que de le faire consentir à partager éternellement avec un propriétaire éloigné le croît de la terre et des animaux obtenu par ses soins et un rude labeur... La pensée qui a produit les élections dernières tant dans les villes que dans les campagnes est au fond la même : c'est l'abolition du salariat ; c'est l'expulsion des forains... »

Il ne serait donc pas impossible que salariés des champs, métayers, fermiers, et même paysans propriétaires, entraînés par une haine commune, celle de l'urbain propriétaire à la campagne, celle du châtelain, celle du seigneur, de quelque nom qu'il s'appelle, lequel est considéré *par eux tous* comme un usurpateur ou tout au moins comme un intrus, acceptassent l'idée d'une révolution sociale agraire. Non, sans que cela soit très probable, ce n'est pas du tout une chose impossible.

De plus les socialistes ont leur gâteau de miel tout prêt pour le paysan, même propriétaire, pour le petit propriétaire campagnard. Ecoutez M. Deville. Révolution ouvrière d'abord, et puis « à peine au pouvoir, le prolétariat annoncera aux paysans l'annulation de toutes leurs dettes non hypothécaires, la suppression de l'impôt foncier en particulier, la faculté de paiement en nature pour toutes leurs redevances, (!) la confiscation au profit de la collectivité des dettes hypothécaires réduites à 50 0/0, ainsi que la mise gratuite à leur disposition d'engrais, semences et machines agricoles. Le paysan, propriétaire individuel de la terre qu'il cultive lui-même, trouvera de la sorte son bénéfice dans le nouveau régime, jusqu'au jour où *soit la nécessité résultant de la concurrence des grandes propriétés actuelles socialisées*, soit les avantages réels qu'il verra découler de l'exploitation sociale du sol, l'amèneront à renoncer à la propriété exclusive de son morceau de terre. Il ne s'agit donc à son sujet *ni de violence ni de persuasion* ; mais on verra si le paysan ne comprend pas le langage employé et si son égoïsme satisfait dans la large mesure que je viens d'indiquer, n'assiste pas impassible à l'expropriation des grands propriétaires et même *à quelque chose de plus* [euphémisme] pour le cas où ceux-ci auraient la maladroite inspiration de faire les récalcitrants (1). »

Voilà la loi agraire du socialisme. Elle consiste

(1) *Aperçu sur le socialisme scientifique*, en tête de sa traduction du *Capital*, de Marx.

à désarmer pour un temps et même à satisfaire par de très beaux cadeaux le propriétaire campagnard et à endormir ses défiances ; puis à le forcer plus tard en lui faisant concurrence par la propriété socialisée à renoncer à la propriété individuelle. Cela sera jugé plus perfide qu'habile ; mais cela peut très bien réussir pour un temps, et il suffit que cela réussisse un moment.

La Révolution sociale est donc, je ne dirai pas très probable, comme disait Molinari ; mais elle est possible. Sous quelle forme s'opérerait-elle ? Sous forme collectiviste, j'ai cru démontrer que c'était l'impossibilité même (1). Mais sous forme appropriationiste, c'est-à-dire par expropriation d'abord et appropriation ensuite, mine aux mineurs, terre aux paysans, elle est assez pratique, comme je l'ai dit aussi. Il suffirait, soit d'une décision législative, comme en 1790, soit d'une révolution, c'est-à-dire d'un coup d'État populaire, pour que les possesseurs actuels fussent dépossédés et

(1) Je ne parle même pas de la solution anarchique. Les anarchistes qui réfléchissent, tout en étant très convaincus de la possibilité et de l'excellence de la solution anarchique, la renvoient à un temps indéterminé. M. Hamon, professeur à l'Université nouvelle de Bruxelles, dans son livre *Socialisme et Anarchie*, s'attache à prouver : 1° que l'anarchisme est une forme très rationnelle et régulière du socialisme ; 2° que la marche régulière aussi et normale des choses est celle-ci : d'abord collectivisme, ensuite communisme, enfin anarchie.

la propriété, tant agricole qu'industrielle, dévolue aux « travailleurs », aux « producteurs ». La bourgeoisie possédante n'aurait pas une réclamation légitime à faire et sans aucun doute ne protesterait aucunement, puisqu'on ne ferait que pratiquer sur elle l'opération qu'elle a pratiquée sur d'autres au temps de *sa* Révolution ; qu'elle a pratiquée tout récemment encore sur les congrégations possédantes et sur le clergé séculier et qui a pris couleur d'acte périodique, régulier et normal. *Patere legem quam fecisti.* Non seulement la bourgeoisie aurait l'esprit de reconnaître de bonne grâce que rien n'est plus juste ; mais encore elle prendrait sans doute plaisir, comme tout bon éducateur, à voir ses leçons mises en pratique par ses disciples. Je doute peu que tels ne fussent ses sentiments.

Si cependant elle tentait de résister, avec quoi résisterait-elle ?

Avec ses forces propres ? Elle en a peu l'habitude; les gardes bourgeoises, armées et militantes, des anciennes républiques italiennes ou flamandes, sont bien loin ; et, du reste, elle est bien faible en nombre et, comme le faisait remarquer M. Molinari, bien divisée.

Avec *ses* bons paysans ? On a vu que le socialisme a de quoi les séduire pour un temps, avant de les décevoir.

Avec son armée ? Il n'est pas probable qu'une armée obéissant à ses chefs existe dans dix ans. Dans le cas, très possible, d'une révolution sociale faite par voie législative, ce qui suppose les socialistes en majorité dans le Parlement, ceux-ci auraient bien pris leurs mesures en sorte que l'armée fût assez désorganisée pour n'être plus une force disciplinée obéissant à des chefs bourgeois. — Dans le cas, plus probable, d'un coup d'État prolétarien, la propagande antimilitariste aurait sans doute fait assez de progrès dans l'armée pour que le soldat ne marchât point contre ses frères du peuple au profit des exploiteurs bourgeois.

Je crois donc assez peu probable, certainement, à cause du paysan, difficile, tout compte fait, à séduire ; mais je crois très possible une révolution sociale se produisant dans quelques années, procédant par expropriation et immédiate appropriation nouvelle, dépossédant la bourgeoisie qui n'aurait pas le mauvais goût de désapprouver ce qu'elle a enseigné à faire ou qui du reste ne pourrait pas s'y opposer avec succès ; et créant une nouvelle classe possédante, celle-là si nombreuse qu'elle n'aurait personne derrière elle ou au-dessous d'elle pour la déposséder à son tour.

Il y aurait là certainement un gage de stabilité. Le tort de ceux qui ont fait la révolution sociale de la fin du XVIIIe siècle, du reste sans savoir qu'ils en faisaient une, a été, étant données 100 personnes, dont dix possédantes, d'en déposséder dix pour en pourvoir trente. C'était donner un exemple et c'était mettre dix dépossédés et soixante non pourvus, total soixante-dix, en face des trente favorisés.

La révolution qui laisserait, au contraire, quatre-vingts possesseurs en face de vingt dépossédés serait acquise pour longtemps ; elle le serait jusqu'à ce que les paresseux, les imprévoyants, en un mot les faibles, étant retombés dans le prolétariat, et les forts étant devenus seuls possédants et en minorité comme nombre, les choses seraient à recommencer. Mais, en attendant, cette révolution appropriationiste aurait créé un état de stabilité temporaire.

Il est vrai qu'une révolution si profonde, désorganisant, pendant qu'elle se ferait et pour se faire, la nation tout entière jusqu'en tous ses fondements, la nation pourrait être conquise par n'importe qui avant que la révolution eût produit aucun de ses résultats et avant même qu'elle eût été accomplie. Mais c'est un risque que courra toute nation qui fera une révolution sociale radicale avant que les autres nations aient fait la leur.

Et maintenant, si l'on n'est point partisan d'une

révolution appropriationiste, seule possible ; si d'autre part, soit pour être plus sûr encore qu'on ne l'est de l'éviter, soit parce qu'on est frappé de ce que le socialisme contient de juste, de bon et de sain, on veut chercher des remèdes à la cruauté sociale ; si par conséquent on se tourne du côté de ce que j'ai appelé les pseudo-socialismes, pour en extraire ce qu'ils ont de pratique et pour découvrir ainsi, non une panacée, mais des remèdes ou des palliatifs ; — voici, je crois, ce qui est à adopter et à soutenir.

Intervention de l'Etat. Je suis peu partisan, comme on peut croire, de l'intervention de l'Etat dans les questions ouvrières ; mais je ne suis nullement hostile à une certaine mesure d'intervention de l'Etat dans ces questions. L'Etat, pour moi, ne doit avoir pour mission que la défense nationale et l'ordre public ; mais, *précisément pour cela*, l'hygiène publique rentre dans ses attributions et, en dehors de cela, la charité publique peut s'exercer par son intermédiaire. Tant que l'Etat, sous prétexte de prétendue souveraineté, n'empiète sur aucune liberté, il reste dans son rôle : là est sa limite. Donc l'Etat peut intervenir, avec prudence, pour assurer l'hygiène publique, et il le doit ; il peut intervenir, sans que ce lui soit une obligation, comme agent de charité, tant qu'il n'empiète sur aucune liberté et ne lèse aucun droit.

Donc l'Etat peut et doit vouloir que le système concurrentiel ne tarisse pas la vie nationale, ne tarisse pas la nation dans ses sources mêmes, c'est-à-dire dans la femme et dans les enfants. L'Etat doit interdire le travail des enfants dans les manufactures et limiter le nombre des heures de travail des femmes dans les manufactures. Ici il y a intérêt national proprement dit et « patrie en danger ».

De même il peut limiter le nombre d'heures de travail des hommes aussi, dans la mesure qui lui sera indiquée par les médecins et les hygiénistes.

Mais il faut bien faire attention à ceci que de pareilles mesures dépendent, non seulement de l'avis des médecins et hygiénistes, mais aussi, mais tout autant, de ce qui se fait à l'étranger. La concurrence étant internationale, les mesures contre les abus de la concurrence doivent l'être aussi. Quand l'Etat dit aux employeurs de tel pays : « Vous ne ferez travailler que tant d'heures », comme c'est exactement comme s'il disait : « Vous paierez vos ouvriers tant », le patron peut répondre : « Si je fais travailler mes ouvriers huit heures pendant que le patron allemand les fait travailler dix, et si je les paye huit francs pendant que le patron allemand les paye six, je suis dépassé, je suis ruiné et mes ouvriers aussi et vous aussi. Vous sauvez la vie nationale d'une façon, mais vous la tarissez d'une autre. »

Il faut donc par des ententes, par des examens en commun suivis de traités internationaux, sauver la vie des ouvriers sans la compromettre sous prétexte de la sauver. Il faut procéder par mesures internationales. Comme j'ai dit qu'il ne faut rien faire, même en politique proprement dite, sans voir ce que la situation générale du continent nous permet de faire et que, par conséquent, *toute la politique est de la politique étrangère,* de même et à plus forte raison je dis que toute police économique doit être de la police internationale, ou plutôt c'est la nécessité même qui le dit et qui l'impose.

Je reconnais du reste qu'avec prudence on peut devancer l'étranger et ne pas l'attendre indéfiniment, parce que, s'il est vrai qu'en le devançant on risque une infériorité momentanée, il est vrai aussi qu'en devançant, on force l'étranger à suivre. En prenant une mesure favorable à la santé de la classe ouvrière, on suscite à l'étranger une revendication de la classe ouvrière devant laquelle l'Etat étranger devra céder. J'ai cité jadis (1) l'initiative de l'Angleterre interdisant le travail de

(1) *Questions politiques.*

nuit des femmes dans les manufactures. En prenant cette initiative l'Angleterre courait un risque. Mais son exemple a été suivi et il ne se pouvait pas qu'il ne le fût point.

Voilà dans quelle mesure l'Etat peut intervenir entre les employeurs et les employés.

Il peut encore intervenir prudemment dans les questions économiques en réservant certaines faveurs, en ouvrant certains crédits aux associations ouvrières *dans leurs commencements*. Les protéger quand elles sont prospères serait évidemment de très mauvaise économie politique, puisque cela pourrait ruiner des entreprises patronales, ce qui d'abord ne serait pas juste et ensuite serait tarir une source de la fortune publique sous prétexte d'en alimenter une autre ; et découvrir saint Pierre pour couvrir saint Paul n'a rien qui vaille. Mais protéger une association ouvrière en ses commencements n'est pas autre chose que lui permettre de naître ; et qu'elle naisse, c'est une mesure de simple utilité publique, je dis d'utilité matérielle et d'utilité morale.

M. Deville qui naturellement, comme tout collectiviste, est opposé à tout procédé socialiste qui n'est pas le collectivisme, M. Deville qui sait tout aussi bien que moi que tout ce qui n'est pas le collectivisme va contre lui, reconnaît que « le crédit

« aux associations ouvrières aurait pour effet de « faire à la bourgeoisie une guerre heureuse et « tendrait à abaisser ses bénéfices » ; mais, précisément à cause de cela, il conclut que « comme c'est la bourgeoisie qui tient l'Etat, elle s'empressera (quoi qu'en disent quelques habiles qui aspirent à se faire une popularité en réclamant avec fracas ce qu'ils savent ne pouvoir pas obtenir) de ne pas fournir au prolétariat la possibilité de la ruiner dans un temps plus ou moins long ».

D'abord ce n'est pas la bourgeoisie qui tient l'Etat, et ce raisonnement a l'air de porter la date de 1845 ; ensuite il ne s'agirait que d'aider les associations ouvrières, comme du reste les syndicats agricoles, à prendre leurs premières forces, sans les suivre dans leur prospérité si elle se produit, puisqu'alors ce ne serait que protéger un capitalisme contre un autre, ce à quoi la société n'a aucun intérêt ; mais elle en a un à protéger une de ses forces naissantes, à aider à la formation d'un groupement qui peut être fécond, à aider à la formation d'un capitalisme collectif, à la formation d'une propriété collective, qui sera du reste et nous le reconnaissons et nous n'avons pas à nous en plaindre, tout aussi opposée que les autres au collectivisme.

J'irai même, en fait d'intervention de l'Etat, jusqu'à l'atelier national, malgré sa mauvaise réputation, mais jusqu'à l'atelier national intelligemment compris. Il ne s'agirait pas de créer du travail pour les ouvriers, sous prétexte qu'ils y ont un droit. Il s'agirait d'accepter autant d'engagements ouvriers qu'on aurait de travail à fournir pour les grands travaux d'utilité publique. Ces ouvriers, comme ceux de nos arsenaux et de nos manufactures d'armes, seraient des fonctionnaires ; ils seraient sévèrement disciplinés ; ils recevraient en sécurité ce qu'on leur prendrait en liberté ; ils n'auraient pas la chance, comme ceux qui resteraient dans la mêlée concurrentielle, de devenir patrons, ou, dans une société coopérative, copatrons ; mais ils seraient sûrs, une fois engagés, d'avoir toujours du travail. Je ne les traiterai pas avec le dédain dont M. Biétry accable les ouvriers d'Etat, et je ne parlerai ni de « servitude », ni « d'avachissement ». Je dirai seulement qu'il est très bon qu'une société plie ses institutions aux différents caractères et qu'il est bon que pour ceux qui préfèrent la sécurité à la liberté il y ait places ouvertes, où celle-là remplace celle-ci. Aux entreprenants la mêlée concurrentielle ; aux timides les places de sûreté dans la mesure où l'Etat peut les établir. Si l'on me dit : « Vous encouragez la timidité », je réponds : « Je la préfère encore à l'abandonnement ». L'institution des ouvriers d'Etat est précisément pour ceux des ouvriers qui sont de tel caractère qu'ils rêvent des délices du collectivisme.

Je reconnais du reste qu'un Etat doit, si l'on me passe l'expression, se tâter le pouls avant d'entrer dans cette voie. Un Etat fort peut y entrer sans crainte, sûr de l'exacte discipline qu'il fera régner dans ses troupes de travailleurs d'Etat. Un Etat faible et qui vivrait toujours dans la crainte de s'aliéner cent électeurs, serait débordé par ses travailleurs d'Etat et recevrait d'eux des ordres au lieu de leur en donner. Je conseillerais fort à tout Etat de priver les ouvriers d'Etat du droit de suffrage, comme les soldats ; je le conseillerais particulièrement à un Etat faible ; et à un Etat très faible je conseillerais peut-être de n'avoir pas du tout d'ouvriers d'Etat. Mais encore c'est une institution qui n'est pas pour être mauvaise partout et que l'on peut essayer, selon les pays, dans une mesure plus large ou plus restreinte.

Voilà pour moi les diverses interventions de l'Etat qui sont possibles, qui sont pratiques et qui ne dépassent point son rôle, puisqu'elles n'empiètent sur aucune liberté et n'ont aucun caractère de despotisme.

Participation des ouvriers aux bénéfices des

entreprises. La participation des ouvriers aux bénéfices des patrons est, comme on sait, la grande épée de chevet des Biétristes. Il ne faut ni s'en exagérer les vertus, comme il n'est pas impossible qu'ils le fassent, ni la considérer comme une simple illusion et un leurre.

Il est bien vrai : 1° que dans bien des industries il n'y a pas de bénéfices distribuables; j'entends qu'il y a des bénéfices encore très régalants pour le patron qui, distribués aux ouvriers, seraient quasi nuls. Un patron gagne cinquante mille francs par an, et cela fait crier les ouvriers, du haut de leur tête. Mais il a mille ouvriers. S'il faisait participer ses ouvriers à ses bénéfices soit par augmentation de salaire, soit par distribution de dividendes annuels, il leur donnerait 10 centimes de plus par jour ou quarante francs de dividende à la fin de l'année, et du reste n'aurait plus de quoi nourrir sa famille.

2° Il est vrai encore que la distribution de dividendes n'est que la restitution, faite aux ouvriers, de ce qu'on a soustrait du salaire qu'on pouvait leur donner, et que par conséquent il était plus court et plus simple de leur donner en salaire ce qu'on leur donne après coup en dividende. Vos bénéfices sont tels que vous pouvez donner un salaire de six francs au maximum. Comme vous voulez donner des dividendes pour vous faire de la popularité, je sais bien comment vous procédez. Vous ne donnez que cinq francs de salaire et vous donnez à la fin de l'année un magnifique dividende de 310 francs. Ne dites pas que vous ne faites pas ainsi : je vous défie de faire autrement. Les 310 francs que vous donnez aujourd'hui sont la preuve même que vous pouviez donner vingt sous de plus par jour, et puisque vous ne les avez pas donnés, c'est que vous les avez rognés sur le salaire que vous pouviez fournir. Je vous demande un peu où, sans cela, vous les auriez pris.

La distribution des dividendes n'est donc qu'une restitution faite à l'ouvrier d'une partie de son salaire légitime qu'on avait retenue. C'est une simple opération de trésorerie qui d'une part est une hypocrisie de générosité, d'autre part permet au patron de faire travailler pendant un an l'argent qu'il ne donne aux ouvriers qu'à la fin de l'année au lieu de le leur donner tous les jours, de sorte que c'est à lui et non à l'ouvrier que l'opération donne bénéfice.

Dans sa critique de la participation aux bénéfices, M. Deville va plus loin que moi. Il croit que la participation aux bénéfices poussant à la surproduction par l'ardeur au travail qu'elle donne aux ouvriers, précipite la venue des chômages et des crises périodiques. Je crois qu'il a tort. La participation aux bénéfices pousse à la surproduction, il est vrai ; mais elle ne la fait pas. Le patron reste maître de sa quantité de production et ne produit que ce qu'il faut, s'il est prudent. Le danger de surproduction n'est à craindre que dans la mesure de l'imprudence du patron, et non dans celle de l'ardeur au travail des ouvriers.

M. Deville ajoute que « la sphère où est applicable la participation aux bénéfices est étroite, parce que là où les mouvements de l'ouvrier doivent forcément s'adapter aux mouvements ininterrompus de la machine, où l'emploi de la matière première peut être strictement calculé, où la surveillance est facile, la participation, étant inutile au patron, elle ne sera pas appliquée. » Je ferai d'abord remarquer que c'est la sphère où la participation aux bénéfices est inutile au patron qui est étroite ; puisqu'elles ne doivent pas être très nombreuses les industries où l'emploi de la matière première peut être strictement calculée et où la surveillance est facile ; et dans tous les cas il est toujours d'un grand intérêt pour le patron qu'à tous les moyens d'assurer une bonne gestion s'ajoute ceci que les ouvriers soient intéressés eux-mêmes à ce qu'elle soit bonne.

Je ferai remarquer ensuite que M. Deville raisonne strictement comme suit : Les patrons n'ayant pas intérêt à établir la participation aux bénéfices, ils ne l'établiront pas, donc elle ne sera pas établie. C'est mal raisonné. Même si les patrons n'avaient pas intérêt à la participation aux bénéfices et ne l'établissaient pas, il ne s'ensuivrait pas qu'elle ne fût pas établie ; car les ouvriers pourraient l'exiger, et c'est précisément ce qu'ils sont en train de faire. M. Deville raisonne toujours en partant de son idée maîtresse qui est que les patrons sont « les maîtres de l'Etat », pour en arriver à son idée finale qu'il n'y a qu'une révolution violente qui puisse changer les choses. Cette méthode l'amène à des raisonnements inexacts.

Les objections de M. Deville étant écartées, je reste en face des miennes qui se résument en ceci : la participation des bénéfices *ne peut consister* qu'à retenir une partie du salaire légitime des ouvriers pour la leur rendre, en retard, sous dénomination fastueuse de dividende ; et donc elle est une froide plaisanterie.

En son fond cette objection est la vérité même ; mais cela n'empêche point que la participation aux bénéfices ne soit, moralement au moins, et même matériellement, une chose excellente. Ce n'est qu'un procédé ; oui, ce n'est qu'un procédé ; mais il y a de bons procédés. La participation aux bénéfices donne à l'ouvrier l'idée continuelle qu'il travaille pour lui-même et qu'il touchera d'autant plus qu'il travaillera davantage et surtout qu'il travaillera plus soigneusement : la participation aux bénéfices est la mort du « sabotage » et du « coulage ». Elle attache l'ouvrier à l'entreprise, diminue les tendances à la grève, diminue même, comme M. Deville le fait remarquer, les frais généraux en intéressant l'ouvrier à ne pas gaspiller les matières premières. Voilà les avantages moraux et même déjà matériels, qui sont incontestables, de ce procédé.

Quant aux avantages matériels proprement dits, ils sont ou ils peuvent être ceux-ci. Il est d'un immense intérêt pour l'ouvrier, pour le petit employé, d'être payé suffisamment pour ses besoins journaliers, et, à un moment donné, de trouver une petite somme ronde, soit pour l'épargne, soit pour pourvoir à une dépense qui n'est pas journalière, qui est périodique. Exemple : la question du loyer. « C'est le loyer qui tue », disent les familles ouvrières. Le loyer tue, parce qu'au lieu d'être payé jour à jour et presque heure par heure comme le « marché », il s'accumule, il se capitalise et se présente au bout de trois mois sous forme de forte somme à payer. Si l'argent dû s'accumule ainsi, il faudrait que l'épargne s'accumulât dans une mesure égale. Que de fois, songeant à cela, j'ai pensé à une société des loyers, qui percevrait jour à jour par petites sommes chez l'ouvrier et qui, le trimestre achevé, paierait son loyer avec l'argent ainsi reçu goutte à goutte ! L'ouvrier paierait ainsi son loyer très exactement ; mais « il ne s'en apercevrait pas ». C'est la grande affaire. Bien entendu, je crois cette combinaison impossible, précisément parce qu'il faudrait percevoir jour à jour, ou presque, et que cela exigerait un nombre colossal d'employés, ce qui grèverait la société, et par conséquent l'ouvrier, outre mesure. Encore, ce serait à voir. Mais je n'ai pris ceci que comme exemple hypothétique à l'appui de mon raisonnement. Le raisonnement est celui-ci : l'ouvrier a besoin qu'on épargne pour lui en prévision des grosses dépenses périodiques. Cette épargne, la participation aux bénéfices la fait ; elle n'est qu'une manière de retenir pour donner plus tard ; mais précisément retenir pour donner plus tard est un utile procédé d'épargne.

Ai-je besoin de dire que cette participation aux bénéfices ne devrait pas être obligatoire, et que ni les patrons ne devraient exiger que tous les ouvriers se soumissent à ce régime, ni les ouvriers ne devraient exiger que tous leurs camarades s'y soumissent ? Un ouvrier a le droit de dire : « Je sais ce que c'est. Je la connais. Votre dividende n'est qu'une restitution tardive. Je ne veux pas de restitution. Je sais faire mon épargne moi-même, et vous n'avez pas le droit de me dire que je ne sais pas la faire. Je n'ai pas besoin de protectorat ni de tutelle. Je ne veux pas de restitution. Je veux un sursalaire équivalant à ce que me rapporterait le dividende. » A celui-ci je crois qu'on devrait répondre : « Comme vous voudrez ! Vous aurez le sursalaire équivalent ; ce qui revient à dire que vous toucherez votre dividende tous les jours. »

Oui, la participation aux bénéfices doit être libre ; mais, librement acceptée, elle a les avantages que j'ai dits.

Elle en a un bien plus grand. Ne voyez-vous pas que des ouvriers elle fait des associés, des copatrons, et qu'en faisant, des ouvriers, des associés et des copatrons elle met forcément le grand jour dans l'entreprise industrielle, au grand bénéfice des ouvriers ? L'ouvrier participant aux bénéfices a le droit par cela même de connaître les bénéfices. Il a le droit de dire aux patrons, aux actionnaires : « Qu'est-ce que vous gagnez ? Je dois le savoir, puisque je suis copartageant ! Qu'est-ce que vous gagnez ? J'ai le droit de le savoir, puisqu'en vous disant : « Qu'est-ce que vous gagnez ? » je vous demande simplement : « Qu'est-ce que *nous* gagnons? » Donc qu'est-ce que vous gagnez? Qu'est-ce que *nous* gagnons ? » — En un mot, la participation aux bénéfices donne à l'ouvrier le droit de tenir le langage d'un actionnaire. Ce n'est rien, cela? C'est beaucoup. Grâce à cela, plus de bénéfices scandaleux possibles, ce qui est le grand point. Grâce à cela disparaît, à l'inverse, la croyance fausse aux bénéfices scandaleux. Dans certaines industries, les patrons, les actionnaires, gagnent trop. Ils ne pourront plus trop gagner quand les ouvriers verront les livres. Dans certaines autres, les actionnaires ne gagnent rien du tout et les ouvriers croient que les actionnaires gagnent énormément ; cette illusion, très funeste et génératrice de défiances, de haines et de ressentiments disparaîtra. La participation aux bénéfices c'est le grand jour, et le grand jour doit faire disparaître des abus d'une part, d'autre part des illusions. Et je ne sais si ce sont les abus qui sont plus désastreux que les illusions, ou si ce sont les illusions qui sont plus désastreuses que les abus.

Je sais bien que ce « grand jour », les ouvriers peuvent l'obtenir tout aussi bien en discutant les salaires qu'en discutant les dividendes. Encore une fois, tout au fond, salaires et dividendes c'est la même chose. Mais encore c'est la même chose d'une autre façon. L'ouvrier investi du titre de copartageant se sent plus fort, se sent plus en droit de réclamer la lumière que quand il est simple salarié. La participation aux bénéfices est la *conscience continue* chez moi, ouvrier, que la chose que je fais est chose mienne ; la discussion âpre, à un moment donné, sur une question de salaires est une *crise*. Le fond des choses est le même, mais la différence morale et ce qu'elle entraîne de différences même matérielles sont énormes. La participation aux bénéfices est l'organisation régulière et pacifique de la discussion sur les salaires et, par conséquence, est la suppression même de la discussion sur les salaires. En réalité profonde, il y a harmonie et non pas antagonisme entre le capital et le travail ; dans la pratique actuelle, à cause des dissimulations et du jeu de cache-cache auquel se livre le capital, il y a antagonisme ; la participation aux bénéfices et le grand jour qu'elle entraîne ramènent l'antagonisme à l'harmonie.

Enfin le grand remède de la question sociale c'est l'associationisme. Je ne dirai pas, comme Reybaud vers 1845 : « L'association peut tout faire » ; mais ce qu'il y a de certain c'est qu'elle peut réaliser la plupart au moins des rêves les plus hardis du socialisme, sans tomber dans aucun des inconvénients que les divers systèmes socialistes présentent. L'association peut tout simplement supprimer le commerce ou plutôt les commerçants, les intermédiaires entre le producteur et le consommateur ; elle peut supprimer la féodalité industrielle ; elle peut faire produire à la petite propriété tous les bons effets de la grande et tous les bons effets que les collectivistes espèrent de la propriété collective; et cela c'est presque tout le programme socialiste réalisé sans socialisme.

Association pour consommer, société coopérative de consommation, l'association met en rapports directs le consommateur et le producteur, c'est-à-dire maintient à la denrée sa valeur vraie, non majorée de tout ce qu'il faut, sous le régime actuel, que cinq ou six intermédiaires gagnent sur elle pour se nourrir et faire fortune. Sans doute il faut à une société coopérative de consommation des employés chargés du soin de faire venir la denrée depuis le producteur jusqu'au consommateur, et ces employés, me direz-vous, tiennent lieu de ces commerçants supprimés, et les choses reviennent au même. Point du tout ; car d'une part ces employés ne feront pas fortune et seront simplement payés honorablement, et d'autre part il n'y aura pas besoin qu'ils soient aussi nombreux que le sont les commerçants sous le régime actuel.

Supposez qu'en une année tout un pays se soit réparti en sociétés coopératives de consommation, ce sont les anciens commerçants qui sont devenus employés des sociétés coopératives, mais évidemment ils gagneront moins et ils n'auront pas pu se placer tous. Le plus grand nombre aura dû se résigner à se transformer en producteurs, ce qui vaudra mieux pour la communauté et pour eux-mêmes.

Association pour produire, l'association remplace le capital individuel par le capital collectif ou le capital collectif d'actionnaires par le capital collectif d'ouvriers. Elle réalise le mot excellent, qu'il soit de celui-ci ou de celui-là : « Il faut que le travail possède et que le capital travaille. » Or cela est sain : le capital qui travaille, c'est-à-dire l'ouvrier à la fois capitaliste et travailleur, sentant qu'il fait travailler son capital en même temps que sa main, a une ardeur à la besogne, une verve allègre, que ne saurait avoir le simple salarié. Il est à la *fois* celui qui fournit le levain et qui pétrit la pâte ; par toutes les facultés de sa personne, par tout son être il est attaché et il s'attache à l'œuvre qu'il fait. Il y met son orgueil de propriétaire comme son amour-propre d'artiste. Il est tout entier incorporé à son labeur, et son labeur est comme consubstantiel à lui. Et sans doute l'association productrice peut avoir besoin du capital capitaliste et accepter son concours, mais dans ce cas l'ouvrier n'est pas dépendant du capital ; c'est le capital qui est subordonné à lui ; tout au moins ils traitent l'un et l'autre d'égal à égal et le capital capitaliste qui est « du travail cristallisé » n'est que l'associé presque en sous-ordre du travail vivant. Ce sont les conditions les meilleures du monde, les plus saines, pour ainsi parler, pour que le travail soit bien fait,étant fait dans la liberté,dans la dignité et dans la joie.

Association productive agricole, syndicat agricole, l'association reconstitue la grande propriété sans les inconvénients de la grande propriété ; car elle laisse subsister la petite propriété et lui donne tous les avantages de la grande. La petite propriété cultive mal ; manque de capitaux suffisants ; elle cultive sans considérations d'ensemble, sans connaissance des besoins généraux de la consommation; elle achète ce qu'il lui faut très cher, parce qu'elle l'achète par petites quantités, exactement comme la petite ménagère qui s'approvisionne au jour le jour chez l'épicier du coin. Tout cela disparaît si les propriétaires agricoles s'associent et se syndiquent. Ils groupent les capitaux, ils achètent par grandes masses et directement aux producteurs, et c'est exactement comme s'ils avaient chacun deux fois plus d'argent qu'ils n'en ont. Ils sont informés des besoins réels de la consommation et ils ne cultivent plus à l'aveuglette ; ils produisent ce qu'il faut produire et évitent ainsi la mévente. Et cependant ils restent attachés à leur morceau de terre comme devant. Ils le sentent à eux ; ils y sont enracinés comme précédemment. Tous les avantages que leur promettent les partisans de la propriété collective ils les ont, et l'immense avantage qu'il y a à cultiver une terre que l'on sent bien à soi et où l'on a mis son âme, ils le conservent. Et d'autre part les inconvénients de la grande propriété, négligence, gaspillage, espaces réservés à l'agrément et laissés improductifs sont évités. Un syndicat agricole est une grande propriété, administrée comme une grande propriété qui aurait un propriétaire intelligent ; cultivée comme une petite qui aurait un propriétaire actif, amoureux de sa terre et opiniâtre. De même qu'il faut que le capital travaille et que le travail possède, de même la solution du problème agricole c'est d'une part de grands agriculteurs faisant participer leurs travailleurs à leurs bénéfices, d'autre part de grands agriculteurs aussi, qui seront de grands agriculteurs collectifs, qui seront de grands agriculteurs composés d'une multitude de petits. Mille paysans syndiqués, c'est un grand agriculteur intelligent, informé, ayant à sa disposition deux mille bras les plus dévoués et les plus obstinés, et pour cause, qui puissent être.

Association pour la protection et pour la défense, l'association prend mille formes qui toutes ont leur utilité et qui assurent le salut de l'ouvrier et qui le font puissant, ce qu'il ne faut pas craindre, celui qu'il faut redouter étant, non pas le fort, mais le violent. Comme société de secours, l'association épargne, pour pouvoir, à un moment donné, soutenir une grève juste, et ceci est bien; car une grève juste a son droit qu'il faut qu'elle puisse soutenir; et ceci est même dans l'intérêt de la paix publique, car une grève violente est généralement une grève affamée, et dans une grève où le gréviste a sa subsistance assurée, il peut y avoir discussion, délibération relativement calme entre employeurs et employés, il peut y avoir sang-froid gardé des deux parts, ce qui est impossible dans le cas d'absolue misère et de faim mauvaise conseillère. Qu'une grève puisse être une délibération et que par conséquent elle puisse être longue mais non violente, c'est à quoi sert le trésor de guerre des associations de défense. Le *si vis pacem para bellum* n'est pas sans vérité ici; car le trésor de guerre des associations de défense n'est qu'un *tré-*

sor de lutte, et cette lutte peut être pacifique précisément parce que ce trésor existe ; il y a au moins plus de chance pour qu'une grève soit conduite avec tranquillité d'esprit vers une solution juste quand elle est, on peut le dire, caisse contre caisse et capitalisme contre capitalisme, que quand elle est la faim déchaînée contre la richesse.

Comme société de prévoyance, l'association panse d'avance les blessures du chômage en réservant à la saison malheureuse l'épargne de la saison favorable ; elle crée des caisses de retraite pour l'ouvrier vieilli ou invalide ; elle crée des assurances sur la vie ou contre les accidents ; elle fait de tous les associés une famille où le faible peut compter sur le fort *et le fort sur le faible*, puisque c'est une loi de nature et une loi sociale que selon les circonstances le fort devienne le faible et le faible devienne le fort. Tel qui est heureux aujourd'hui sera malheureux demain, et tel qui est en santé aujourd'hui demain sera malade. C'est ce qui doit enseigner aux hommes la fraternité. L'association c'est une forme de la fraternité. En même temps qu'elle est une idée juste elle est un sentiment bon. Toutes les grandes choses sont le résultat d'une idée juste unie à un bon sentiment. Il y faut les deux. Dans l'association tous deux se rencontrent.

L'association est un procédé inventé pour effacer les inégalités trop sensibles entre les hommes et, en tant que sentiments, elle dérive de l'instinct de fraternité. C'est qu'en effet *ce n'est pas avec l'égalité qu'on fait de la fraternité ; mais avec la fraternité qu'on fait de l'égalité.* La soif d'égalité est un sentiment d'envie et de rancune ; elle ne mène qu'à la haine et à la guerre ; l'instinct de fraternité mène à l'égalité ou au moins à une égalisation progressive. En d'autres termes l'égalité ne se crée pas d'elle-même, ne se tire pas d'elle-même, l'égalité *ne se tire pas de l'égalitarisme* ; à vouloir se créer ainsi elle ne se crée point ; elle se tire de l'instinct fraternel ou plutôt elle en résulte sans s'être cherchée. L'association c'est l'égalité, c'est une égalité relative, mais plus « réelle » que toutes celles qu'on cherche ailleurs, créée par une idée juste et par le sentiment de solidarité.

Donc, comme l'a dit très bien Proudhon : « De toutes les *forces économiques* la plus grande, la plus sacrée, celle qui *aux combinaisons du travail réunit toutes les conceptions de l'esprit et les justifications de la conscience*, c'est la mutualité... *Seule la mutualité est* INOFFENSIVE *et* INVINCIBLE. »

Comme l'a dit moins éloquemment, et avec un sens pratique plus serré, John Stuart Mill : « Nous nous éloignons du temps où un grand nombre étant les serviteurs d'un seul qui fournit les capitaux, ils n'ont d'autre intérêt dans l'entreprise que celui de *gagner leur salaire avec le moins de travail possible.* Si le progrès continue sa marche, il est très probable que l'état de salarié ne sera plus bientôt que celui des ouvriers que leur abaissement moral rendra indignes de l'indépendance et que les rapports de patron à ouvrier seront remplacés par l'association sous une ou deux formes : association temporaire des ouvriers avec l'entrepreneur [participation aux bénéfices] dans d'autres cas et à la fin dans tous, association des travailleurs entre eux. »

Intervention de l'Etat dans la mesure restreinte que j'ai indiquée et qui serait destinée, dans mes idées, à devenir de plus en plus restreinte ; car comme l'a dit si justement Dunoyer, « le progrès consiste dans la substitution graduelle de l'activité de la société à celle de l'administration » — participation de l'ouvrier aux bénéfices de l'entreprise, *même* comme nous l'avons vu plus haut *quand il n'y a pas de bénéfices*, c'cst-à-dire ouvriers consentant à être payés partie en salaire proprement dit, partie en dividendes résultant soit des bénéfices, soit d'une réserve faite ; de telle façon que, soit qu'il y ait bénéfices, soit qu'il n'y en ait pas, ils se sentent associés à l'entreprise et copatrons, — association sous toutes les formes pour parer à toutes les mésaventures, pour lutter avec fermeté et avec calme contre les exigences injustes ou aveugles ; même, à quoi je ne verrai aucun inconvénient, pour faire du prolétariat tout entier une classe puissante avec laquelle toutes les autres devraient compter : telles sont les *méthodes à suivre*, selon moi, pour résoudre dans la mesure où elle peut être résolue la question sociale, c'est-à-dire pour ne pas la résoudre, mais pour la purger de ce qu'elle a de plus violent, de plus irritant, de plus douloureux et de plus pitoyable; telles sont les *idées directrices* qui devront être désormais celles de ce que j'appellerai, comme on voudra, le *socialisme limité*, le *socialisme pratique* ou le *socialisme réaliste*. En dehors d'elles je ne vois, pour reprendre la forte expression de Guizot, que « des chimères planant sur des ruines ».

Ce qu'il faut méditer sur l'ensemble de ces questions, c'est la loi d'*approximation progressive*, que Proudhon a insuffisamment formulée, mais indiquée avec une certaine netteté, aux dernières pages de sa *Théorie de la propriété*. La liberté ne sera jamais atteinte ; car elle serait « l'*an-archie* » ; mais le progrès consiste à en approcher progressivement le plus possible, et la régression consiste à s'en éloigner, d'où il suit que l'anarchie n'est pas le but, mais que s'éloigner de l'anarchie éloigne du but. L'égalité ne sera jamais atteinte; car ce serait un nivellement affreux et funeste; mais on peut s'en approcher le plus possible et on doit s'en approcher le plus possible, et la régression consiste à s'en éloigner, et tant qu'elle ne sera pas tout à fait atteinte, la distance à parcourir pour l'atteindre, quelque petite qu'elle soit, sera suffisante pour que l'émulation, l'ardeur et le goût du travail subsistent parmi les hommes, d'où il suit qu'il ne faut pas y arriver et qu'il faut y tendre, et qu'elle n'est pas le but, mais que s'éloigner d'elle éloigne du but.

C'est ce qui fait dire à Proudhon : « Nous voulons [non pas l'égalité; car elle ne serait possible que dans le communisme, dont nous avons horreur, mais] *l'égalité de plus en plus approximée des conditions et des fortunes*, comme nous voulons l'égalisation de plus en plus approximée des charges ». Il n'y a rien qui, selon moi, soit plus juste et plus salutaire. Or c'est l'égalité absolue que rêvent les collectivistes, égalité absolue qui ne serait maintenue du reste que par un régime autoritaire assez contraire au principe d'égalité, mais enfin égalité absolue pour toute la partie domestiquée de la nation; et c'est ce régime qui jetterait tout le pays dans la langueur et la paralysie ; au contraire c'est, très nettement, vers une égalité de plus en plus approximée et jamais atteinte que veulent nous conduire les socialistes réalistes dont j'essayais tout à l'heure de résumer le programme.

Tout compte fait, l'idée socialiste considérée en sa généralité *est une idée fausse, en réaction contre une idée fausse* et par conséquent il y a des chances pour que le *in medio* soit juste ici. L'idée fausse contre laquelle l'idée socialiste est en réaction est celle qui est au fond de la vieille économie politique et elle est celle-ci : le but de la civilisation ou pour mieux dire la civilisation elle-même est l'accroissement continu de la richesse générale. Or on ne trouvera pas mieux pour le développement de la richesse générale que la concurrence illimitée dans l'absolue liberté, soit de la production, soit des échanges. Le laisser-faire, avec tous les malheurs individuels que l'on reconnait qu'il peut entraîner, est donc la seule solution que la science économique ou la philosophie économique puisse proposer.

Cette idée est fausse. Tout au moins elle n'est rien moins que prouvée. Sur quoi affirme-t-on que le but de la civilisation, que la civilisation elle-même est l'accroissement continu de la richesse générale, de la production générale? Ou, s'il est vrai, ce qu'on peut soutenir, que la civilisation soit cela, sur quoi affirme-t-on que la civilisation soit une bonne chose? On dirait que l'homme est d'autant plus heureux qu'il a plus de besoins avec des moyens plus abondants pour les satisfaire. Est-ce une vraie définition du bonheur? Cette idée n'est pas autre chose qu'un préjugé. C'est une idée fausse.

En réaction contre cette idée fausse, le socialisme pense plus ou moins clairement ce qui suit : le bonheur pour l'homme c'est de n'avoir pas de besoins. Il en a ; soit ; mais alors le bonheur pour l'homme est d'avoir le moins de besoins possibles. La civilisation consiste à multiplier les besoins et les moyens de les satisfaire et à multiplier les besoins *par* les moyens de les satisfaire ; elle consiste à créer des besoins factices et toujours un plus grand nombre de besoins factices. Pour arriver à cela il est très vrai qu'il faut éperonner l'homme par la concurrence et créer la concurrence par la liberté. Il est très vrai que laissés libres, les hommes, pour satisfaire des besoins toujours nouveaux, se démèneront, se trémousseront, inventeront, s'ils peuvent, produiront démesurément s'ils ne peuvent pas inventer, s'épuiseront par le surmenage, et que le progrès de la civilisation résultera de leurs efforts ; mais c'est cette civilisation même, mot pompeux pour dire multiplication des besoins factices et multiplication des satisfactions inutiles qui est une absurdité. Le bonheur c'est au contraire la suppression des besoins factices et la simplification de la vie. Persuader à l'homme qu'il n'a besoin que de vivre, et, si on ne lui peut pas persuader cela, l'y contraindre, en supprimant la concurrence, au besoin par la suppression de la liberté dont il fait un si mauvais usage, voilà le vrai. Si la concurrence est un suicide, la liberté est un instrument de suicide. Oter à l'homme la liberté de s'exterminer par la concurrence et par la recherche éperdue et toujours plus ardente de biens qui sont des maux, c'est ôter à un neurasthénique le revolver dont il se prépare à user contre lui-même. — Voilà l'idée socialiste en son essence même.

Mais cette idée aussi est fausse, quoique son contraire soit faux. S'il est très vrai que la civilisation soit excessivement périlleuse, soit meurtrière, si vous voulez, il ne faudrait pas oublier que la servitude l'est aussi, et que si la civilisation est mortelle par le surmenage, la servitude l'est tout de même par le marasme. En supprimant la concurrence vous supprimez la recherche absurde de biens faux, je vous l'accorde ; mais vous ne supprimez et vous ne pouvez supprimer la concurrence qu'en supprimant la liberté, et la liberté elle, n'*est pas un bien faux*, et nous voilà au point. Et si vous m'accordez, vous, que la liberté n'est pas un bien faux et si vous laissez subsister la liberté, immédiatement la concurrence en sort et de la concurrence sortent tous les maux que vous dénoncez. Vous voilà ramenés à supprimer la liberté, et la liberté est un bien vrai, si vrai que la servitude est un malheur insupportable. Votre idée est donc fausse tout autant que l'est l'idée de vos adversaires.

L'homme trouve la mort tout autant dans l'excès de la civilisation que dans ce qui s'opposerait à la naissance de la civilisation et tout autant dans ce qui s'opposerait à la naissance de la civilisation que dans les pires excès de la civilisation elle-même. Il se tue à se civiliser et on le tue à l'empêcher de se civiliser. La vie compliquée est mortelle ; et, non pas la vie simple, mais la condamnation à la vie simple est mortelle. L'idée essentielle des socialistes, en réaction contre l'idée essentielle des économistes, est donc aussi fausse que celle des économistes.

Peut-on sortir de là? Je le crois. J'ai annoncé et promis un *in medio*. Le voici. J'ai pris soin de dire : « La vie compliquée est mortelle ; et, *non pas la vie simple, mais la condamnation à la vie simple* est mortelle aussi. » On m'entend bien. Ce n'est pas la vie simple qui a des dangers ; elle n'en a aucun, c'est d'y être condamné qui, non seulement est un danger, mais est mortel. Ce qu'il faudrait donc, c'est qu'on menât la vie simple sans y être condamné, qu'en pleine liberté et avec toute licence de se jeter éperdûment dans la vie concurrentielle, on restât très tranquillement dans la vie simple, modeste et non ambitieuse, et qu'on n'eût pas de plus grande crainte que de multiplier ses besoins. Il se pourrait ainsi que sans contrainte et par l'effet seulement de mœurs nouvelles, les dangereux inconvénients de la lutte pour le bien-être et de la lutte pour la jouissance fussent conjurés ; il se pourrait que, *sans disparaître, la civilisation se ralentît*, et voilà précisément le *in medio.*

Si les deux idées que j'examinais tout à l'heure, l'idée des économistes et l'idée des socialistes, sont toutes les deux fausses, il est certain aussi qu'elles contiennent toutes deux quelque chose de vrai ; il est certain que l'homme a besoin de sa liberté de travail et d'efforts et qu'il a même le besoin moral de faire des efforts, que l'effort est une condition de sa santé physique et morale ; et il est certain aussi que le train furieux de la civilisation en marche lui impose beaucoup plus d'efforts et de labeur qu'il n'est nécessaire pour sa santé morale et physique. Le juste et le raisonnable serait donc qu'il aimât la civilisation sans en être comme enivré, et le travail et même la lutte sans en avoir comme le délire. Or le socialisme en ses idées générales est précisément pour répandre ce sentiment très juste de mépris pour la richesse et le luxe, et même d'ironie à l'égard du travail intense, de l'agitation désordonnée et de la lutte à outrance. Né de la civilisation et renaissant toujours quand elle est trop active, il est comme l'antidote des poisons de la civilisation.

A cet égard il est excellent, comme du reste toutes les fois qu'on le considère sous son aspect moral il est excellent. Rousseau et Tolstoï sont dans le faux quand ils caressent leur rêve de retour à la vie sauvage ; comme adversaires et comme contrepoids des *businessmen*, ils sont très bons et leur influence est salutaire, si elle existe.

Existe-t-elle ? C'est ce qui reste douteux, je le reconnais, et je sais bien que c'est parce que cela reste douteux que les socialistes radicaux n'ont aucune confiance dans la simple prédication plus ou moins évangélique et veulent un peu forcer l'humanité à se reposer : *compelle stare*. Seulement leur remède est, sinon pire que le mal, du moins égal au mal.

Il faut donc et n'exercer aucune contrainte, même pour forcer les hommes à ne rien faire, et être sur ce point « économiste » ; — et ne pas laisser et ne pas cesser d'engager les hommes à la modération dans les désirs et à la résignation à la vie simple et parler ici le langage des socialistes. Je rêve, comme Lange (1), une société parfaitement libre, où les citoyens ne seraient pas du tout convaincus de la nécessité d'être riches et n'useraient pas de leur liberté pour s'asservir eux-mêmes à un travail dépassant leurs forces ; où ils n'entendraient pas qu'on leur imposât la médiocrité, mais où ils se l'imposeraient à eux-mêmes ; où toujours prêts aux grands efforts pour l'indépendance et l'autonomie de leur patrie, ils considéreraient, pour eux-mêmes, comme très inutile de fournir quatre ou cinq heures de travail de plus qu'il ne serait nécessaire à leurs besoins ; où ils s'appliqueraient non pas à multiplier leurs besoins ; mais à les restreindre ; où, leur santé et celle des leurs assurée, ils seraient persuadés qu'ils sont aussi riches que personne au monde et que le but matériel de la vie est atteint. Ils repousseraient tous les moyens coercitifs du socialisme ; mais ils seraient psychologiquement et moralement des

(1) *Histoire du Matérialisme*. Voir aussi Henry Michel, *l'Idée de l'État*.

socialistes accomplis. Ils vivraient dans un régime social conforme aux idées des économistes; mais ils ne croiraient pas du tout que l'idéal des économistes, créer toujours plus de richesses, fût une pensée très raisonnable.

Ce rêve est-il réalisable? Je ne le crois pas beaucoup. Il est trop probable, et quand on considère l'Angleterre, l'Allemagne et les Etats-Unis, on tend à se confirmer dans cette opinion, que le socialisme, même considéré au point de vue moral, est surtout un état d'âme de peuples vieillis et fatigués et que le *struggle for life* est l'état naturel de peuples énergiques, et, quelle que soit leur antiquité historique, en pleine jeunesse.

Mais encore, s'il est vraisemblable que la civilisation *se détruit* par ses excès, il est possible aussi qu'elle *se corrige* par ses excès; il est possible que, sans périr, un peuple se ralentisse salutairement, reporte son activité du côté de la défense de la patrie et ne la gaspille pas dans la recherche ardente des jouissances et des superfluités. C'est peu probable; mais il n'est pas défendu de l'espérer.

En tout cas, le socialisme en soi, en son fond, est une doctrine morale qui est irréprochable et salutaire et que, comme doctrine morale, il faut répandre par tous les peuples, comme une religion, sans abandonner pour lui l'idée de patrie, auquel cas le socialisme ne serait qu'un narcotique que chaque peuple verserait charitablement à son voisin pour pouvoir l'accabler quand il serait endormi; mais en le présentant comme une *pensée universelle* vers laquelle il faudrait, *tous ensemble et du même pas*, s'élever peu à peu de toutes ses forces.

Le socialisme radical, considéré dans les applications de lui-même qu'il a inventées, collectivisme, appropriationisme, anarchisme, est, soit impossible, soit tellement dangereux qu'il est récusable absolument et qu'il doit être considéré comme suranné, comme condamné, et comme le premier essai, malheureux et ridicule, d'une invention qui n'est pas sûre d'elle-même, qui tâtonne et qui n'a pris encore ni connaissance de la réalité, ni conscience de soi.

Le socialisme d'Etat, en certaines de ses parties que j'ai indiquées, est recevable comme transition, comme aide et secours donnés pour un temps à des groupes sociaux intéressants et dont il convient de favoriser l'évolution du reste autonome et spontanée, et à la condition qu'elle soit, en effet, spontanée et autonome.

Le socialisme associationiste, le socialisme qui consiste en ceci que les prolétaires s'organisent eux-mêmes, soit pour se nourrir à meilleur marché, soit pour remplacer le capital capitaliste par le capital collectif et faire eux-mêmes l'entreprise industrielle, et en être les maîtres et non les serviteurs, soit pour se défendre méthodiquement contre les exigences injustes ou excessives des chefs d'industrie, soit pour accéder à la propriété, soit même pour constituer le prolétariat en classe considérable et importante, ayant sa grande part dans les destinées de la nation et dans les responsabilités de la nation ; ce socialisme anticommuniste et même antiétatiste, est digne de toute considération et de tout respect, n'est pas autre chose qu'un besoin sachant créer son organe, en parfaite conformité avec les lois naturelles et les lois sociologiques les plus sûres et les mieux fondées.

Ainsi j'étudiais la question sociale, *sine studio et ira*, en parfaite impartialité et tranquillité d'esprit, je crois, et n'ayant, comme toujours, pour souci que *le moindre malheur* de l'humanité et le moindre malheur de mon pays ; — je dis : le moindre malheur, puisque, de bonheur, heureux qui en rêve, un peu naïf qui en parle et décidément un peu ridicule qui en écrit.

Juillet-Août 1906.

Table des Matières

I. — Le socialisme avant 1789. 1
II. — Le socialisme sous la Révolution française. . . 18
III. — Le socialisme depuis 1800. 66
IV. — Les faits générateurs du socialisme 92
V. — Les idées mères du socialisme. 106
VI. — L'anarchisme. 157
VII. — L'appropriationisme. 173
VIII. — Le collectivisme. 186
IX. — Les pseudo-socialismes. 262
X. — Dernières nouvelles. 286
XI. — Conclusions. 315

Paris. — Société française d'Imprimerie et de Librairie.

Le Socialisme en 1907

www.ingramcontent.com/pod-product-compliance
Ingram Content Group UK Ltd.
Pitfield, Milton Keynes, MK11 3LW, UK
UKHW020606230726
13926UKWH00005B/2226